Studien zum Zivilrecht

Herausgegeben von

Prof. Dr. Dr. h.c. Barbara Dauner-Lieb, Universität Köln
Prof. Dr. Christian Berger, Universität Leipzig
Prof. Dr. Florian Faust, Bucerius Law School, Hamburg

Band 30

Christoph J. Lüttenberg

Über den Sinn, die Bedeutung und das Wesen des Besitzes

Eine phänomenologische Annäherung

Nomos

Die Deutsche Nationalbibliothek verzeichnet diese Publikation in der Deutschen Nationalbibliografie; detaillierte bibliografische Daten sind im Internet über http://dnb.d-nb.de abrufbar.

Zugl.: Köln, Univ., Diss., 2019

ISBN 978-3-8487-6421-1 (Print)
ISBN 978-3-7489-0544-8 (ePDF)

1. Auflage 2020

Meinen Eltern

Danksagung

An erster Stelle gilt mein Dank meiner Doktormutter Frau Prof. Dr. Dr. h. c. Barbara Dauner-Lieb. Seit dem ersten Semester steht sie mir mit Rat und Tat zur Seite. Ohne ihre Hilfe, ihre Anregungen und ihr unerschütterliches Vertrauen in mich gäbe es diese Arbeit nicht.

Ich danke zudem Herrn Prof. Dr. Dan Wielsch für die zügige Erstellung des Zweitgutachtens.

Danken möchte ich ferner Herrn Dr. Peter W. Tettinger. Sein Intellekt und sein Humor waren mir zu allen Zeiten eine große Stütze.

Danken möchte ich auch meinen übrigen Lehrstuhlkollegen für die vielen schönen und bereichernden Stunden, die wir gemeinsam verbracht haben. Mein Dank gilt insbesondere Eva, Nicki, Maren, Jan, Matthias, Alex, Henrike und Frau Gülich.

Für die Durchsicht und konstruktive Kritik einzelner Passagen sowie für das mühselige Lektorat des Manuskripts danke ich Frau Dr. Ruth Weber, Frau Dr. Gaby Seelmann-Eggebert und Frau Dr. Brigitte Lüttenberg.

Inhaltsverzeichnis

Vorwort

Die vorliegende Arbeit nimmt ihren Ausgang mit der grundsätzlichen Frage nach dem Inhalt und der Rechtsnatur des Besitzes. Darüber wird seit jeher gestritten. Ob *Savigny*, *Jhering* oder *Heck*: Viele haben versucht, dem unfertigen Puzzle über den juristischen Besitz ein Teil hinzuzufügen. Es wurden diesbezüglich so viele unversöhnliche Standpunkte und Thesen vertreten, so viel Grundlegendes und Ideologisches in die Waagschale des Diskurses geworfen, dass der Gesetzgeber des BGB nicht das Zünglein an der Waage sein wollte und bewusst keiner der widerstreitenden Ansichten zu ihrem Sieg verholfen hat. Die rechtsfolgenorientierte Gesetzgebung führte vielmehr dazu, dass verschiedene Besitztatbestände in das BGB aufgenommen wurden, die prima facie keinerlei Gemeinsamkeiten aufweisen: den unmittelbaren Besitz in § 854 BGB, den über ein Weisungsverhältnis vermittelten Besitz in § 855 BGB, den Erbenbesitz in § 857 BGB und den mittelbaren Besitz in § 868 BGB. Demgegenüber erkennt § 855 BGB dem Besitzdiener die Besitzerstellung ab, was zumindest im Rahmen der §§ 929 ff. BGB bei wortlautgetreuer Anwendung wegen § 935 BGB zu einer unverhältnismäßigen Benachteiligung des gutgläubigen Dritten führt. Für diesen ist in einer Vielzahl von Situationen nicht ersichtlich, ob er einem Besitzer oder nur einem innehabenden Besitzdiener gegenübertritt. In letzterem Fall sorgt § 935 BGB dafür, dass er nicht gutgläubig Eigentum erwerben kann, wenn sich der Besitzdiener fernab der Zustimmung des Eigentümers zum Besitzer aufschwingt. Die Einführung des Besitzdieners zieht einen ideellen Graben zwischen den Besitzschutz und die Übereignungstatbestände. Die Wesensverschiedenheit der Normen des Besitzschutzes von der trügerischen Erkennbarkeit des Besitzes als Voraussetzung des Eigentumserwerbs wurde besonders deutlich von *Heck* hervorgehoben. Aus dieser Einsicht zog er die seiner Meinung nach unausweichliche Konsequenz einer Spaltung und Relativität des Besitzbegriffs.[1] In neuerer Zeit hebt *Ernst* auf der Grundlage einer präzisen Analyse des Gesetzgebungsverfahrens die scharfe Trennung zwischen Besitzschutz und Übereignungstatbeständen besonders eindrücklich hervor.[2] *Wilhelm* fasst diese Abgrenzung wie folgt zusammen:

---

1 *Heck*, Grundriss des Sachenrechts, §§ 5, 6 u. 7.

2 Monographisch *Ernst*, Eigenbesitz und Mobiliarerwerb (1992).

> „Für die Diskussion um die Einordnung des Besitzes als Recht oder Faktum ist zunächst klarzustellen, dass es um die Einordnung des Besitzes als geschützter Position, d. h. um die Einordnung des Besitzschutzes geht. Dass und inwieweit der Besitz als tatsächliche Herrschaft einer Person über eine Sache ... Anknüpfungspunkt für die Formierung von Verfügungstatbeständen sein (s. § 929) und unter bestimmten Voraussetzungen zu rechtlicher Herrschaft umgewandelt werden kann (§§ 937, 965, 973), ist ohne Zusammenhang mit der rechtlichen Einordnung des Besitzes als solchen."[3]

Dieser Abgrenzung soll sich nicht verweigert werden. In Anbetracht der Fragestellung, die dieser Untersuchung zugrunde liegt, wird sie sich daher – im Gegensatz zu der Monographie von *Ernst*, die den Fokus getreu ihrem Titel auf Fragen des Mobiliarerwerbs legt – auf den Schutz des Besitzes konzentrieren, wobei der Schwerpunkt auf der Ausarbeitung der geschützten Position selbst liegen wird. Die so gewonnenen Erkenntnisse stehen dem Besitz als Voraussetzung des Eigentumserwerbs – wie sich zeigen wird – allerdings nicht entgegen.

Dass der Besitz über die §§ 859 ff. BGB zumindest partiell geschützt ist, steht außer Frage. Hierfür bedürfte es keiner genaueren Bestimmung. Anderes gilt für den Schutz des Besitzes im Rahmen des § 823 BGB sowie im Bereicherungsrecht. Auch diese Normen könnten Teil des Besitzschutzes sein. Ob dem Besitz aber beispielsweise der deliktsrechtliche Schutz des § 823 Abs. 1 BGB zuteil wird, ist maßgeblich davon abhängig, ob und wieweit man den Besitz als subjektives Recht qualifiziert. Die Beantwortung der Frage nach Inhalt und Rechtsnatur des Besitzes hat daher nicht nur theoretische Bedeutung, sondern konkrete Auswirkungen auf das geltende Recht.

In Anbetracht dessen, was bereits *Jhering* eine „Superfötation" der Besitzliteratur genannt hat,[4] maßt sich diese Untersuchung dabei nicht an, das Puzzle des Besitzes zu vollenden. Sie möchte lediglich ein weiteres kleines Teilchen hinzufügen, indem sie eine bis jetzt noch nicht erprobte Herangehensweise an den Forschungsgegenstand wagt: eine phänomenologische Annäherung.

Zwar findet man in der Literatur allgemeingehaltene rechtsphänomenologische Abhandlungen im Sinne einer apriorischen Grundlagenlehre des

---

3 *Wilhelm*, Sachenrecht, S. 223 f., Rn. 445.

4 *Jhering*, Über den Grund des Besitzschutzes, Vorrede S. VI.

Rechts.[5] Diese waren – gemessen an ihrem Einfluss auf die Rechtswissenschaften – nicht von bleibendem Erfolg, was daran liegen mag, dass die phänomenologische Methode ihrer Art nach „... nur bei einfach strukturierten Gegenständen, nicht bei so etwas Komplexem, zudem Normativem, wie es das Recht ist ...“ funktioniert.[6]

In dieser Untersuchung soll es aber darum gehen, die von *Edmund Husserl* entwickelte phänomenologische Betrachtungsweise für den Besitz fruchtbar zu machen, indem sie ihn in seiner natürlichsten und wahrhaftigsten Form zur Anschauung bringt: dem Phänomen des Besitzens. Die Phänomenologie findet wahre Erkenntnis allein in der Beschreibung der Gegebenheitsweisen von Gegenständen im menschlichen Bewusstsein. Sie scheint daher eine angemessene Methode zu sein, dem Faktischen des Besitzes Rechnung zu tragen und eine gebündelte Bestandsaufnahme der Lebenswirklichkeit vorzunehmen, aus der der Besitz entlehnt wird.

Die Untersuchung bleibt dabei eine rechtsdogmatische. Die Phänomenologie ist der rechtswissenschaftlichen Dogmatik untergeordnet und versucht lediglich, an entscheidenden Stellen ihren Blickwinkel in zielführender Weise zu erweitern.

---

5 Als rechtsphänomenologisches Primärwerk gilt *Reinachs*, Zur Phänomenologie des Rechts (1953); darauf aufbauend *Schapp*, Die neue Wissenschaft vom Recht, zwei Bände (1930 und 1932), und im öffentlichen Recht und der Staatstheorie *Stein*, Eine Untersuchung über den Staat (2006); eine detaillierte historisch-systematische Einführung bietet *Loidolt*, Einführung in die Rechtsphänomenologie (2011).

6 *Kaufmann*, Rechtsphilosophie, S. 102 f.; zuspitzend die Formulierung *Binders*, Philosophie des Rechts, S. 152: Jeder, der sich mit *Reinachs* apriorischer Grundlagenlehre des Rechts auseinandersetzt, „... fasst sich unwillkürlich an den Kopf.“.

Exordium

I. Problemaufriss

> „Der Besitz ist die Molluske unter den Rechtsinstituten. Gleich der Molluske weich und biegsam, setzt er den Ideen, welche der Bearbeiter in ihn hineintragen will, nicht den harten Gegenstand entgegen, wie die ihrer Natur nach fest ausgeprägten Institute des Rechts, z.B. das Eigentum und die Obligation. Aus dem Besitz lässt sich alles Mögliche machen, er ist wie geschaffen, um dem Individualismus der eigenen Ansicht die vollste Befriedigung zu gewähren – wer sonst nichts Eigenes zu Markte zu bringen versteht, der Besitz stellt ihm den bequemsten Ablagerungsplatz für seine ungesunden Ideen zur Verfügung.“[7]

So kritisch sieht *Jhering* jegliche Bemühungen, den Besitzbegriff zu bändigen. Kurz vor der erwähnten Passage zitiert er den Schüler aus Faust in Hinblick auf den Besitz: „Mir wird von alledem so dumm/als ginge mir ein Mühlrad im Kopf herum.“[8] *Jhering* steht mit seiner Skepsis nicht alleine da. Stets wird dem Besitzrecht eine gewisse Unfassbarkeit attestiert. So scheint nach *Hedinger* „manch einzelne Frage – obwohl seit Jahrhunderten immer wieder erörtert – ... trotz allem intellektuellen Aufwand ungelöst.“[9] Die Antwort auf die Frage, was Besitz ist, erscheint so schwer, dass *Kegel* feststellt: „In deutschen Lehrbüchern herrscht Verzweiflung.“[10] Das Voranstellen dieser Zitate dient keinesfalls als „vorläufige Lobrede“[11] auf die folgende Arbeit. Vielmehr soll verdeutlicht werden, dass trotz der beeindruckenden Masse an wissenschaftlicher Literatur und Rechtsprechung zu dem Thema grundsätzliche Fragen nicht geklärt sind. Die Unzahl widerstreitender juristischer Lehrbücher, Monographien, Abhandlungen,

---

7 *Jhering*, Besitzwille, S. 284 f.
8 *Jhering*, Besitzwille, S. 245.
9 *Hedinger*, System des Besitzrechts, S. 9.
10 *Kegel*, in: FS v. Caemmerer, S. 149 (150).
11 So allgemein unterstellt von *Savigny*, Das Recht des Besitzes, § 1 S. 37; bekräftigt von *Sosnitza*, Besitz und Besitzschutz, S. 1; wiederum bekräftigt von *Müller*, Besitzschutz in Europa, S. 1; Letztere werden (antizipiert) entlarvt von *Hedinger*, System des Besitzrechts, S. 9, der feststellt: „Der Zweck [der Zitierung *Savignys* anstelle klagender Zitate] ist jedoch ganz derselbe geblieben.“.

Festschriftbeiträge und gerichtlicher Entscheidungen, die um die Rechtsnatur und den Inhalt des Besitzes kreisen, könnten allein den Schluss nahelegen, dass sich des Forschungsgegenstandes eben nicht in befriedigendem Maße Herr werden lässt. Vielleicht ist der Besitz schlicht keiner eindeutigen Bestimmung seiner Rechtsnatur und seines Inhalts zugänglich.

Waren diese Fragen bereits im römischen Recht umstritten[12] trugen auch die positiven Regelungen im Bürgerlichen Gesetzbuch nicht zu einer Erhellung der Materie bei. Im Gegenteil weisen die Gesetzgebungsmaterialien zum BGB an verschiedensten Stellen eindrucksvoll und explizit darauf hin, dass der Gesetzgeber keine abschließende Einordnung von Inhalt und Rechtsnatur des Besitzes vornimmt, sondern dies Wissenschaft und Rechtsprechung überlassen wollte.[13] Eine Handlungsaufforderung, der bis zum jetzigen Zeitpunkt nur in bescheidenem Maße Rechnung getragen wurde.[14]

Für eine dogmatische Durchdringung des Besitzbegriffs sprechen besonders zwei Gründe: die Rechtsvereinfachung, die zu Rechtssicherheit und zu mehr Gerechtigkeit im Einzelfall führt, und – gleichsam als ihre konkrete Ausprägung – die bessere Handhabung der Subsumption des Besitzes unter die verschiedenen Normen des BGB, allen voran § 823 BGB.[15]

Die Vereinfachung des Rechts wird durch eine Reduktion auf und Arbeit an seinen grundlegenden Begriffen vorangetrieben.[16] Auch ein normatives System, das sich an dem System Lebenswirklichkeit misst, mit diesem interagiert und Impulse von ihm aufnimmt, kann nur in sich schlüssig sein, wenn es bis zu einem gewissen Grad von bestimmten begrifflichen

---

12 Im klassischen römischen Recht fassten die Juristen *possessio* zwar als Faktum auf, die wichtigsten Erscheinungsformen (Ersitzungs- und Interdiktenbesitz) waren letztlich aber doch durch juristische Merkmale bestimmt (*Kaser*, Das römische Privatrecht I, § 94 S. 384, 385). Auch im nachklassischen justinianischen Recht behält der Besitz „einen mehrdeutigen und schillernden Charakter" (*Kaser*, Das römische Privatrecht II, § 239 S. 252).

13 Zur Unergiebigkeit des Gesetzes bezüglich der Rechtsnatur des Besitzes vgl. u. S. 105 ff. Für § 823 BGB vgl. auch die Nachweise in Fn. 549.

14 Vor der Vielfalt der gesetzlichen Regelungen kapitulierend und einen einheitlichen Besitzbegriff – und sei es auch ein relativer – ablehnend Soergel/*Stadler*, Vor § 854, Rn. 5; ebenfalls skeptisch Staudinger/*Gutzeit*, Vor §§ 854 ff., Rn. 35 ff.; für die Notwendigkeit einer wissenschaftlichen Begriffsbestimmung MüKo/*Joost*, Vor §§ 854 ff., Rn. 5.

15 Zu § 823 BGB s. u. S. 157 ff.

16 Vgl. dem Grundgedanken nach auch die juristische Konstruktion *Jherings*, von ihm selbst plastisch dargestellt in JherJb 1 (1857), S. 1 ff.; eine Einführung findet sich etwa bei *Möller*, JZ 2017, 770 ff.

Konstanten ausgeht. Wenn *Schmelzeisen* in Anschluss an *Heck* vor interessenjurisprudenziellem Hintergrund zunächst feststellt, dass der Begriff „... infolge seines statischen (zuständlichen) Wesens der Dynamik (Bewegtheit) der Wirklichkeit nicht gerecht werden ...“[17] kann, folgert auch er daraus keineswegs eine Abkehr von jeglicher Begriffsbestimmung, sondern lediglich eine „... organische Verschmelzung der statischen und dynamischen Betrachtungsweise.“[18] Daher darf auch bei dem positiven Status quo des Besitzes auf eine wissenschaftliche Charakterisierung nicht verzichtet werden.[19] Sie soll nicht losgelöst, sondern nur unter Berücksichtigung und Einbeziehung – wenn möglich – aller besitzrelevanten Normen begründet werden. Die Notwendigkeit eines rechtsdogmatischen Definitionsversuches lässt sich mit *Luhmann* dergestalt beschreiben, dass im Vordergrund „... ein Bemühen um begriffliche Konsistenz, um ein Testen der Verallgemeinerbarkeit von Prinzipien, Begriffen oder Entscheidungsregeln“ steht. „Systemintern kann gerade das aber als Arbeit an Gerechtigkeit verstanden und damit einem Wertbegriff zugeordnet werden, der dem Juristen den Sinn seines Tuns verdeutlicht.“[20] Je stimmiger das System, desto schlüssiger und gerechter die Rechtsanwendung im Einzelfall.

Wie bereits die Ausgangsfrage verdeutlicht, müssen gleich zu Beginn der Untersuchung zwei Ebenen des juristischen Besitzes voneinander unterschieden werden: seine inhaltliche Ausgestaltung und seine Rechtsnatur. Diese Trennung, die bei anderen Rechtskörpern intuitiv erfolgt, bereitet beim Besitz Kopfzerbrechen. So würde beim Eigentum jeder der Aussage zustimmen, sein Inhalt sei es, mit der Sache nach Belieben verfahren zu können. Dagegen sei seine Rechtsnatur die eines subjektiven Rechts oder anders formuliert: Das Eigentum ist ein subjektives Recht mit dem Inhalt, die Sache nach Belieben nutzen zu können. Diese Unterscheidung findet beim Besitz nicht statt. Hier spaltet sich die Besitzrechtswissenschaft – in vereinfachender Darstellung – in zwei Lager: Das eine[21] betrachtet den Besitz als etwas Faktisches, indem es ihn mit dem Begriff der tatsächlichen

17 Vor problematischem Hintergrund *Schmelzeisen*, AcP 136 (1932), 38 (43).

18 *Schmelzeisen*, AcP 136 (1932), 38 (46, 53).

19 So auch MüKo/*Joost*, Vor §§ 854 ff., Rn. 5; anders Soergel/*Stadler*, Vor § 854, Rn. 5.

20 *Luhmann*, Das Recht der Gesellschaft, S. 11.

21 So etwa *Windscheid/Kipp*, Lehrbuch des Pandektenrechts, § 150, S. 752; *Dernburg*, Lehrbuch des preußischen Privatrechts und der Privatrechtsnormen des Reichs I, § 148, S. 329 f.; *Reinach*, Zur Phänomenologie des Rechts, S. 91; *Biermann*, Kommentar zum Bürgerlichen Gesetzbuch, Vor §§ 854 ff., Anm. 1 a; *Oertmann*, Kommentar zum Bürgerlichen Gesetzbuch, § 823, Anm. 3 e; *Diederichsen*, Das Recht zum Besitz aus Schuldverhältnissen, S. 60; *Thibaut*, System des Pandektenrechts,

Gewalt gleichsetzt. Diese Gleichsetzung betrifft grundsätzlich seine inhaltliche Ausgestaltung. Das andere[22] – zum Zeitpunkt der Untersuchung wohl knapp als h. M. zu bezeichnende – sieht im Besitz ein subjektives Recht, was wiederum einen Verweis auf seine Rechtsnatur darstellt. Beim Besitz wird eine Dichotomie zwischen Inhalt und Rechtsnatur angenommen, für die es keine Anhaltspunkte im Gesetz gibt. Vielmehr ist es auch beim Besitz möglich, seine inhaltliche Ebene zwar von seiner Rechtsnatur zu trennen, beide Ebenen aber nicht als etwas Ausschließliches, sondern als sich Ergänzendes zu behandeln, als zwei Seiten einer Besitzmedaille. Der Inhalt des Besitzes könnte dann darin bestehen, die tatsächliche Gewalt über die Sache auszuüben. Dagegen könnte seine Rechtsnatur die eines subjektiven Rechts bzw. eines Rechtsverhältnisses sein oder anders for-

---

§ 218, S. 170; *Gerhardt*, Mobiliarsachenrecht, § 3, S. 13 f.; *Rödig*, Erfüllung des Tatbestandes des § 823 Abs. 1 BGB durch Schutzgesetzverstoß, S. 26; *Schapp*, Sachenrecht, § 40, Rn. 44; *Schellhammer*, Sachenrecht, S. 15, Rn. 22. Den Besitz als Rechtsposition oder ähnliches bezeichnen Staudinger/*Gutzeit*, Vor §§ 854 ff., Rn. 36; MüKo/*Joost*, Vor §§ 854 ff., Rn. 9; *Rosenberg*, Kommentar zum Bürgerlichen Gesetzbuch, Vor § 854, Anm. 5; *Dulckeit*, Die Verdinglichung obligatorischer Rechte, S. 12; *Hedemann*, Sachenrecht, 3. Auflage 1960, § 8, S. 45; *Kniep*, Der Besitz, S. 6; *Westermann/Gursky/Eickmann*, Sachenrecht, § 7, Rn. 8; *Schreiber*, Sachenrecht, Rn. 30; *Schwab/Prütting*, Sachenrecht, § 6, Rn. 49; *Sokolowski*, Der Besitz, S. 247; *Habersack*, Sachenrecht, § 4, Rn. 39; auch die Motive III 78 (= *Mugdan* III 43) favorisieren den Terminus der Rechtsposition; darauf sich berufend *Darmstaedter*, AcP 151 (1950/51), 311 (315 ff.).

22 Planck/*Brodmann*, Vor §§ 854 ff., Nr. 5, der den Besitz ein Persönlichkeitsrecht in Beziehung auf die Sache nennt; Soergel/*Stadler*, Vor § 854, Rn. 6.; *Gans*, System des römischen Civilrechts, S. 211 f.; *Puchta*, Pandekten, § 122, S. 186 f., entlehnt das Recht des Besitzes der Persönlichkeit; *Savigny*, Das Recht des Besitzes, § 5, S. 43 f.; *Jhering*, Geist des römischen Rechts, § 61, S. 366 f.; *Fischer*, Die Verletzung des Gläubigerrechts als unerlaubte Handlung, S. 136; *Gierke*, Deutsches Privatrecht, § 114, S. 213 f.; *Gierke*, Sachenrecht, § 5, S. 9; *v. Thur*, Der Allgemeine Teil des Bürgerlichen Rechts, § 6, S. 137; *Heck*, Grundriss des Sachenrechts, § 17, S. 66; *Enneccerus/Nipperdey*, Allgemeiner Teil des Bürgerlichen Rechts, § 80, S. 467; *Wolff/Raiser*, Sachenrecht, § 3, S. 19; nach *Eichler*, Institutionen des Sachenrechts I, S. 57, ist der Besitz allenfalls ein dingliches Recht im weiteren Sinne und ist von den anderen dinglichen Rechten streng zu trennen; *Bucher*, Das subjektive Recht als Normsetzungsbefugnis, S. 173, wobei er in Rechtstheorie 1970, 23 (31 f.), auf die Relativität der Einordnung in Abhängigkeit von der Begriffsbestimmung des subjektiven Rechts hinweist; *Lange*, Sachenrecht des BGB, § 10, S. 48, nennt den Besitz ein „subjektives Recht mit weitgehend dinglicher Wirkung“; *Sandter*, Kritik der Besitzlehre, S. 36; *Wolf*, Lehrbuch des Sachenrechts,§ 2, S. 43; *Portmann*, Wesen und System der subjektiven Privatrechte, S. 150, sieht das dem Besitz zugrunde liegende Verbotsrecht als subjektives Recht an; *Hartung*, Besitz und Sachherrschaft, S. 60.

muliert: Der Besitz ist ein subjektives Recht mit dem Inhalt, die tatsächliche Gewalt über die Sache auszuüben.

Für das Begriffspaar Inhalt – Rechtsnatur werden in der vorliegenden Untersuchung die Begriffe Bedeutung und Sinn synonym verwendet. Letztere wurden von *Gottlob Frege*, Jenaer Logiker, Mathematiker und Wegbereiter der analytischen Philosophie, in seinem 1892 erschienen Aufsatz *Über Sinn und Bedeutung* eingeführt. In *Freges* weltorientiertem, repräsentationalistischem[23] Verständnis von Sprache ist die Bedeutung eines Wortes der Gegenstand, auf den es sich bezieht. Daneben besitzt jedes Wort aber noch eine weitere Komponente, seinen Sinn. Für *Frege* müssen Wörter neben ihrer Bedeutung auch einen Sinn haben, da einzelne Wörter jeweils den gleichen Gegenstand bzw. das gleiche Bezeichnete repräsentieren können. Wenn a, b und c die Geraden sind, die die Ecken eines Dreiecks mit den Mitten der Gegenseiten verbinden, dann ist der Schnittpunkt „ab" gleich dem Schnittpunkt „bc".[24] Genauso bezeichnen „Morgenstern" und „Abendstern" denselben Planeten, der in einer dritten Bezeichnung auf den Namen „Venus" hört. Wenn dieser unterschiedlichen Bezeichnung des Bezeichneten irgendein Erkenntnisgewinn zugrunde liegen soll, dann muss dem Zeichen neben der Bedeutung, die für *Frege* das Bezeichnete selbst ist, auch ein besonderer Sinn zukommen.[25] *Frege* legt mit den beschriebenen Beispielen plausibel die Notwendigkeit einer Sinnkomponente dar. Solange es Wörter gibt, die dieselbe Situation bzw. denselben Gegenstand beschreiben, kann sich das Wesen von Wörtern nicht in einer bloßen Situationsbeschreibung erschöpfen. Die Entstehung von Wörtern ist letztlich eine Frage des Bedarfs,[26] d. h., ein Wort muss dem Bezeichneten, das seine Bedeutung ist, etwas hinzufügen, was ihm ein anderes Wort, das das Gleiche bezeichnet, noch nicht hinzugefügt hat. Ansonsten besteht für das später hinzugetretene Wort kein Bedarf. Neben der Bedeutung eines Wortes bzw. eines Begriffs steht somit sein Sinn. Dieser Sinn ist die besondere „Art seines Gegebenseins".[27]

---

23 Zum semantischen Repräsentationalismus ausführlich u. S. 38 ff.

24 *Frege*, Zeitschrift für Philosophie und philosophische Kritik 1892, 25 f.

25 *Frege*, Zeitschrift für Philosophie und philosophische Kritik 1892, 25 f.

26 Bekanntestes – aber mittlerweile als wiederlegt geltendes – Beispiel für diese These ist die von *Franz Boas* eingeführte und von *Benjamin Whorf* übernommene Annahme, Eskimos hätten eine im Vergleich zu anderen Sprachen extrem hohe Anzahl an Wörtern für Schnee.

27 *Frege*, Zeitschrift für Philosophie und philosophische Kritik 1892, 25 (26). *Freges* Differenzierung von Sinn und Bedeutung wurde von *Carnap*, Bedeutung und

Die Bedeutung des Besitzes ist sein Inhalt. Es ist die Situation, die gemeint ist, wenn von Besitz gesprochen wird. Der Sinn des Besitzes ist seine Rechtsnatur oder auch: das besondere Gegebensein des Besitzbegriffes innerhalb des Rechtssystems im Verhältnis zu anderen Sinneinheiten desselben Systems.[28]

1. Bedeutung des Besitzes

Versteht man unter Tatbestand „die einem Rechtsfall zugrunde liegenden Tatsachen",[29] dann sind Faktum und Tatbestand Synonyme. In der Lebenswirklichkeit mag der Besitz ein Faktum darstellen, in einer vorläufigen Definition eine Situation mit dem Inhalt, dass „... nicht nur die eigne Einwirkung auf die Sache physisch möglich ist, sondern auch jede fremde Einwirkung verhindert werden kann."[30] Der Begriff des Besitzes als Wort in einem Gesetzestext kann aber kein Tatbestand, sondern lediglich Tatbestandsmerkmal sein.[31] Mit dem Tatbestandsmerkmal bzw. der Tatbestandsvoraussetzung definiert der Gesetzgeber, welchen faktischen Vorgängen eine rechtliche Relevanz zugesprochen werden soll. Wenn der Besitz als Bestandteil des Gesetzestextes nun die soeben beschriebene tatsächliche Situation in der Lebenswirklichkeit schlicht abbilden und in passiver Weise repräsentieren soll, kann vom Besitz in loser Anlehnung an den strafrechtlichen Terminus als deskriptivem Merkmal[32] gesprochen werden. Wenn der Besitz hingegen eine – einen besonderen Erkenntnisprozess er-

---

Notwendigkeit (1972), unter den Begriffen Intension und Extension fortgeführt und weiterentwickelt.

28 Zur Notwendigkeit der Sinnkomponente speziell beim Besitz s. u. S. 43 f.

29 *Creifelds/Weber*, Rechtswörterbuch, Eintrag zu Tatbestand.

30 *Savigny*, Das Recht des Besitzes, § 1, S. 26.

31 *Savigny*, Das Recht des Besitzes, § 1, S. 27, § 3, S. 32, nutzt den Terminus „Bedingung". In § 1, S. 28 wird der Kontext dahingehend verschoben, dass „Bedingungen" als Synonym für die Voraussetzungen des Erwerbstatbestandes Besitz zu verstehen sind.

32 Vgl. *Wessels/Beulke/Satzger*, Strafrecht Allgemeiner Teil, § 5, Rn. 189 ff.; nach *Puppe*, Kleine Schule des juristischen Denkens, S. 35, gibt es keinen Gegensatz zwischen normativen und deskriptiven Merkmalen: „Aber auch ein Satz, der ein Recht oder ein Rechtsverhältnis beschreibt, ist wahr oder falsch. Wenn er wahr ist, beschreibt er eine Tatsache. (...) Eine Personenvereinigung ist eine Gesellschaft bürgerlichen Rechts oder sie ist es nicht. Dass ein Akt ‚geistigen Verstehens' erforderlich ist, um diese Begriffe richtig anzuwenden, unterscheidet sie nicht von anderen Begriffen, die natürliche Sachverhalte bezeichnen.".

fordernde – Semantik erlangt, soll in Abgrenzung zu einem deskriptiven von einem normativen Tatbestandsmerkmal die Rede sein.

Die Beantwortung der Frage, ob dieses Tatbestandsmerkmal rein deskriptiv oder aber normativer Natur ist, ist das Ziel des ersten Kapitels dieser Untersuchung.[33]

Der Begriff der Normativität beschreibt hierbei weder die Sphäre des Rechts als solche, noch soll eine Aussage zu Geltungsfragen oder zur besonderen Struktur von Rechtssätzen getroffen werden.[34] Gemeint ist damit allein der Umstand, dass das Wort Besitz im Recht einen anderen Bedeutungsgehalt aufweist als im allgemeinen Sprachgebrauch. Wenn vom Besitz als Faktum gesprochen wird, ist damit meist der Besitz als deskriptives Merkmal gemeint und bedeutet dann zweierlei: Zum einen wird damit eine Aussage über die außerrechtliche Semantik des Wortes Besitz getroffen, nämlich dass im Allgemeinbewusstsein eine gemeinsame Übereinkunft über ihren Inhalt besteht. Zum anderen wird damit ausgedrückt, dass diese Vorstellung des Besitzes ohne Weiteres in das Recht übertragen werden kann. Nichts anderes ist mit dem auf *Goldschmidt*[35] zurückgehenden Terminus des „Elementarbegriffs“ gemeint. Allerdings verweist dieser nicht etwa auf den Besitz, sondern auf die tatsächliche Gewalt.[36] Es stellt sich daher auch die Frage, wie sich die beiden Tatbestandsmerkmale Besitz und tatsächliche Gewalt zueinander verhalten.[37] Dieser Aspekt soll ebenfalls im Verlauf der Untersuchung geklärt werden.[38]

Der Beschreibung des Besitzes als Tatbestandsmerkmal steht nicht entgegen, dass der Begriff des Besitzes auch auf Rechtsfolgenseite stehen kann. Tatbestands- und Rechtsfolgenseite sind nur innerhalb derselben Norm dichotomisch. Ein Kaufvertrag steht als Rechtsverhältnis auf der Rechtsfolgenseite der (ungeschriebenen) Norm, die besagt, dass für seine Entstehung zwei inhaltlich übereinstimmende Willenserklärungen, Angebot (§ 145 BGB) und Annahme (§ 147 BGB), erforderlich sind. Gleichzeitig ist der Kaufvertrag tatbestandliche Voraussetzung für alle Rechte, die sich aus den §§ 434 ff. BGB ergeben. Die Besitzschutzansprüche knüpfen tatbestandlich an den Verlust des Besitzes durch verbotene Eigenmacht an.

---

33 S. u. S. 37 ff.

34 Hierzu *Kelsen*, Reine Rechtslehre, 2. Auflage 1960, S. 3 ff., 73 ff.; zu den sprachphilosophischen Grundlagen *Ehrhardt*, Was ist Normativität? (2014).

35 *Goldschmidt*, Vermischte Schriften, § 1, S. 49 und in: Festgabe für Gneist, S. 61 (65).

36 Vgl. *Wolff/Raiser*, Sachenrecht, § 5, S. 25.

37 Zuletzt monographisch *Hartung*, Besitz und Sachherrschaft (2001).

38 S. u. S. 43 f.

Gleichzeitig kann der Besitz die Rechtsfolge des Tatbestandes sein, der sich in der Erlangung der tatsächlichen Gewalt über eine Sache erschöpft. In Anlehnung an die Terminologie *Kelsens* scheint es daher gerechtfertigt, auch im besitzrechtlichen Kontext den herkömmlich als Rechtsfolgenseite benannten Teil einer Rechtsnorm als Tatbestand zu bezeichnen.[39]

2. Sinn des Besitzes

Der zweite Teil der Untersuchung wird darin bestehen, den Sinn des Besitzes, d. h. seine Rechtsnatur, zu bestimmen.[40] Wo *Savigny* in seinem berühmten Diktum, nach dem der Besitz „...seinem Wesen nach Factum, in seinen Folgen einem Rechte gleich ...“[41] ist, den Terminus des „Wesens“ nutzte – und das Wesen des Besitzes in einem Faktum sah –, soll hier auf den Begriff der Rechtsnatur[42] abgestellt werden. Sobald der Besitz im Tatbestand einer Rechtsregel genannt wird, ist seine Natur zwangsläufig rechtlicher Art.[43] Der Ausdruck „Rechtsnatur“ ist nur deshalb missverständlich, weil daraus allein nicht zu folgern ist, der Besitz sei seiner Natur nach ein Recht. Vielmehr wird durch das Kompositum Rechtsnatur festgestellt, dass das Rechtssystem selber darüber entscheidet, welche Natur dem Besitz zukommen soll.

Rechtsnatur und Inhalt, Sinn und Bedeutung des Besitzes scheinen auf den ersten Blick so eng miteinander verknüpft zu sein, dass eine Trennung und gesonderte Behandlung dieser beiden Größen nicht ohne Weiteres

39 Vgl. etwa *Kelsen*, Reine Rechtslehre, 2. Auflage 1960, S. 84.

40 Ab S. 66.

41 *Savigny*, Das Recht des Besitzes, § 5, S. 43.

42 So sprechen auch Soergel/*Stadler*, Vor § 854, Rn. 5 und *Sosnitza*, Besitz und Besitzschutz, S. 50 ff. nur von der Rechtsnatur.

43 Grundlegend dazu *Larenz/Canaris*, Methodenlehre der Rechtswissenschaft, S. 18 ff. Nach *Larenz/Canaris*, Methodenlehre der Rechtswissenschaft, S. 18, sind Aussagen „... über den Inhalt (Sinngehalt) von Rechtsnormen keine Aussagen über wahrnehmbare, der Beobachtung zugängliche und im Experiment zu erhärtende Fakten.“ Als Beispiel wird der Gesetzgebungsvorgang genannt: Hierfür sind „gewisse wahrnehmbare Vorgänge erforderlich: die Mitglieder der gesetzgebenden Versammlung müssen sich versammeln, ihre Zustimmung oder Ablehnung kundtun, die Stimmen müssen gezählt, die Mehrheit muss festgestellt werden. Aber das alles ist nur die äußere Seite eines Vorganges, dessen rechtliche Bedeutsamkeit sich allein daraus ergibt, daß er (für diejenigen, die daran beteiligt sind und für diejenigen, an die er sich wendet) *den Sinn hat*, ein Akt der Gesetzgebung zu sein.“.

durchführbar erscheint. Dabei sagt die Beschreibung des Besitzes als ein deskriptives oder normatives Tatbestandsmerkmal zunächst nichts über die Rechtsnatur des Besitzes aus. „Ein Tatbestand wird nicht zum Recht, wenn er über die ursprünglichen Anwendungsfälle hinaus ausgedehnt wird ...“[44] und wird umgekehrt nicht deskriptiv, allein, weil er kein Recht ist. Als offensichtliches Beispiel möge das Eigentum gelten, denn das Eigentum ist unzweifelhaft ein subjektives Recht und es ist dies unabhängig davon, wie man seine Bedeutung, nämlich mit der Sache nach Gutdünken verfahren zu können, im Detail ausgestaltet und interpretiert. Als Tatbestandsmerkmale kommen auch Rechtspositionen, Rechtsstellungen, Rechtverhältnisse, subjektive oder objektive, absolute oder obligatorische Rechte in Betracht. Die Frage, ob es sich bei dem Besitz um ein Recht oder um ein Faktum im Sinne eines deskriptiven Tatbestandmerkmals handelt, ist ähnlich gelagert wie die Frage, ob der Kölner Dom als städtisches Wahrzeichen oder als sakraler Bau einzuordnen ist. Es besteht ein kategorialer Unterschied zwischen Sinn und Bedeutung des Forschungsgegenstandes Besitz.

Trotz der kategorialen Unterschiedlichkeit der beiden Begriffe wird bei Definitionen in der Regel keine strikte Trennung zwischen den Begriffen durchgehalten; mal wird der Schwerpunkt auf den Sinn, mal auf die Bedeutung gelegt. Bei *Savigny* ist diese Diskrepanz ebenfalls zu beobachten. Seine Bestimmung des Besitzes als Faktum trifft den Kern des Problems, denn in die hier gebrauchte Terminologie übersetzt, beschreibt *Savigny* den Besitz lediglich als ein deskriptives Tatbestandsmerkmal: das In-den-Händen-halten der Sache.[45] Gleichzeitig stellt er mit seiner Definition klar, dass der Besitz allenfalls seinen Folgen, nicht aber seiner Natur nach ein

---

44 *Wieling*, in: FS Lübtow, S. 565 (575). So aber im Ergebnis *Randa*, Der Besitz nach österreichischem Recht; S. 23 f., *Rosenberg*, Kommentar zum Bürgerlichen Gesetzbuch, Vor § 854, Anm. 5; *Strohal*, JherJb 38 (1898), S. 1 (65); *Medicus*, AcP 165 (1965), 115 (116 ff.); *Wieling*, Sachenrecht, § 3 I a und § 3 II a und b und in: FS Lübtow, S. 565 ff.

45 Zudem mutet auch die Deutung des Besitzes als Faktum im Sinne eines deskriptiven Tatbestandmerkmals insofern erstaunlich an, als dass *Savigny* in § 1 eine Abgrenzung des Besitzes von der bloßen Detention vornimmt. Die Detention ist für *Savigny*, Das Recht des Besitzes, § 1, S. 27, ein „factischer Zustand“. Die Detention wird allein dadurch zum Gegenstand des Rechts, dass sich in ihr das Eigentum realisiert, „... sie ist der faktische Zustand, welcher dem Eigenthum als einem rechtlichen Zustand, correspondirt.“ Man könnte meinen, *Savigny* referiere in seiner Wesensbestimmung an den ursprünglichen Besitz i. S. der Detention, die dann, sobald rechtliche Folgen an sie geknüpft werden, selbst zu einem Recht wird. Die rechtlichen Folgen werden aber nicht an jede Detention geknüpft, son-

Recht sein kann.[46] Nur weil es sich bei dem Begriff des Besitzes im Sinne *Savignys* um ein deskriptives Tatbestandsmerkmal handelt, bedeutet dies aber nicht zwangsläufig, dass der Besitz kein Recht sein kann.[47]

---

dern nur an eine spezielle Detention, die dann bereits Besitz ist. So ist notwendige Voraussetzung für Usukapion und Interdikte eben nicht die bloße Detention, sondern die zum Besitz modifizierte: Der Besitz „... muss auf besondere Weise angefangen haben, wenn er jene Wirkung haben soll“ (§ 2, S. 29). Die rechtliche Modifikation findet in diesem Fall auf der Ebene des Willens statt, indem für den rechtlichen Besitz allein der Wille, die Sache als eigene zu besitzen, konstituierend ist (§ 9, S. 110). Spätestens in dem Moment, in dem der Besitz im Recht aber anderen Voraussetzungen unterliegt als im Allgemeinbewusstsein, kann von dem Besitz nicht mehr als Faktum im Sinne eines deskriptiven Tatbestandsmerkmals gesprochen werden. Im allgemeinen Sprachgebrauch (wie auch im heutigen Recht) würde man für den Besitz wohl keine besondere Willensausformung verlangen. Der Mieter eines Autos kann bezüglich diesem genauso in die Besitzerstellung rücken wie sein Eigentümer. Der Besitz als etwas Tatsächliches wird bei *Savigny* verrechtlicht, verpositiviert und seiner natürlichen Grundlage entzogen. Er ist eine positiv modifizierte Detention (§ 1, S. 28). Auch *Dernburg*, Lehrbuch des preußischen Privatrechts und der Privatrechtsnormen des Reichs I, § 148, S. 329, behandelt den Besitz in Anlehnung an das preußische Landrecht als „... eine Tatsache, welche durch das Leben gegeben ist.“ Als solche ist er aber „...keineswegs notwendig eine sichtbare Erscheinung“ (§ 149, S. 330). Zudem liegt juristischer Besitz erst dann vor, wenn der Besitzer „... die Absicht hat, die Verfügungsmacht für sich auszuüben“, also Eigenbesitzer ist. Ansonsten liegt nur Gewahrsam an der Sache vor, wenn dieselbe „in äußerlich erkennbarer Weise“ zur tatsächlichen Verfügung bereitsteht. Indem *Dernburg* aber wie auch *Savigny* dem juristischen Besitz als Eigenbesitz ein Willenselement mit einer besonderen Stoßrichtung (für sich besitzen) zuordnet, löst er sich ebenfalls von einer deskriptiven Annäherung an die Bedeutung des Besitzes. Zum Besitzwillen vgl. auch u. S. 88 ff.

46 In sich konsequent führt *Savigny*, Das Recht des Besitzes, § 2, S. 30, daher aus, dass auch die Verletzung des Besitzes keine Rechtsverletzung darstellen könne. Die Rechtsverletzung liege vielmehr in der Handlung selbst. Deswegen stelle auch nicht jeder Besitzentzug eine Rechtsverletzung dar, sondern nur derjenige, welcher durch Handlungen vorgenommen werde, die einen besonderen Unrechtsgehalt aufweisen wie Gewalttätigkeit, Heimlichkeit oder unter Missbrauch des guten Willens (vi, clam, precario) (§ 2, S. 30 f.). Allerdings hat hierauf bereits *Gans*, System des römischen Civilrechts, S. 205 f., erwidert, dass eine Handlung nur als Gewalt und somit als Unrecht qualifiziert werden kann, wenn dieser ein Recht vorausgeht: „Wenn ich verletzt werde, so muss eben mein Recht, nicht verletzt werden zu dürfen, vorangehen, wenn mir Gewalt geschieht, so muss eben durch die Gewalt ein Recht, das ich habe, verletzt werden. Herr von Savigny hat sich darin wesentlich geirrt, dass er sich eine Gewalt ohne Gegenstand derselben gedacht hat: gegen den Besitzer, der gar kein Recht hat, soll Gewalt gebraucht werden können: wie wäre dies möglich? Wem könnte, wenn ich etwas nehme, worauf keiner ein Recht hat, Gewalt geschehen.“.

Es besteht kein Zweifel, dass zwischen Sinn und Bedeutung auch abseits linguistischer Betrachtungen ein intrinsischer Zusammenhang besteht. Zwangsläufig wirkt sich eine Definition der Besitzbedeutung auch auf den Sinn des Besitzes aus. So ist die Beantwortung der Frage, ob es sich beim Besitz um ein subjektives Recht handelt, maßgeblich davon abhängig, was genau mit dem Besitz bzw. dem Begriff der tatsächlichen Gewalt bezeichnet werden soll.[48]

Dennoch erscheint es sinnvoll, den kategorialen Unterschied von Sinn und Bedeutung als Leitfaden für die vorliegende Untersuchung im Auge zu behalten und sich zunächst stärker auf ihre strukturelle Unabhängigkeit als auf ihre gegenseitige Wechselwirkung zu konzentrieren.

In der vorliegenden Arbeit soll der Besitz als Rechtsverhältnis gedacht werden, das als Quelle eines subjektiven Rechts dient. Der Schwerpunkt des zweiten Teils der Arbeit wird darin liegen, in einem ersten Schritt einen irgendwie gearteten positiven Zuweisungsgehalt als fundamental für die Konstruktion eines subjektiven Rechts anzuerkennen[49] und in einem zweiten Schritt den Inhalt dieser Zuweisung für den Besitz herauszuarbeiten[50]. Im Anschluss daran muss sich das so geschaffene Konstrukt des Besitzes der Anwendung im Einzelfall stellen und sich an den Erfolgsaussichten einer Übertragung auf den positiven Normenbestand messen lassen.[51]

---

47 Als weiteres Beispiel für die Vermischung von Sinn und Bedeutung lässt sich die Besitzdefinition von *Wolff/Raiser*, Sachenrecht, § 3, S. 18 f., anführen, die in dem sprachlichen Ausdruck Besitz eine Äquivokation sehen und ihm ein dreifaches Verständnis zuordnen: „... die tatsächliche Sachherrschaft, jeden Tatbestand, an den die Rechtsordnung Besitzfolgen knüpft, auch wenn sich dieser Tatbestand nicht als Sachherrschaft darstellt, und schließlich den Inbegriff der an die Sachherrschaft oder den ihr gleichgestellten Tatbestand geknüpften Rechte." Wird der Besitz als tatsächliche Sachherrschaft beschrieben, so ist dies zunächst eine Qualifizierung des Besitzes als ein deskriptives Tatbestandsmerkmal (Bsp.: § 2025 S. 2 BGB). Der zweite Teil der Definition ist eine funktional-teleologische Begriffsbestimmung, die an die Rechtsfolgen des Tatbestandes Besitz anknüpft (Bsp.: §§ 858 Abs. 1, 985, 1004 BGB). Nach der letzten Teildefinition ist der Besitz schließlich als Recht zu qualifizieren (Bsp.: §§ 854 Abs. 1, 857); auch *Wilhelm*, Sachenrecht, S. 225, Rn. 450, qualifiziert den Besitz in Anschluss an *Savigny* als Faktum einerseits und als Recht andererseits. „Besitz ist danach Faktum in Hinsicht auf die Frage der Sachzuordnung, Recht in Hinblick auf die Achtung der Person." Faktum bedeutet dabei die „tatsächliche Beherrschung der Sache"; vgl. auch mit weiteren Nachweisen *Hartung*, Besitz und Sachherrschaft, S. 21 f.

48 Vgl. auch S. 152 ff.

49 S. u. S. 122 ff.

50 S. u. S. 128 ff.

51 S. u. S. 157 ff.

II. Wissenschaftliche Einordnung und Methodik der Untersuchung

1. Rechtsdogmatische Untersuchung mit deduktiv-induktiver Methode

Die nachfolgende Untersuchung ist zuallererst rechtsdogmatischer Art. Inhalt und Wirkung der Rechtsdogmatik sind im Einzelnen umstritten[52] und eine genaue Bestimmung ihres Platzes innerhalb der Rechtswissenschaft im weiten Sinne würde den Rahmen dieser Präliminarien sprengen. Eine Standortbestimmung der Rechtsdogmatik als Rechtswissenschaft im engeren Sinn soll lediglich insoweit getroffen werden, wie sie die Annäherung an den Forschungsgegenstand als Grundlage voraussetzt.

Vesting sieht den Kern der Rechtsdogmatik in der „... Regelbildung entlang der Fluktuanz der Fälle und der durch sie gespeisten Erfahrungen ..."[53] Nach *Alexy* ist Rechtsdogmatik als Rechtswissenschaft im eigentlichen und engeren Sinne „... ein Gemenge von mindestens drei Tätigkeiten: (1) der Beschreibung des geltenden Rechts, (2) seiner begrifflich systematischen Durchdringung sowie (3) der Erarbeitung von Vorschlägen zur Lösung problematischer Rechtsfälle."[54] *Wieacker* schließlich beschreibt Rechtsdogmatiken als „rationale und objektiv einsichtige Begründungszusammenhänge .... Solche Dogmatiken sind ein kontingentes Gefüge (‚Lehrgebäude') von juristischen Sätzen und Regeln, die unabhängig vom Gesetz allgemeine Anerkennung und Befolgung beanspruchen."[55] An diese Definitionen anknüpfend wird Rechtsdogmatik hier als Arbeit an dem positiven Normenbestand und der Rechtsprechung[56] verstanden mit dem Ziel, die dahinter stehenden abstrakt-allgemeinen Prinzipien und Begriffe heraus zu kristallisieren.[57] Auf den Forschungsgegenstand angewandt,

52 Instruktiv und m.w.A. *Bumke*, JZ 2014, 641 ff.; grundlegend *Esser*, AcP 172 (1972), 97 ff.

53 *Vesting*, Rechtstheorie, S. 15.

54 *Alexy*, Theorie der juristischen Argumentation, S. 307 f. Nach *Alexy*, Theorie der juristischen Argumentation, S. 311, sind die Aufgaben, die mit diesen Tätigkeiten verfolgt werden „(1) die logische Analyse der juristischen Begriffe, (2) die Zusammenfassung dieser Analyse zu einem System und (3) die Verwendung der Ergebnisse dieser Analyse zur Begründung juristischer Entscheidungen.".

55 *Wieacker*, in: FS Gadamer, S. 311 (319).

56 Für *Kelsen*, Reine Rechtslehre, 2. Auflage 1960, S. 242 f., ist die Rechtsprechung in die Normenhierarchie integriert. In der ersten Auflage 1934, S. 79, bezeichnet er sogar die „sogenannte Rechtsprechung ... [als] Rechtserzeugung im eigentlichen Sinn".

57 Fraglich bleibt der Geltungsanspruch eines derart entwickelten Besitzbegriffs. Wenn das Resultat rechtsdogmatischer Arbeit in Anlehnung an die reine Rechts-

wird die rechtsdogmatische Tätigkeit darin bestehen, Inhalt und Rechtsnatur des Besitzes näher zu bestimmen und in das Gefüge Rechtssystem sinnvoll zu integrieren.

Nolens volens stellt sich die Frage nach der rechtsdogmatischen Methodik. Dabei kann einerseits eine deduktive, aus axiomatischen Begriffen und Rechtssätzen ableitende, andererseits eine induktive, vom empiri-

---

lehre *Kelsens* allgemeine Rechtssätze sind, dann muss der normative Gehalt dieser Rechtssätze bestimmt werden. Handelt es sich wie bei *Kelsen*, Reine Rechtslehre, 2. Auflage 1960, S. 75, 76, bei der Bildung von dogmatischen Figuren i. S. v. Rechtssätzen um eine rein deskriptive Tätigkeit, so kann ein normativer Anspruch verneint werden. Dann kann Dogmatik mit den Worten *Wieackers*, in: FS Gadamer, S. 311 (321), bestenfalls ein Verfahren zur „rationalen Verifizierung" von Gerichtsentscheidungen darstellen. Allerdings erscheint es schwierig, Dogmatik — von einem faktischen Gesichtspunkt aus betrachtet — allein auf eine Beschreibung des geltenden Rechts zu reduzieren. Die Bildung von Rechtssätzen ist keine rein epistemologische Leistung, sondern im komplexen Zusammenhang mit Normsetzung und -anwendung durchaus konstitutiv. Die Praxis wendet nicht den reinen Gesetzestext an, sondern das, was die Rechtswissenschaft i.e.S. in diesen hineingelegt hat. Es handelt sich hierbei um einen dialektischen Prozess, worauf im verwandten Kontext der Anwendung einer Rechtsnorm auch *Larenz/Canaris*, Methodenlehre der Rechtswissenschaft, S. 33 f., hinweisen: In den Händen des Juristen verwandelt sich die reine Normanwendung „... in deren inhaltliche Fortbestimmung oder Ergänzung ..." Die Rechtswissenschaft i. e. S. analysiert das Recht, dass sich aus dem positiven Normenbestand und den Rechtsakten der Gerichte, Verwaltungsbehörden etc. zusammensetzt. Durch die Analyse und Strukturierung des gegebenen Materials bildet die Dogmatik Rechtssätze, die ihrerseits wieder auf Normen und ihre Anwendung durch die Praxis zurückwirken. Sieht man mit *Kelsen* in der Rechtsanwendung (zumindest im Rahmen richterlicher Rechtsfortbildung) auch eine Form der Rechterzeugung, so lässt sich folgende Aussage treffen: Die systematische Beschreibung des Rechts, also die rein deskriptive Tätigkeit, hat - soweit gesetzliche und richterliche Normsetzung an diese anknüpfen - rechtserzeugende Wirkung und wird dadurch selbst Teil des Rechts. Im Ergebnis auch *Jansen*, ZEuP 2005, 750 (755); *Alexy*, Theorie der juristischen Argumentation, S. 314, und *Bumke*, JZ 2014, 641 (646). *Jansen*, ZEuP 2005, 750 (754), stellt in diesem Kontext die anti-reduktionistische These auf, dass rechtsdogmatischen Strukturelemente „... nicht nur eine Summe von Normen, sondern zugleich auch deren gedankliche Ordnung [sind]. Komplexe Begriffe und Annahmen über normative Zusammenhänge werden damit zu einem wesentlichen Bestandteil des Element Rechts." Selbst wenn die Rechtsdogmatik keinen — wie in der Definition von *Wieacker* mitschwingenden — normativen Geltungsanspruch fordern sollte, so kapituliert sie damit doch vor der normativen Kraft des Faktischen. In ihrer Effizienz ist sie normativ. In ihrem Anspruch sollte sie bescheidener sein: Die Untersuchung möchte lediglich Vorschläge zur besseren Handhabung problematischer Rechtsfälle liefern, vgl. die letzte Tätigkeit in der dreigeteilten Definition von *Alexy* (Fn. 54).

schen Einzelfall ausgehende Herangehensweise unterschieden werden.[58] Das induktive Verfahren nimmt die schillernde Mannigfaltigkeit des Lebens als Ausgangspunkt, führt aber im Zweifel nicht zu der nötigen logischen Kontingenz und Begriffsvereinheitlichung, die für das Rechtssystem unter Gerechtigkeitsgesichtspunkten als nötig erachtet werden muss. Dagegen besitzt das deduktive Verfahren allgemeingültigen, apodiktischen Charakter. Daher wird im Folgenden eine Herangehensweise gewählt, die einerseits versucht, aus den historisch gewachsenen, allgemein anerkannten, rechtsdogmatischen Figuren des Rechtsverhältnisses und des subjektiven Rechts einen potenziellen Körper für die Rechtsnatur des Besitzes zu deduzieren, andererseits bei der zentralen Frage, was den Besitz im Innersten ausmacht und ihn von anderen rechtlichen Positionen absetzt, auf eine induktive Methode zurückgreift.

Die Begriffe des Rechtsverhältnisses und des subjektiven Rechts stehen nicht im Gesetz, sondern sie wurden von der Rechtswissenschaft erschaffen, um das Gesetz in systematisierender Weise zu durchdringen und zu beeinflussen. Ihre Bedeutung und ihr Sinn ergeben sich aus den Begriffen selbst, nicht aus den Einzelfällen, in deren Chaos sie ja erst Ordnung bringen sollen. Ob die Bedeutung des subjektiven Rechts in einer rechtlich erteilten Willensmacht oder in einem positiven Zuweisungsgehalt liegt, lässt sich nur aus dem Begriff unter Berücksichtigung der wechselseitigen Beeinflussung des positiven Rechts bestimmen.

Unter die so erschlossenen dogmatischen Figuren soll der Besitz subsumiert werden. Dies ist aber nur möglich, wenn der Besitz selbst seinem Wesen nach bereits erschlossen ist. Man kann nicht verifizieren, ob der Besitz ein subjektives Recht ist, ohne vorab dasjenige erkannt zu haben, was inhaltlich mit dem deduzierten Verständnis des subjektiven Rechts potenziell in Einklang gebracht werden kann. Sollte die Bedeutung des subjekti-

---

58 *Wieacker*, in: FS Gadamer, S. 311 (332 f.), spricht von der „deduktiv-systematischem" bzw. „deduktiv-axiomatischen" Methodik und grenzt sie zum „induktiv-pragmatischen" bzw. „induktiv-aporetischen" Verfahren ab; *Herberger*, Dogmatik, S. 1 f., verweist in seinem Vorwort auf den damaligen Direktor des landwirtschaftlichen Instituts in Jena, *Friedrich Schulze*, der zwischen progressivem bzw. synthetischem, dogmatischem oder konstitutiven und regressivem bzw. analytischem Verfahren unterscheidet. Ferner stellt *Herberger*, Dogmatik, S. 2, eine Verbindung her zu den aristotelischen Beweisarten der *„demonstratio quia"*, die von Wirkungen auf Ursachen schließt und damit der Analyse nahesteht, und der *„demonstratio propter quid"*, die die Wirkungen aus den Ursachen synthetisiert; die mathematische Präzision der deduktiv-axiomatischen Herangehensweise erreichte im Vernunftrecht *Wolffs* als euklidische Methode ihren vorläufigen Höhepunkt.

ven Rechts primär in der Zuweisung einer positiven Genussmöglichkeit liegen, muss der Besitz – sollte er seinem Sinn nach ein subjektives Recht enthalten – im Rahmen einer Subsumption zunächst auf einen solchen Zuweisungsgehalt hin untersucht werden. Dies könnte das Wesen des Besitzes sein, die Gewährung eines irgendwie gearteten Zuweisungsgehalts, die den Sinn des Besitzes, ein Rechtverhältnis zu sein, aus dem ein subjektives Recht entspringt, determiniert und mit Inhalt füllt.

Es wird somit neben Sinn und Bedeutung eine neue Kategorie eingeführt, nämlich die des Wesens. Das Wesen des Besitzes ist die Essenz seines Daseins. Es beschreibt das ursprüngliche Sein des Besitzes und ermöglicht überhaupt erst eine Einordnung in einen bestimmten rechtlichen Sinnkontext. Bei der Bestimmung des Wesens des Besitzes kann aber nicht deduktiv, sondern muss induktiv vorgegangen werden. Was den Besitz ausmacht, erschließt sich allein aus einer Betrachtung der Lebenswirklichkeit. Nur diese Sichtweise wird dem deskriptiven, dem tatsächlichen Moment im schillernden Gefieder des Besitzes gerecht und bewahrt das vernunftgeleitete Recht mit seiner Idee des Besitzes vor innerer Leere und Lebensfremdheit.

Das Gleiche gilt auch für die Bedeutungsbestimmung des Besitzes. Eine Aussage darüber, was der Besitzbegriff als Tatbestandsmerkmal einer Rechtsnorm bedeutet, kann nur in kritischer Auseinandersetzung mit den Ideen, die über die Bedeutung des Besitzes in der Lebenswirklichkeit vorherrschen, getroffen werden. Dem Instinkt, den Besitz im Bereich des Faktischen zu verordnen,[59] soll sich nicht verweigert werden. Keinem anderen Begriff des Bürgerlichen Gesetzbuches wohnt eine derartige Faktizität inne, keinen zieht es allein aus seiner Begrifflichkeit heraus so vehement in die Welt der Tatsachen. Im Gegensatz zum Eigentum, dem „Leitbegriff des bürgerlichen Vermögensrechts“,[60] das eine genuin rechtliche Konstruktion darstellt,[61] ist Besitz etwas, was wohl auch schon im Hobbsschen Naturzu-

---

59 So beispielsweise *Biermann*, Kommentar zum Bürgerlichen Gesetzbuch, Vor §§ 854 ff., Anm. 1 a; *Oertmann*, Kommentar zum Bürgerlichen Gesetzbuch, § 823, Anm. 3 e; *Diederichsen*, Das Recht zum Besitz aus Schuldverhältnissen, S. 60; *Thibaut*, System des Pandektenrechts, § 218, S. 170; *Gerhardt*, Mobiliarsachenrecht, § 3, S. 13 f.; *Rödig*, Erfüllung des Tatbestandes des § 823 Abs. 1 BGB durch Schutzgesetzverstoß, S. 26; *Schapp*, Sachenrecht, § 40, Rn. 44; *Schellhammer*, Sachenrecht, S. 15, Rn. 22.

60 *Auer*, AcP 216 (2016), 239 (252).

61 A. A. *Locke*, Zwei Abhandlungen über die Regierung, §§ 26 ff., S. 215 ff., der die Existenz eines vorpositiven Eigentums als notwendig für die Realisierung des an-

stand fernab jeglichen Naturrechts oder positiv gesetzter Rechtsordnung existiert hat.

Bei aller Rückbesinnung auf die Lebenswirklichkeit darf jedoch nicht der Fehler gemacht werden, Bedeutung und Wesen des Besitzes in einem empirisch messbaren, situativ leicht zu verortenden Kontext zu suchen. Ein solcher Ansatz wäre für eine juristische Erkenntnis des Besitzes wenig zielführend. Das Rechtssystem muss sich an der Lebenswirklichkeit orientieren, aber ein bloßer Verweis auf tatsächliche Begebenheiten wird der Notwendigkeit einer gehaltvollen Ausgestaltung des Systems nicht gerecht. Die Rechtwissenschaft darf sich mit dem Bedeutungsdurcheinander der Wirklichkeit nicht zufriedengeben, sondern muss das darunterliegende, ordnende Strukturmoment freilegen. Sie muss eine Methode finden, mit deren Hilfe dasjenige extrahiert werden kann, was allen Besitzsituationen im lebenswirklichen Kontext gemein ist, eine Methode, die die natürlichen Phänomene von Besitz und tatsächlicher Gewalt zur Anschauung bringt, denn genau diese Phänomene haben über den Besitzschutz auch in das Recht Einzug gehalten.

2. Erweiterung um phänomenologische Methode

Wenn die Lebenswirklichkeit im Rahmen einer induktiven Annäherung an die inhaltliche Ausgestaltung des Besitzes Einzug in das Recht hält, bedarf es deshalb einer Methode, die die reinen Strukturen der Wirklichkeit freizulegen vermag und Erkenntnis bezüglich eines allgemeingültigen Konsenses verspricht, wo herkömmlich gegensätzliche Standpunkte aufeinanderprallen. Daher soll die Lebenswirklichkeit durch das Brennglas einer phänomenologischen Betrachtung Eingang in das Recht und in die

---

geborenen Selbsterhaltungstriebs annimmt. Für *Kant*, Metaphysik der Sitten, AA VI 245 f., ist das Eigentum ein „intelligibler Besitz". Er unterscheidet zwischen empirischem und rechtlichem (intelligiblen) Besitz. Der Platz des Rechts ist die Vernunft, das Eigentum ein „Vernunftbesitz". Rechtssätze sind Urteile a priori, d. h. vor jeder Erfahrung. Sie sind transzendentalphilosophisch gesprochen die Bedingung jeder Erfahrung. Wenn aber das Eigentum wie das Recht ein Begriff der Vernunft ist, dann kann es nicht in der erkennbaren äußeren Welt liegen, sondern vielmehr muss die äußere Welt durch das Eigentum erkannt werden (Metaphysik der Sitten, AA VI 245, 252 f.); vgl. dazu auch u. S. 128 ff. *Hegel*, R § 4, entwickelt seine Konzeption des Rechtssystems als „Reich der verwirklichten Freiheit". Mit dem Eigentum wird die „äußere Sphäre" der Freiheit gesetzt (R § 41).

vorliegende Arbeit finden. *Merleau-Ponty*, einer der wirkungsmächtigsten Vertreter dieser Strömung stellt gleich zu Beginn seiner Phänomenologie der Wahrnehmung die Gretchenfrage:

> „Phänomenologie – was ist das?“, nur um sogleich zu einer ausschweifenden Antwort anzusetzen: „Daß ein halbes Jahrhundert nach dem Erscheinen von Husserls ersten Werken diese Frage zu stellen bleibt, mag seltsam erscheinen; und doch steht ihre Beantwortung aus. Phänomenologie ist Wesensforschung – alle Probleme, so lehrt sie, wollen gelöst sein durch Wesensbestimmungen: Bestimmung des Wesens der Wahrnehmung etwa, des Wesens des Bewusstseins. Doch ebensosehr ist Phänomenologie eine Philosophie, die alles Wesen zurückversetzt in die Existenz und ein Verstehen von Mensch und Welt in der „Faktizität“ fordert. Phänomenologie ist Transzendentalphilosophie, die Thesen der natürlichen Einstellung, um sie zu verstehen, außer Geltung setzt – und doch eine Philosophie, die lehrt, daß die Welt vor aller Reflexion in unveräußerlicher Gegenwart ‚je schon da‘ ist, eine Philosophie, die auf nichts anderes abzielt, als diesem naiven Weltbezug nachzugehen, um ihm endlich eine philosophische Satzung zu geben. Sie hat es abgesehen auf Philosophie als ‚strenge Wissenschaft‘ – doch gleichwohl ist sie Besinnung auf Raum, Zeit und Welt des ‚Lebens‘. Sie ist der Versuch einer direkten Beschreibung aller Erfahrung, so wie sie ist, ohne Rücksicht auf Probleme genetischer Psychologie oder Kausalerklärung, wie sie Naturwissenschaft, Geschichte und Soziologie zu bieten vermögen …“[62]

Die philosophische Phänomenologie versteht sich demnach als Wissenschaft des Wesens der Dinge und des Menschen.[63] Durch ein Infrage-Stellen der grundlegenden Prinzipien der Welt und eine Reduktion auf die Erscheinungen der Gegenstände möchte sie das Dasein des Menschen in der Welt und seine unauflösliche Verbindung mit ihr und den Dingen erforschen.[64] Hierin liegt das „unverzichtbare Endziel“ phänomenologischer Betrachtungsweisen: „die analytische Aufklärung des Grundverhältnisses zwischen Subjektivität und Welt durch systematischen Rückgang in seine

---

62 *Merleau-Ponty*, Phänomenologie der Wahrnehmung, S. 3.
63 Vgl. etwa *Husserl*, Die Idee der Phänomenologie. Fünf Vorlesungen, Hua II, S. 3.
64 Grundlegend *Ströker/Janssen*, Phänomenologische Philosophie (1989); *Lembeck*, Einführung in die phänomenologische Philosophie (1994); eine komplexe Einführung in das Werk *Husserls* bietet *Möckel*, Einführung in die transzendentale Phänomenologie (1998).

konstitutiven Bedingungen."[65] Die phänomenologische Methode war die Antwort ihres Schöpfers *Husserl* auf die von ihm konstatierte „Krisis der Wissenschaften als Ausdruck der radikalen Lebenskrise des europäischen Menschentums" in der Zeit des *fin de siècle*.[66] *Husserls* verstand die Phänomenologie als eine Bewusstseinsphilosophie, die nach der Transzendentalphilosophie[67] *Kants* als erste wieder den großen Entwurf eines Erkenntnissystems über die Synthese empirischer und rationalistischer Verfahrensweisen wagte und in Abkehr von Skeptizismus, Dogmatismus, Relativismus und Historismus die Suche nach absoluter Wahrheit erneut aufnahm.[68] Dafür setzte sie dort an, wo die Phänomene zur unmittelbaren Anschauung gebracht werden, nämlich im Bewusstsein des Subjekts.

Das Bewusstsein ist der Ort, an dem die husserlsche Phänomenologie operiert. Die Erkenntnis verläuft über die reflexive Beschreibung der „... immanenten, im Bewusstsein vorfindlichen Erlebnisse ..."[69] Diese Erlebnisse – oder auch: die Erfahrung dieser Erlebnisse – sind die Forschungsgegenstände der Phänomenologie, denn sie zeigen uns, wie die Welt sich uns wahrhaftig hingibt. „Das Sein der Realität ist letztlich Bewusstsein"[70] oder anders formuliert: Das Sein der Realität „... ist ein Sein, das das Bewusstsein in seinen Erfahrungen setzt, das prinzipiell nur als Identisches von motivierten Erscheinungsmannigfaltigkeiten anschaubar und bestimmbar ... ist."[71] Die Phänomenologie erforscht „... das gesamte Feld des konstituierenden Bewusstseins und korrelativ der Welt in ihrem Sinn- und Geltungsaufbau."[72] Die Beschreibung setzt also, wie auch *Merleau-Ponty* in der zitierten Passage festgestellt hat, an der Wesensbestimmung dessen an, wodurch wir uns die Welt erschließen und wodurch sie sich uns darstellt: dem Bewusstsein, der Wahrnehmung, der Fantasie, der Erinnerung etc.[73]

---

65 *Ströker/Janssen*, Phänomenologische Philosophie, S. 39.

66 *Husserl*, Die Krisis der Europäischen Wissenschaften, Hua VI, S. 1.

67 *Kant* nennt seine Erkenntnistheorie transzendental, weil sie die apriorischen Bedingungen jeder Form von Erkenntnis – etwa das Bewusstsein für Raum und Zeit – näher bestimmen möchte.

68 Vgl. *Möckel*, Einführung in die transzendentale Phänomenologie, S. 15 f.

69 *Möckel*, Einführung in die transzendentale Phänomenologie, S. 17.

70 *Fasching*, Phänomenologische Reduktion und Mushin, S. 35.

71 *Husserl*, Ideen zu einer reinen Phänomenologie und phänomenologischen Philosophie, Hua III/1, S. 106.

72 *Loidolt*, Einführung in die Rechtsphänomenologie, S. 35; mit den Worten *Husserls*, Die Krisis der Europäischen Wissenschaften, Hua VI, S. 100: „Es ist das Motiv des Rückfragens nach der letzten Quelle aller Erkenntnisbildungen, des Sichbesinnens des Erkennenden auf sich selbst und sein erkennendes Leben.".

73 Vgl. *Husserl*, Die Idee der Phänomenologie. Fünf Vorlesungen, Hua II, S. 12.

In der vorliegenden Arbeit geht es um die Erkenntnis dessen, was Besitz ist. Eine phänomenologische Betrachtung ist in diesem Kontext aus folgenden Gründen gewinnbringend: Die Phänomenologie versucht das „Grundverhältnis zwischen Subjektivität und Welt" aufzuklären; das Besitzen könnte sich als ein ebensolches Verhältnis herausstellen. Des Weiteren stellt die Phänomenologie eine Erkenntnistheorie dar, die das Besitzen unter Umständen als eine besondere Gegebenheitsweise eines Gegenstandes reflektieren könnte. Neben den klassischen sensualistischen Wahrnehmungsmodi und anderen Gegebenheitsweisen von Gegendständen – etwa in unserer Erinnerung, in unserer Vorstellung oder in unserer Fantasie – könnte der Besitz einen besonderen Zugang zur Welt offenlegen, einen Modus des Erkennens, der über einen eigenständigen Gegenstandsbereich im Spiel der weltlichen Erfahrbarkeit verfügt.

Zur Stützung dieser Vorüberlegungen können nicht nur an gegebener Stelle Passagen aus den Werken *Husserls*, *Merleau-Pontys* und *Heideggers*, sondern überhaupt das „Prinzip aller Prinzipien" der Phänomenologie fruchtbar gemacht werden:

> „… daß jede originär gebende Anschauung eine Rechtsquelle der Erkenntnis sei, daß alles, was sich uns in der ‚Intuition' originär, (sozusagen in seiner leiblichen Wirklichkeit) darbietet, einfach hinzunehmen sei, als was es sich gibt, aber auch nur in den Schranken, in denen es sich gibt …"[74]

Die Erkenntnis über den Besitz muss dort gesucht und ergründet werden, wo der Besitz sich dem Menschen in seiner natürlichen Gestalt präsentiert: als Erlebnis in seinem Bewusstsein. Mögen die Überlegungen zur Methode der Phänomenologie zu diesem Zeitpunkt noch abstrakt und wenig plastisch anmuten, wird sie im weiteren Verlauf der Untersuchung einen Blick auf die Lebenswelt ermöglichen, der das Innerste der rechtlichen Figur des Besitzes überhaupt erst erfahrbar und begreifbar werden lässt und dadurch der intuitiven Faktizität des Besitzes gerecht wird. Der phänomenologische Blickwinkel wird im Folgenden an drei Stellen der Untersuchung zum Einsatz kommen: zunächst bei der Frage, wie der Begriff der tatsächlichen Gewalt semantisch bestimmt werden kann,[75] dann bei einer generell-abstrakten Analyse des Beziehungsgeflechts von Subjekten zu Objekten und von Subjekten untereinander sowie der daraus entstehenden Implikatio-

---

74 *Husserl*, Ideen zu einer reinen Phänomenologie und phänomenologischen Philosophie, Hua III/1, S. 51.

75 S. u. S. 49 ff.

nen auf die rechtsdogmatische Figur des Rechtsverhältnisses[76] und schließlich – als das Kernstück der Arbeit – bei der Bestimmung dessen, was den Akt des Besitzens so wertvoll macht, dass es sich lohnt, ihm einen umfänglichen Rechtsschutz zur Verfügung zu stellen.[77]

---

76 S. u. S. 95 ff.
77 S. u. S. 139 ff.

Kapitel 1: Bedeutung des Besitzes

Ob der Besitz ein Faktum ist, ist eine Frage nach seiner Rechtsnatur bzw. seinem Sinn. Dieser Frage und der vorgelagerten Frage, ob so etwas wie ein Faktum im Recht überhaupt existieren kann, widmet sich das zweite Kapitel der Untersuchung.[78] In der Vielzahl der Fälle, in der vom Besitz als Faktum gesprochen wird, ist allerdings der Besitz als deskriptives Tatbestandsmerkmal gemeint. Da im allgemeinen juristischen Sprachgebrauch der Terminus Faktum gebräuchlich ist, wird der Besitz auch in diesem Kapitel teilweise als Faktum bezeichnet werden, wenn eigentlich von einem deskriptiven Tatbestandsmerkmal die Rede sein sollte.

Unabhängig von der sprachlichen Konfusion, ist die Frage, die es in diesem Kapitel zu beantworten gilt, wie folgt zu formulieren: Ist der Begriff des Besitzes deskriptiver Natur und beschreibt eine lebenswirkliche Situation mit dem ungefähren Inhalt, dass „… nicht nur die eigne Einwirkung auf die Sache physisch möglich ist, sondern auch jede fremde Einwirkung verhindert werden kann …“[79], oder hat der Besitz im rechtlichen Kontext eine eigenständige normative Bedeutung?

I. Wörter und ihre Bedeutung

„Es gibt kein Recht außerhalb der Sprache. (…) Ohne Sprache und Recht sind die Juristen sprachlos.“[80] Diese scheinbar lapidare Feststellung verdient es, mit Nachdruck in den Vordergrund gerückt zu werden. Kein Recht ist ohne Sprache denkbar, kein Gesetz kann ohne eine Form von Sprache artikuliert, kein Urteil ohne einen sprachlichen Ausdruck gefällt werden. Daher muss gerade in diesem ersten Kapitel, das sich mit der Frage auseinandersetzt, ob der Besitz ein deskriptives oder normatives Tatbestandsmerkmal darstellt, auch das allgemeine sprachtheoretische Zusammenspiel von Wörtern und ihrer Semantik Berücksichtigung finden. Nur so kann eine allgemeingültige Aussage über die Bedeutung des Besitzbegriffs getroffen werden kann. Es gilt nun, in einem kurzen Abriss, das ge-

78 S. u. S. 67 ff.
79 *Savigny*, Das Recht des Besitzes, § 1, S. 26.
80 *Rüthers/Fischer/Birk*, Rechtstheorie, § 5, Rn. 150.

nerelle Verhältnis von Wörtern und ihrer Bedeutung zu klären[81] und im besten Fall zu den drei Prämissen zu gelangen, die diesem Kapitel zugrunde gelegt werden sollen: Zunächst müssen Wörter überhaupt eine Bedeutung haben. Wenn Wörter keine Bedeutung haben, dann ist die Frage nach der Bedeutung des Besitzes bereits falsch gestellt. Des Weiteren muss diese Bedeutung in der Repräsentation eines tatsächlichen oder vorgestellten Gegenstandes liegen, da bei Fehlen eines Repräsentationsverhältnisses keine Aussage darüber getroffen werden kann, welchen situativen Gegenstand der Begriff des Besitzes im Recht beschreibt. Schließlich muss es möglich sein, dass ein Wort je nach Kontext verschiedene Sachverhalte oder Gegenstände beschreibt. Das setzt eine Zufälligkeit der Verbindung zwischen dem Wort und dem von ihm bezeichneten Sachverhalt oder Gegenstand voraus.

1. Semantischer Repräsentationalismus

Bereits *Aristoteles*[82] beschäftigte sich in seiner kurzen Schrift *Peri Hermeneias* mit der Bedeutung von Wörtern:

> „Nun sind die (sprachlichen) Äußerungen unserer Stimme ein Symbol für das, was (beim Sprechen) unserer Seele widerfährt, und das, was wir schriftlich äußern, (ist wiederum ein Symbol) für die (sprachlichen) Äußerungen unserer Stimme. Und wie nicht alle Menschen mit denselben Buchstaben schreiben, so sprechen sie auch nicht alle dieselbe Sprache."[83]

Lässt man das Verhältnis von gesprochener und geschriebener Sprache außer Acht, dann ist die zentrale These des ersten Teils dieser Aussage, dass Wörter eine Bedeutung haben und dass diese Bedeutung in der Repräsentation dessen liegt, was unserer Seele widerfährt, also unseren Vorstell-

81 Die Bedeutung von akustischen Zeichen oder Schriftzeichen lässt sich als der leitende Topos der Sprachphilosophie bezeichnen. Grundlegend *Newen/Schrenk*, Sprachphilosophie (2013); *Rödl*, in: Disziplinen der Philosophie (2014), S. 645 ff.; *Leiss*, Sprachphilosophie (2012). Englische Literatur: *Katz*, The Philosophy of Language (1966), und *Kemp*, What is this thing called philosophy of language (2013).

82 Wobei als erster Text mit sprachphilosophischen Ambitionen in der abendländischen Tradition *Platons* Kratylos-Dialog gilt, vgl. *Bertram*, Sprachphilosophie, S. 36.

83 *Aristoteles*, Peri Hermeneias, 16 a.

ungen. Wenn Aristoteles im Anschluss an die zitierte Passage die Dinge erwähnt, „... von denen diese (seelischen Wiederfahrnisse) Abbildungen sind ...“[84], ist damit ein repräsentationalistisches Sprachverständnis doppelter Ordnung begründet: Wörter repräsentieren Vorstellungen, Vorstellungen repräsentieren Gegenstände in der Welt.[85] Mögen die verschiedenen Theorien, Denkgebäude und Strömungen, die sich seit *Aristoteles* unter dem Dach eines semantischen Repräsentationalismus vereinigen lassen, unterschiedliche Schwerpunkte setzen und teilweise in unversöhnlichem Gegensatz zueinander stehen: Die Idee, dass Wörter entweder über den Verweis auf Vorstellungen[86] oder in direkter Weise[87] auf Gegenstände in der Welt verweisen, lässt sich zumindest bis zum sog. linguistic turn[88] im 20. Jahrhundert als herrschend bezeichnen.

Im Rahmen der verstärkten Hinwendung zur Sprache verschob sich der Schwerpunkt des Diskurses im Strukturalismus auf die Selbstgenügsam-

---

84 *Aristoteles*, Peri Hermeneias, 16 a.

85 Vgl. auch *Foucault*, Die Ordnung der Dinge, S. 78 ff.

86 *Locke*, Versuch über den menschlichen Verstand, Bd. 2, S. 5, stellt hierbei das kommunikative Element von Sprache in den Vordergrund: „Da nun aber die Annehmlichkeiten und Vorteile der Gemeinschaft ohne eine Mitteilung der Gedanken nicht zu erreichen sind, so musste der Mensch notwendig gewisse äußere, sinnlich wahrnehmbare Zeichen finden, mit deren Hilfe jene unsichtbaren Ideen, die seine Gedankenwelt ausmachen, andern mitgeteilt werden könnten (...). Die Wörter vertreten also ihrer ursprünglichen oder unmittelbaren Bedeutung nach nur *die Ideen im Geiste dessen, der sie benutzt* ...“ Für die Rechtswissenschaft vgl. *Zippelius*, Juristische Methodenlehre, § 4, S. 15 f.

87 *Frege*, Zeitschrift für Philosophie und philosophische Kritik 1892, 25 (27), versteht unter Zeichen und Namen eine Bezeichnung, „... die einen Eigennamen vertritt, deren Bedeutung also ein bestimmter Gegenstand ist (dies Wort im weitesten Sinn genommen) ... Die Bezeichnung eines einzelnen Gegenstandes kann auch aus mehreren Worten oder sonstigen Zeichen bestehen.“ *Frege* kritisiert den Psychologismus, welcher der Idee einer Verweisung von Wörtern auf Vorstellungen zugrunde liegt. Da es sich bei Vorstellungen um etwas Intimes, Inneres handelt, wäre in diesem Fall eine Kommunikation so gut wie unmöglich, weil keiner die Vorstellungen des anderen hinter den Wörtern erkennen kann. Daher muss als Voraussetzung für Kommunikation ein „weltorientiertes Verständnis sprachlicher Bedeutung“ (*Bertram*, Sprachphilosophie, S. 81.) propagiert werden, in dem Zeichen und Wörter Gegenstände in der Welt bezeichnen. „Man kann‘s drehen und wenden, wie man will, Bedeutungen sind einfach nicht im *Kopf*“ (*Putnam*, Die Bedeutung von „Bedeutung“, S. 37).

88 Grundlegend und den Begriff des *linguistic turns* einführend *Rorty*, The Linguistic Turn (1967).

keit und Unabhängigkeit sprachlicher Zeichen einerseits[89] und auf die performativen, schöpferischen Qualitäten sprachlicher Akte andererseits[90]. Das lag vor allem daran, dass die Sprache als Ganzes bzw. einzelne – und vor allem andere als bloße Aussagen betreffende – Sätze[91] in den Fokus des wissenschaftlichen Interesses rückten. Aber selbst *Austin* wendete sich in seiner Theorie der Sprechakte nicht völlig von der Idee eines semantischen Repräsentationalismus ab, auch wenn er einen gänzlich anderen Schwerpunkt setzte und die Fokussierung allein auf das beschreibende Element der Sprache als „deskriptiven Fehlschluss" bezeichnete.[92]

Austin unterscheidet zwischen dem lokutionären, dem illoktionären und dem perlokutionären Akt, wobei es sich bei diesen drei Akten um die verschiedenen Wirkungsweisen einer einzigen Aussage handelt.[93] Der illokutionäre Akt, der im Zentrum des *Austin'schen* Theoriegebäudes steht, ist das, was getan wird, indem etwas gesagt wird.[94] Der perlokutionäre Akt ist die Wirkung, die dadurch ausgelöst wird, dass man etwas sagt.[95] Mit dem Satz „Ich werde dich erschießen!" spreche ich eine Drohung aus (illokutionärer Akt), die bei dem Adressaten Angst und Furcht auslöst (perlokutionärer Akt). Beide Akte setzen aber den lokutionären Akt voraus, der sich wiederum in drei Handlungen unterteilen lässt, die phonetische, die phatische und die rhetische.[96] Der phonetische Akt besteht in der bloßen Äußerung bestimmter Geräusche, der phatische Akt ist in dem Umstand zu sehen, dass diese Geräusche entsprechend einer bestimmten Grammatik als Vokabeln verständlich sind, der rethische Akt besteht schließlich darin, dass „... man diese Vokabeln dazu benutzt, über etwas mehr oder weniger genau Festgelegtes zu reden und darüber etwas mehr oder weniger genau

---

89 In radikaler Weise die Selbstständigkeit des Systems der Sprache („langue") in den Vordergrund stellend *de Saussure*, Cours de linguistique générale.

90 Prominent und wirkungsmächtig *Austin*, Zur Theorie der Sprechakte (1962/1975) und *Searle*, Sprechakte (1983).

91 Mit *Frege* begann eine Loslösung vom sog. auch von *Locke* vertretenen semantischen Atomismus, nach dem einem Wort unabhängig von seinem Kontext eine sprachliche Bedeutung zugeordnet werden konnte. Nach *Frege* kommt Worten ihre besondere Bedeutung nur im Rahmen ihres sprachlichen Umfelds zu. Nur eingebettet in eine Satzstruktur und in einen verbalen und nonverbalen Kontext erhalte sie ihre Bedeutung.

92 *Austin*, Zur Theorie der Sprechakte, S. 27.

93 *Austin*, Zur Theorie der Sprechakte, S. 112 ff.

94 *Austin*, Zur Theorie der Sprechakte, S. 116 ff.

95 *Austin*, Zur Theorie der Sprechakte, S. 118 f.

96 *Austin*, Zur Theorie der Sprechakte, S. 112 ff.

Bestimmtes zu sagen."[97] Der rhetische Akt beinhaltet also das beschreibende Bedeutungselement, ohne dass auch die Sprechakttheorie nicht möglich wäre.[98] Damit der Satz „Ich werde dich erschießen!" als furchteinflößende Drohung verstanden werden kann, muss sich dem Adressaten zunächst die Bedeutung der Wörter erschließen. Nach wie vor lässt sich daher feststellen, dass die Bedeutung von Wörtern in der Verweisung auf etwas besteht, unabhängig davon, ob dieser Verweis innerlich-geistiger oder äußerlich-materieller Natur ist.

Für singuläre Termini in Gesetzestexten kann nichts anderes gelten. Das Wort Besitz beschreibt auch im Kontext eines Rechtssatzes einen Gegenstand, wobei Gegenstand in einem weiten Sinne als Beschreibung einer bestimmten Situation verstanden wird.

2. Arbitrarität von Zeichen und Bezeichnetem

Damit aber überhaupt die Möglichkeit besteht, dass das Wort „Besitz" im juristischen Sprachgebrauch eine andere Bedeutung als im allgemeinen Sprachverständnis haben kann, darf kein intrinsischer Zusammenhang zwischen dem Zeichen und dem Bezeichneten stehen. Mit den Worten *Ferdinand de Saussures*: Die Verbindung von *signifiant* und *signifié* muss arbiträr sein. In seinem *Cours de linguistique générale* wies *de Saussure* die Selbstständigkeit des Systems Sprache und die damit einhergehende Arbitrarität[99] der Beziehung sprachlicher Zeichen zum Bezeichneten auf der Grundlage einer Differenzrelation nach. Ein sprachliches Zeichen erlangt nur in seiner Differenz zu anderen sprachlichen Zeichen an Bedeutung.[100] Die Verbindung von Zeichen zum Bezeichneten hingegen ist unmotiviert.[101] Zwischen beiden besteht keine natürliche oder kausale Verbindung.[102] Auch der zweite Satz des Zitats aus der Schrift *Peri Hermeneias* kann in diese Richtung gedeutet werden. Wenn nicht alle Menschen mit denselben Buchstaben schreiben und nicht dieselbe Sprache sprechen, scheint dies in der Tat ein Indikator dafür zu sein, das keinerlei intrinsisch-motivierter Zusammenhang zwischen dem sprachlichen Zeichen und dem

97 *Austin*, Zur Theorie der Sprechakte, S. 112 f.
98 Vgl. auch *Alexy*, Theorie der juristischen Argumentation, S. 78.
99 „Le lien unissant le signifiant au signifié est arbitraire" (*De Saussure*, Cours de linguistique générale, S. 100).
100 *De Saussure*, Cours de linguistique générale, S. 100 ff.
101 *De Saussure*, Cours de linguistique générale, S. 101.
102 Vgl. *de Saussure*, Cours de linguistique générale, S. 101.

von ihm bezeichneten Gegenstand besteht.[103] Selbst innerhalb der Ordnung einer gemeinsamen Sprache gilt:

> „Die Wörter rufen häufig bei anderen (auch wenn sie dieselbe Sprache sprechen) tatsächlich nicht die Ideen hervor, als deren Zeichen sie uns gelten. Auch besitzt jedermann eine so unverletzliche Freiheit, die Wörter nach Gutdünken für jede beliebige Idee zu verwenden, daß kein Mensch die Macht besitzt, andere zu veranlassen, dieselben Ideen im Sinne zu haben wie er, wenn sie dieselben Wörter benutzen wie er."[104]

Locke sah darin den Beweis für die „willkürliche Festlegung"[105], die „willkürliche Verknüpfung"[106] zwischen einem Wort und der Idee, die es bezeichnet.

3. Konventionalistische Bedeutungstheorie

Wenn das Verhältnis von Zeichen zu dem von ihnen bezeichneten Gegenstand als arbiträr qualifiziert wird, ist damit zunächst lediglich gemeint, dass zwischen beiden kein natürlicher, kausal-notweniger Zusammenhang besteht. Es bedeutet nicht, dass einem Gegenstand im Rahmen einer Sprachgemeinschaft kein bestimmter singulärer Term zugeordnet werden kann. Alles andere würde eine Unmöglichkeit sprachlicher Kommunikation nach sich ziehen. Die verbindliche Verknüpfung eines Wortes mit einem Gegenstand wird über Konventionen, über „*Gepflogenheiten* (Ge-

---

103 *Aristoteles* führt die zitierte Passage wie folgt zu Ende: „Die seelischen Widerfahrnisse aber, für welche dieses (Gesprochene und Geschriebene) an erster Stelle ein Zeichen ist, sind bei allen (Menschen) dieselben; und überdies sind auch schon die Dinge, von denen diese (seelischen Widerfahrnisse) Abbildungen sind, (für alle) dieselben" (Peri Hermeneias, 16 a). Im Gegensatz zum zufällig gewählten Zeichen sind die grundlegenden Vorstellungen der Menschen und die dadurch repräsentierten Gegenstände somit bei allen gleich, was ein grundsätzliches Vertrauen in die Erkennbarkeit der Welt und die theoretische Möglichkeit ihrer Ordnung durch sprachliche Mittel bezeugt. *Bertram*, Sprachphilosophie, S. 49, bezeichnet diese Position als semantischen Realismus.

104 *Locke*, Versuch über den menschlichen Verstand, Bd. 2, S. 9.

105 *Locke*, Versuch über den menschlichen Verstand, Bd. 2, S. 9.

106 *Locke*, Versuch über den menschlichen Verstand, Bd. 2, S. 5.

bräuche, Institutionen)"[107], über eine „Praxis"[108], konstituiert, man kann von einer „konventionalistischen Bedeutungstheorie" sprechen.[109] Die Bedeutung eines Wortes wird innerhalb einer Sprachgemeinschaft durch seinen Gebrauch etabliert. Der herrschende Sprachgebrauch legt die Bedeutung eines Wortes fest.[110]

Es scheint plausibel, dass den verschiedenen rechtlichen und außerrechtlichen Kontexten eine Leitvorstellung der Bedeutung des Besitzes zugrunde liegt, eine Bedeutung, die die einzelnen Kontexte in ordnender Weise durchzieht und dem Recht durch die Bewahrung vor Willkür seine Legitimität verleiht. Diese Bedeutung gilt es zu finden.

4. Doppelrolle der tatsächlichen Gewalt im Verhältnis zum Besitz

Im Rahmen einer Bedeutungsbestimmung des Besitzes muss noch sein Verhältnis zum singulären Term der tatsächlichen Gewalt geklärt werden. Von vielen Autoren wird der Besitz als tatsächliche Gewalt bzw. Sachherrschaft definiert.[111] Dem kann zunächst nur bedingt zugestimmt werden.

---

107 *Wittgenstein*, Philosophische Untersuchungen, § 199, wobei er den Begriff der Gepflogenheit genau genommen nicht verwendet, um einem Wort einen Gegenstand im Sinne einer Bedeutung zuzuordnen, sondern um das Problem des Regelfolgens zu lösen. Wenn die Bedeutung eines Wortes maßgeblich durch seinen Gebrauch in einem Sprachspiel geprägt wird, dann stellt sich die Frage, woher die Teilnehmer wissen, in welchem Sprachspiel sie sich bewegen. Dies geschieht über Regeln, die aber einer Deutung bedürfen. Um nicht in einen infiniten Regress einer Regel, die eine weitere Regel deutet etc., zu gelangen, wird die Regel – wie auch die Wortbedeutung – durch Gebrauch konstituiert. Der Regel folgen ist daher eine Gepflogenheit, die innerhalb einer bestimmten Sprachgemeinschaft praktiziert wird (§§ 198 ff.).

108 *Wittgenstein*, Philosophische Untersuchungen, § 202.

109 Grundlegend *Newen/Schrenk*, Sprachphilosophie, S. 32. Auch *Austin*, Zur Theorie der Sprechakte, S. 121 f., bezeichnet den illokutionären Akt als konventionale Handlung.

110 *Locke*, Versuch über den menschlichen Verstand, Bd. 2, S. 9, spricht vom einheitlichen Sprachgebrauch durch „stillschweigende Vereinbarung".

111 So etwa *Dernburg*, Lehrbuch des preußischen Privatrechts und der Privatrechtsnormen des Reichs I, § 148, S. 329 f.; *Biermann*, Kommentar zum Bürgerlichen Gesetzbuch, Vor §§ 854 ff., Anm. 1 a; *Oertmann*, Kommentar zum Bürgerlichen Gesetzbuch, § 823, Anm. 3 e; *Diederichsen*, Das Recht zum Besitz aus Schuldverhältnissen, S. 60; *Thibaut*, System des Pandektenrechts, § 218, S. 170; *Gerhardt*, Mobiliarsachenrecht, § 3, S. 13 f.; *Rödig*, Erfüllung des Tatbestandes des § 823 Abs. 1 BGB durch Schutzgesetzverstoß, S. 26; *Schapp*, Sachenrecht, § 40, Rn. 44; *Schellhammer*, Sachenrecht, S. 15, Rn. 22.

Setzt man tatsächliche Sachherrschaft und tatsächliche Gewalt miteinander gleich, so schließt das Gesetz die Definition des Besitzes als tatsächliche Gewalt scheinbar aus, sofern man dem Gesetzgeber nicht unterstellt, er habe in § 845 Abs. 1 BGB folgende Tautologie bekunden wollen: Die tatsächliche Gewalt einer Sache wird durch die Erlangung der tatsächlichen Gewalt über die Sache erworben.[112] Vielmehr legt der Gesetzeswortlaut hier nahe, die Erlangung der tatsächlichen Gewalt als den Erwerbstatbestand des Besitzes anzusehen.

Andererseits besteht eine Besonderheit zu anderen Erwerbstatbeständen, da die Bedingung des Erwerbs des Besitzes auch nach seiner Vollendung Bedingung zu seiner Aufrechterhaltung bleibt. Dies ergibt sich aus § 856 Abs. 1 BGB, wonach der Besitz dadurch beendigt wird, dass der Besitzer die tatsächliche Gewalt über die Sache aufgibt oder in anderer Weise verliert. Insofern scheint eine semantische Gleichsetzung von Besitz und tatsächlicher Gewalt durchaus gegeben.

Daraus folgt: Die Bedingungen, die gewöhnlich an die tatsächliche Gewalt als Bedingung zur Aufrechterhaltung des Besitzes gestellt werden, unterscheiden sich zwar von denen, die der tatsächlichen Gewalt als Bedingung des Erwerbstatbestandes zugrunde liegen. Dennoch kommt der tatsächlichen Gewalt als Wort in einem Gesetzestext eine doppelte Rolle im Verhältnis zum Besitz zu: Einerseits als sein Erwerbstatbestand, anderseits als das vom Besitz Bezeichnete. Wenn das Wort Besitz den Umstand der tatsächlichen Gewalt bezeichnet, dann steht er zur tatsächlichen Gewalt in einem Repräsentationsverhältnis. Die Bedeutung des Besitzes ist die tatsächliche Gewalt. Da der Begriff der tatsächlichen Gewalt selbst wieder etwas bezeichnet, bezeichnen der Besitz und die tatsächliche Gewalt letztlich das Gleiche.

Mit anderen Worten: Sie haben die gleiche Bedeutung, was wiederum die eingangs eingeführte Unterscheidung von Sinn und Bedeutung legitimiert, denn wenn der Besitz dem Begriff der tatsächlichen Gewalt nicht etwas hinzufügt, d. h. einen eigenen Sinn hat, dann wäre er als Begriff überflüssig.[113]

Aus dem Repräsentationsverhältnis Besitz – tatsächliche Gewalt lässt sich folgern, dass der Begriff des Besitzes ein deskriptives Tatbestandsmerkmal darstellen würde, wenn der Begriff der tatsächlichen Gewalt ein deskriptives Tatbestandsmerkmal wäre. Dies wäre genau dann der Fall, wenn

---

112 So auch *Bekker*, in: Bernhöft/Binder, Beiträge zur Auslegung des Bürgerlichen Gesetzbuches, S. 15 (16).

113 Vgl. dazu o. S. 25.

die zunächst für den Besitz vorgenommene vorläufige Bedeutung einer Situationsbeschreibung auch für die tatsächliche Gewalt gelten würde. Die eingangs gestellte Frage muss demnach umformuliert werden: Ist der Begriff der tatsächlichen Gewalt deskriptiver Natur und beschreibt eine lebenswirkliche Situation mit dem ungefähren Inhalt, dass „… nicht nur die eigne Einwirkung auf die Sache physisch möglich ist, sondern auch jede fremde Einwirkung verhindert werden kann …“[114], oder hat die tatsächliche Gewalt im rechtlichen Kontext eine eigenständige normative Bedeutung?

II. Negierung der tatsächlichen Gewalt als deskriptives Tatbestandsmerkmal

1. Verkehrsanschauung versus Interessenabwägung

Welche Bedeutung die tatsächliche Gewalt verkörpert, wird seit geraumer Zeit in einem anderen Kontext und unter Verwendung anderer Begrifflichkeiten diskutiert. Dabei betrifft der Diskurs weniger die effektive Ausgestaltung der Bedeutung von tatsächlicher Gewalt, als vielmehr die Möglichkeiten ihrer Bestimmbarkeit. Hierfür bieten sich zwei Anknüpfungspunkte: die Verkehrsanschauung oder eine normative Interessenabwägung. Die Loslösung von der Verkehrsanschauung im Rahmen der Bedeutungsbestimmung tatsächlicher Gewalt ist im Wesentlichen auf *Heck* und seine Ausführungen zur Interessenjurisprudenz zurückzuführen. Er propagierte damit eine Gegenströmung[115] zu der von ihm verteufelten sog. Begriffsjurisprudenz, vor deren Wagen er als plastisches Beispiel den Besitz spannte. Ziel seiner schriftlichen Anfeindungen war die von *Goldschmidt* eingeführte Lehre des Besitzes als Elementarbegriff. Nach *Goldschmidt* ist der Besitzbegriff ein „… elementarer, und zwar unmittelbar aus dem Thatbestand des menschlichen Zusammenlebens geschöpfter, ein gesellschaftlicher (socialer) Urbegriff …“[116] Der Besitz zeichne sich vornehmlich durch die tatsächliche Gewalt über eine Sache aus und diese tatsächliche Gewalt sei „… ein Machtverhältniss, welches dem Gemeinbewusstsein als that-

114 *Savigny*, Das Recht des Besitzes, § 1, S. 26.

115 Bis zu einem gewissen Grad kann bereits *Jehring* als Vorläufer der Interessenjurisprudenz gelten. Ausführlich *Bund*, in: FS Thieme, S. 363 (364 ff).

116 *Goldschmidt*, Vermischte Schriften, § 1, S. 49.

sächliche Herrschaft erscheint."[117] Der Besitz wird demnach bei *Goldschmidt* mit der tatsächlichen Gewalt gleichgesetzt und ihr Umfang und ihre genaue Ausgestaltung dem Gemeinbewusstsein überlassen. *Goldschmidt* nutze noch den Begriff des Gemeinbewusstseins, um auszudrücken, dass den Begriffen Besitz und tatsächliche Gewalt eine vorpositive Semantik innewohnt, die nur in das Recht übernommen werden muss.

In der heutigen Zeit ist dieser Begriff dem der Verkehrsanschauung gewichen. Der Sinn dahinter bleibt freilich der Gleiche. Die Verkehrsanschauung ist es, die den Vertretern der h. M.[118] zufolge rechtlich relevant bestimmen muss, was tatsächliche Gewalt bedeutet. Tatsächliche Gewalt wäre demnach ein deskriptives Tatbestandsmerkmal.

Die Verkehrsanschauung ist jedoch nicht einheitlich.[119] Die einzelnen Stimmen, die in der Summe die Verkehrsanschauung bilden, werden für ein und denselben Sachverhalt zu unterschiedlichen Ergebnissen gelangen. Und selbst wenn das Votum über die Gewaltposition einmal einheitlich ausfallen sollte, könnte es doch den rechtlichen Interessen zuwiderlaufen, diese Position auch als Besitz im Recht anzuerkennen bzw. umgekehrt. Ein Beispiel:[120] Jäger J jagt einen Fuchs durch den Wald. Gerade hat er ihn in die Enge getrieben und legt sein Gewehr auf ihn an, da erscheint der Wilderer W, erschießt den Fuchs und trägt ihn davon. Hat J in diesem Beispiel bereits die tatsächliche Gewalt an dem Fuchs erlangt und war somit unmittelbarer Besitzer des Tieres geworden?[121] Hätte ihm also W den Besitz durch verbotene Eigenmacht entrissen? Die Antwort auf diese Fragen ist davon abhängig, wie man den Begriff der tatsächlichen Gewalt be-

---

117 *Goldschmidt*, in: Festgabe für Gneist, S. 61 (65).

118 BGH WM 1970, 1518 (1519); BGHZ 101, 186 (188); Staudinger/*Gutzeit*, § 854, Rn. 6; Soergel/*Stadler*, § 854, Rn. 4; Palandt/*Herrler*, § 854, Rn. 3; Bamberger/ Roth/*Fritzsche*, § 854, Rn. 21; Erman/*Lorenz*, § 854, Rn. 2; *Rosenberg*, Kommentar zum Bürgerlichen Gesetzbuch, § 854, Anm. I 1; *Baur/Stürner*, Sachenrecht, § 7, Rn. 5; *Schwab/Prütting*, Sachenrecht, § 7, Rn. 52; die Verkehrsanschauung bereits mit Interessenwertung modifizierend *Wieling*, § 4 I 1 a; *Westermann/Gursky/Eickmann*, Sachenrecht, § 8, Rn. 2; kritisch MüKo/*Joost*, § 854, Rn. 4.

119 Zur den Schwierigkeiten, die bei der Urteilsfindung durch argumentativen Rückgriff auf Wertungen der Allgemeinheit entstehen, grundsätztlich *Alexy*, Theorie der juristischen Argumentation, S. 27 ff.

120 Frei nach *Kegel*, in: FS v. Caemmerer, S. 149 (151 f.).

121 *Savigny*, Das Recht des Besitzes, § 16, S. 222 f., verneint diese Frage: „Wer also das Wild verfolgt, hat noch nicht den Besitz desselben, obgleich er ihm sehr nahe sein kann: ja selbst, wenn er es tödtlich verwundet hat, kann er noch auf vielerlei Weise verhindert werden, es wirklich zu fangen (...) Demnach muss das Wild wirklich gefangen oder getödtet sein, wenn der Besitz desselben erworben werden soll.".

stimmt. Sollte man überhaupt zu einem einheitlichen Ergebnis gelangen, würde man bei einer Betrachtung aus der Laiensphäre eher dazu tendieren, dem J die tatsächliche Gewalt am Fuchs abzusprechen. Schließlich besteht noch die Möglichkeit, dass der Fuchs entwischt. Auch hat J zu keinem Zeitpunkt eine faktische Einwirkungsmöglichkeit im Sinne einer tatsächlichen Beherrschung des Fuchses gehabt. Würde also zumindest ein Teil der so genannten Verkehrsanschauung die tatsächliche Gewalt und somit den Besitz verneinen, erscheint es im Hinblick auf den Besitzschutz als typische Rechtsfolge des Besitzes aber durchaus interessengerecht, dem J den Besitz zuzusprechen.

Ein weiteres Beispiel[122] zeigt, dass auf die Verkehrsanschauung gerade in Grenzfällen kein Verlass ist: Spaziergänger S verliert einen Geldschein. Gerade als ihn der Fahrradfahrer F aufheben möchte – und den Schein bereits mit den Fingerspitzen berührt – kommt der Rentner R daher und schlägt den Geldschein mit seinem Gehstock auf Seite. Durch den Streit zwischen F und R wird auch S auf seinen Verlust aufmerksam und möchte seinen Geldschein wiederhaben. Die Besitzverhältnisse in dieser Fallkonstellation anhand des Begriffs der tatsächlichen Sachherrschaft herauszuarbeiten, erscheint jedenfalls dann unmöglich, wenn man die Begriffsbestimmung der Verkehrsanschauung überlässt. In diesem Fall gibt es nicht die eine Verkehrsanschauung, und jeder, der das behauptet und sogleich seine Lösung vorlegt, legt allein seine Vorstellung einer unzählbaren Vorstellungsvielfalt vor.[123]

So befindet auch *E Wolf*: „In den weitaus meisten Fällen ist das als ‚Verkehrsanschauung' Behauptete die subjektive Meinung des Behauptenden. Nach einer solchen Meinung über Begriff und Existieren des Besitzens zu befinden ist nicht statthaft."[124]

Das hier vertretene Verständnis der tatsächlichen Gewalt im Allgemeinbewusstsein wäre die rein physische Einwirkung auf die Sache und nicht die bloße Einwirkungsmöglichkeit. Wenn man einen Rechtsunkundigen nach dem Besitz fragt und man ihm zugleich den Begriff des Eigentums näher erklärt, um ihm in Form einer Abgrenzung ein Richtmaß an die Hand zu geben, wird der Befragte wohl zu der Antwort gelangen, Besitz sei das, was er in seinen Händen hält, also das, mit dem er physisch verbunden sei. Diese Begriffsbestimmung ist aber nicht nur viel zu eng für

---

122 Entnommen bei *Hartung*, Besitz und Sachherrschaft, S. 140 f.

123 Nachzulesen in aller Ausführlichkeit bei *Hartung*, Besitz und Sachherrschaft, S. 125 ff.

124 *Wolf*, Lehrbuch des Sachenrechts, § 2, S. 46.

den Normenbestand des BGB, sondern auch nur eine subjektive gefärbte Vorstellung des Autors, eine Meinung unter vielen Abweichenden. Es gibt eine Vielzahl deskriptiver Bedeutungen für den Begriff der tatsächlichen Gewalt, was ein wenig an die Sprachspieltheorie *Wittgensteins* denken lässt. Nach *Wittgenstein* müssen Wörter stets als Teil einer bestimmten Situation, als Teil eines einheitlichen Kommunikationskomplexes gesehen werden, und nur durch den Gebrauch innerhalb dieses Komplexes erlangen sie Bedeutung im herkömmlichen Sinn. Wörter oder Ausdrücke sind immer in einen verbalen und nonverbalen Handlungskontext – das jeweilige Sprachspiel – eingebunden, und erst diese kontextuelle Einbettung gibt ihnen eine Form von Bedeutung.[125] „Die Bedeutung eines Wortes ist sein Gebrauch in der Sprache.“[126] Die unerschöpfliche Quelle menschlichen Aufeinandertreffens sorgt auch für unerschöpfliche potentielle Bedeutungsmöglichkeiten der tatsächlichen Gewalt, abhängig vom Sprachspiel, in dem man sich bewegt.

Ähnlich argumentierte auch *Heck* und stellte fest, dass die Alltagsvorstellungen der tatsächlichen Gewalt „durchaus unabgegrenzt“ seien.[127] Von ihnen könnten keine Rückschlüsse auf einen einheitlichen Begriff tatsächlicher Gewalt gezogen werden. Daher setzte *Heck* der Idee des Elementarbegriffs den des legislativen „Blanketts“ entgegen, einer gewollten Unbestimmtheit, die der Richter durch Interessenabwägung „nach Maßgabe der gesetzlichen Werturteile“ zu begrifflicher Bestimmtheit führen sollte.[128] Die „unbestimmten Wortverbindungen“ der tatsächlichen Herrschaft und der tatsächlichen Gewalt seien nur als Zusammenfassungen verwendbar, „... nicht als entscheidende Oberbegriffe, als Grundlage der Normgewinnung durch Subsumption, wie dies der Lehre vom Elementarbegriff entsprechen würde.“[129] Obwohl die von *Heck* vertretene Blankettauffassung dem Richter je nach Interpretation bei der Rechtsfindung einen möglicherweise zu großen Spielraum im Sinne kreativer Rechtsschöpfung ermöglicht, ist doch mit *Heck* darin übereinzustimmen, dass man sich zur Bestimmung des Besitzes oder der tatsächlichen Gewalt nur bedingt an der

---

125 Vgl. *Newen/Schrenk*, Sprachphilosophie, S. 32.

126 *Wittgenstein*, Philosophische Untersuchungen, § 43, „sein Gebrauch in der Sprache“, wobei auch hier Vorsicht geboten ist, denn diesen Inhalt hat das Wort Bedeutung zunächst nur in dem Sprachspiel Über-die-Bedeutung-von-Wörtern-sprechen. So auch *Bertram*, Sprachphilosophie, S. 102.

127 *Heck*, Grundriss des Sachenrechts, § 5, S. 20.

128 *Heck*, Grundriss des Sachenrechts, § 5, S. 19, 21.

129 *Heck*, Grundriss des Sachenrechts, § 5, S. 21.

ungefilterten Lebenswirklichkeit und ihrer Vorstellung dieser Begrifflichkeiten bedienen kann.

Wenn der Begriff der tatsächlichen Gewalt sich aber ausschließlich durch dahinterstehende Interessen formt, wird auch er durch die richterliche Interessenfindung „durchaus unabgegrenzt“. Ersetzt man die dem Allgemeinbewusstsein entsprungene Verkehrsanschauung durch die richterlich gefundenen Interessenwertungen, die bestenfalls auch im Allgemeinbewusstsein verankert sein sollten, wird das Problem nur teilweise gelöst und größtenteils verschoben. Bereits *Hartung* hat in aller Ausführlichkeit dargelegt, dass allein Interessen den Begriff der tatsächlichen Gewalt nicht zu definieren vermögen, wobei er sich vor allem auf das Entgegenstehen des Wortlauts und die unvermeidliche Folge eines relativen Besitzbegriffs beruft.[130] Stattdessen müsse der Besitz als „ein tatsächliches, von Kontinuitätsinteressen getragenes Machtverhältnis“ verstanden werden.[131]

Hartung ist insoweit zuzustimmen, dass eine wechselseitige Beeinflussung des Begriffes der tatsächlichen Gewalt und der zugrunde liegenden Interessenwertung stattfinden muss. Das tragende Gerüst eines besonderen Machtverhältnisses zur Sache darf nicht einseitig zugunsten einer willkürlichen Interessenwertung aufgegeben werden. Vielmehr ist der Begriff der tatsächlichen Gewalt schon je einer Interessenwertung entsprungen, die der Gesetzgeber vorgenommen und die sich bewusst für den vorliegenden Wortlaut entschieden hat.

2. Hinführung zu einer phänomenologischen Begriffsbestimmung der tatsächlichen Gewalt

Wie bereits festgestellt, gibt es innerhalb der Sprachgemeinschaft derjenigen, die der deutschen Sprache mächtig sind, keine festumrissene Einigung über die Bedeutung der Wörter „tatsächliche Gewalt“ und „Besitz“. Dennoch muss eine Idee der Bedeutung vorhanden sein, die allen subjektiven Vorstellungen in vielleicht unbewusster Weise gemein ist und die auch dem Gesetzgeber intuitiv vorschwebte, als er die Begriffe in die Gesetzestexte aufnahm. So nichtssagend und ausfüllungsbedürftig die Begriffe der tatsächlichen Gewalt und des Besitzes auch sein mögen, sie werden dennoch im Rahmen einer Sprachgemeinschaft nicht gänzlich verschiedenen Sachverhalten zugeordnet. Es scheint ein Minimum an sprachlicher

130 *Hartung*, Besitz und Sachherrschaft, S. 147 ff.
131 *Hartung*, Besitz und Sachherrschaft, S. 150.

Konvention zu geben, auf die es bei einer Übertragung ins Recht ankommt. Dieses Minimum gilt es zu finden.

Wo aber beispielsweise *Hartung* bei seiner Begriffsanalyse des Machtverhältnisses letzten Endes auf das althergebrachte Abgrenzungskriterium der Potenzialität zukünftiger physischer Einwirkungsmöglichkeit abstellt,[132] soll hier ein weiterer Ansatzpunkt vorgeschlagen werden. Dieser Ansatzpunkt ist phänomenologischer Natur und greift einen zentralen Gedanken aus dem Werk *Heideggers* auf, der dazu beitragen könnte, den Begriff der tatsächlichen Gewalt in neuer Gestalt zu denken. *Heideggers* Ausführungen zur Räumlichkeit – angewandt auf den Besitz – mögen zwar zu einer gewissen Dehnung des Begriffs der tatsächlichen Gewalt führen. Die alternativen Auslegungen, die über die Verkehrsanschauung oder eine Interessenabwägung hergeleitet werden, sind aber ebenfalls weit davon entfernt, sich dem typischen alltagssprachlichen Gehalt der tatsächlichen Gewalt unterzuordnen. Schon im Werk *Savignys* lässt sich eine Erweiterung des Machtverhältnisses, das den Besitz kennzeichnet, erkennen. Während er bis zur 5. Auflage seines Werks „Das Recht des Besitzes" die passive Seite des Besitzes so definierte, dass „... jede fremde Einwirkung unmöglich ist ...",[133] erweiterte er die Definition ab der 6. Auflage dahingehend, dass „... jede fremde Einwirkung verhindert werden kann."[134] Ist hier auch nur die ausschließende Seite des Besitzes betroffen, illustriert jener Satz im Werk *Savignys* doch beispielhaft eine Tendenz, der die Besitzentwicklung folgt und die unter der Ägide des BGB ihren vorläufigen Höhepunkt erreicht hat, nämlich eine inhaltliche Ausdehnung des Verständnisses der den Besitz kennzeichnenden tatsächlichen Gewalt, die mit einer (geographischen) Ausdehnung des für den Besitz erforderlichen Raumverhältnisses einhergeht.

Trotz der notwendigen Rückkopplung an die Lebenswirklichkeit wird die Bedeutungsbestimmung der tatsächlichen Gewalt somit nicht deskriptiver Natur sein. Dies wäre nur der Fall, wenn die Bedeutung von tatsächlicher Gewalt dem entspräche, was jedem Sprachkundigen bei der Benutzung der Wörter unmittelbar zu Bewusstsein steigen würde. Es wurde bereits festgestellt, dass ein solches Verständnis von tatsächlicher Gewalt nicht existiert. Die Vorgehensweise in dieser Untersuchung ist eine andere. Durch den Rückgriff auf eine Betrachtung des reinen Phänomens der tatsächlichen Gewalt findet zwar eine Beschreibung der Wirklichkeit statt,

---

132 *Hartung*, Besitz und Sachherrschaft, S. 135 ff. und S. 152.

133 *Savigny*, Das Recht des Besitzes, 5. Auflage 1827, § 1, S. 2.

134 *Savigny*, Das Recht des Besitzes, 6. Auflage 1837, § 1, S. 2.

diese Beschreibung begnügt sich aber nicht mit einer bloßen Wiedergabe einzelner Stimmen der sog. Verkehrsanschauung, sondern versucht herauszuarbeiten, was allen Besitzsituationen gemein ist. Die schon voreingenommene Verkehrsanschauung muss untergraben und überwunden werden, um die wahre, ursprüngliche Bedeutung des Besitzes und der tatsächlichen Gewalt zu bestimmen. Der Verkehr hat eine schon immer theoretisierte, verwissenschaftlichte Vorstellung von der Bedeutung tatsächlicher Gewalt. Diese muss beiseite geschoben werden, um den Weg für eine reine Anschauung frei zu machen.

III. Tatsächliche Gewalt als normatives Tatbestandsmerkmal

1. Besitz als räumliche Beziehung

Das Machtverhältnis des Besitzes, wird – neben anderen Faktoren[135] – durch seine Räumlichkeit konstituiert.[136] Für die Qualifizierung einer Beziehung als Besitz ist die Nähe oder Ferne von Subjekt zu Objekt im Raum ein entscheidendes Kriterium. So unumstritten diese These im Raum steht, so sehr steht sie in scheinbarem Widerspruch zu bestimmten Beziehungen, die von Rechtsgelehrten wie vom Allgemeinbewusstsein als Besitz qualifiziert werden. Der Bergbauer bleibt Besitzer seiner Gebirgshütte und das selbst dann, wenn er kilometerweit entfernt im Dorf auf das Frühjahr und die Schneeschmelze wartet, um zu seiner Hütte vordringen zu können. Der Astronaut bleibt Besitzer des auf dem Mond zurückgelassenen Funkgeräts auch nach seiner Rückkehr auf die Erde.[137] Für gewöhnlich ist jeder Besitzer der Gegenstände, die sich in seiner Wohnung befinden, und dies auch, wenn er sich im Urlaub auf der anderen Welthalbkugel befindet.

Die klassische Differenzierung von Erwerb- und Aufrechterhaltung des Besitzes kann in diesem Zusammenhang nicht genug betont werden. Es ist auch einsichtig, an den Erwerb strengere Anforderungen bezüglich der Räumlichkeit zu stellen als an die Aufrechterhaltung – der Besitzstatus wird in den Beispielen primär gewahrt, weil zuvor ein Besitzerwerb statt-

---

135 Statt aller Staudinger/*Gutzeit*, § 854, Rn. 7 ff.

136 Staudinger/*Gutzeit*, § 854, Rn. 9; MüKo/*Joost*, § 854, Rn. 5; Soergel/*Stadler*, § 854, Rn. 5; Bamberger/Roth/*Fritzsche*, § 854, Rn. 22; Erman/*Lorenz*, § 854, Rn. 3; *Baur/Stürner*, Sachenrecht, § 7, Rn. 6; *Westermann/Gursky/Eickmann*, Sachenrecht, § 8, Rn. 5.

137 Vgl. etwa *Hartung*, Besitz und Sachherrschaft, S. 137.

gefunden hat, der auf einer engeren räumlichen Beziehung basierte –, aber auch die Aufrechterhaltung des Besitzes muss in irgendeiner Form an eine räumliche Beziehung geknüpft sein, die in den genannten Beispielen schwer fällt, solange man die Räumlichkeit als geographisches Maß versteht.

2. Heideggers Begriff der Räumlichkeit

Heidegger deklariert als zentrale Eigenschaft des Daseins seine Räumlichkeit.[138] Mit dem Begriff des Daseins bezeichnet *Heidegger* das menschliche In-der-Welt-sein, „dieses Seiende, das wir selbst je sind" und grenzt ihn ab, etwa zu dinglichen Gegenständen, die er als Seiendes bezeichnet.[139] Die weltliche Räumlichkeit wird erst durch das menschliche Dasein – präziser: durch das In-der-Welt-sein des Daseins – konstituiert. Der Mensch ist es, der den Raum wahrnimmt, und ohne ein wahrnehmendes Subjekt gäbe es auch keine Form räumlicher Einteilung.[140] Die Räumlichkeit, die das Dasein der Welt auferlegt, zeichnet sich primär durch etwas aus, was *Heidegger* „Ent-fernung" nennt. Die Entfernung ist eine „Seinsart des Daseins", wobei der Begriff in seiner aktiven und transitiven Bedeutung verstanden werden muss.[141] „Entfernen besagt ein Verschwindenmachen der Ferne, das heißt der Entferntheit von etwas, Näherung."[142] Wenn das (menschliche) Dasein auf Entfernung ausgelegt ist, bedeutet dies, dass der Mensch die räumliche Distanz, die zwischen ihm und einem Gegenstand liegt, entfernt und sich dem Gegenstand nähert. „Im Dasein liegt eine wesenhafte Tendenz auf Nähe."[143]

Dabei dürfen die Antipoden Nähe und Distanz nicht als objektive Maße im Sinne gemessener geographischer Abstände verstanden werden: „Die primäre und gar ausschließliche Orientierung an Entferntheiten als gemessenen Abständen verdeckt die ursprüngliche Räumlichkeit des In-Seins.

---

138 *Heidegger*, SuZ, S. 104.

139 *Heidegger*, SuZ, S. 7.

140 Diese Aussage nimmt ontologisch gesehen zunächst keinen konstruktivistischen oder idealistischen Standpunkt ein. Sie nimmt keine Stellung dazu, ob die Dinge auch außerhalb des menschlichen Geistes existieren. Sie macht vielmehr klar, dass diese Überlegung geradezu überflüssig ist, da eine Situation von Dingen ohne menschlichen Beobachter schlicht undenkbar ist.

141 *Heidegger*, SuZ, S. 105.

142 *Heidegger*, SuZ, S. 105.

143 *Heidegger*, SuZ, S. 105.

Das vermeintlich ‚Nächste' ist ganz und gar nicht das, was den kleinsten Abstand ‚von uns' hat."[144] Die Räumlichkeit drückt sich vor jeder geographischen Messung durch den beschriebenen Prozess der Entfernung aus.[145] Der Motor, der die Entfernung antreibt, das Prinzip, das über Nähe und Distanz zu einem dinglich Seienden entscheidet und in dem sich die Nähe zu einem Gegenstand überhaupt erst manifestieren kann, ist der besorgend-vertraute Umgang mit dem „innerweltlich begegnenden Seienden".[146] „Über Nähe und Ferne des umweltlich zunächst Zuhandenen entscheidet das umsichtige Besorgen."[147] Es ist die Sorge, die ihren Gegenstand in die Nähe des Sorgenden rückt. Sorge meint hierbei weniger den Aspekt des Sich-Sorgen-Machens im Sinne einer ängstlichen, ein düsteres Schicksal für die Sache vorahnenden Auseinandersetzung mit ihr, sondern vielmehr ein generelles Interesse an der Sache.

Heidegger führt eine Hand voll Beispiele an, um sein Verständnis der Nähe zugänglich zu machen:[148] Derjenige, der ein Bild im Museum betrachtet, wird sich diesem Bild näher fühlen, als der Brille, die er auf der Nase trägt und ohne die er das Bild gar nicht wahrnehmen könnte. Der Grund für dieses Verhältnis oder Gefühl liegt darin, dass der Betrachter sich dem Bild in einem besorgend-vertrauten Umgang nähert, ihm also ein Interesse entgegenbringt, das für seine eigene Brille schlicht fehlt. Im Moment der kontemplativen Betrachtung des Bildes wird sich das Subjekt nicht einmal bewusst sein, dass es eine Brille trägt, mit anderen Worten, es verschwendet keinen Gedanken an die Brille. Wer mit einem Freund telefoniert, dem ist dieser Freund im besorgend-vertrauten Umgang näher, als das Telefon, das er für das Gespräch benutzt. Die Begegnung mit einem alten Bekannten, der einem von der anderen Straßenseite herüberwinkt, führt dazu, dass einem diese Person näher steht als der Asphalt, auf dem man geht und der die eigenen Schuhe berührt. Das Axiom für diese – messbaren Kategorien entgegenstehende – Bestimmung des Näheverhältnisses ist immer

144 *Heidegger*, SuZ, S. 106.

145 Vgl. auch *Merleau-Ponty*, Phänomenologie der Wahrnehmung, S. 5: „Zurückgehen auf die ‚Sachen selbst' heißt zurückgehen auf diese aller Erkenntnis vorausliegende Welt, *von* der alle Erkenntnis spricht und bezüglich deren alle Bestimmung der Wissenschaft notwendig abstrakt, signitiv, sekundär bleibt, so wie Geographie gegenüber der Landschaft, in der wir allererst lernten, was dergleichen wie Wald, Wiese und Fluß überhaupt ist.".

146 *Heidegger*, SuZ, S. 104.

147 *Heidegger*, SuZ, S. 107.

148 *Heidegger*, SuZ, S. 107.

identisch: das Interesse des Subjekts an der Sache oder der Person, das sich in einem besorgend-vertrauten Umgang mit ihr realisiert.

3. Anwendung auf die tatsächliche Gewalt

Die Definition der Räumlichkeit und der Nähe als sorgend-interessierter Umgang mit der Sache lässt auch die Qualifizierung bestimmter Konstellationen als Besitzverhältnis plausibler erscheinen. Den Bergbauern und seine Gebirgshütte mögen viele Kilometer, Schneemassen und eine unwirtliche Felswand trennen; im sorgend-interessierten gedanklichen Verweilen bei seiner Hütte wird sie ihm näher erscheinen als etwa der im Dorf gelegene Kuhstall. Das für den Besitz notwendige Näheverhältnis zwischen dem auf die Erde zurückgekehrten Astronauten und seinem auf dem Mond zurückgelassenen Funkgerät konstituiert sich über die Sorge und das Interesse[149], das der Astronaut dem Funkgerät entgegenbringt. Der hier vertretene Ansatz zeigt auf, warum bestimmte Situationen als Näheverhältnis beschrieben werden können und vor allem, warum sie als solches empfunden werden. Dies führt zu der erwünschten – und auch von *Heck* nie verleugneten[150] – Rückkopplung an die tatsächlichen Gegebenheiten. Diese werden nur durch das Brennglas phänomenologischer Betrachtung von ihrem bereits wissenschaftlich-analytischen Vorverständnis – denn nicht anderes ist die Einteilung der Räumlichkeit in messbare geographische Abstände – befreit und durch eine natürliche, ursprüngliche, ja existentielle Betrachtung ersetzt.

Der Prozess hierbei ist dialektisch. Die Verkehrsanschauung muss negiert werden, um zu einem vollkommeneren Abbild ihrer selbst zu wer-

---

149 Wenn hier der Begriff des Interesses genutzt wird, so ist damit nicht das geschützte Interesse gemeint, welches nach *Heck* als Fundament hinter jedem Recht steht. Das Interesse an einer Sache, das eine räumliche Nähe zu ihr erzeugt und somit zur Voraussetzung des Vorliegens tatsächlicher Gewalt führt, ist von dem geschützten Interesse im Sinne *Hecks* zu unterscheiden. Jenes Interesse kann vielmehr als Folge des geschützten Interesses bewertet werden. Denn wenn ein Recht primär durch einen Interessenausgleich geformt wird und der Besitz ein Recht wäre, dann würde auch das Merkmal der tatsächlichen Gewalt in allen seinen Facetten von diesem schützenswerten Interesse bestimmt sein. Das bedeutet aber nicht, dass der sorgend-interessierte Umgang identisch mit dem Interesse ist, das es zu schützen gilt.

150 *Heck*, Grundriss des Sachenrechts, § 5, S. 22.

den. Sie wird „aufgehoben“ im *Hegelschen* Sinn:[151] Aufgehoben im Sinne einer Ablehnung ihrer Brauchbarkeit für eine sinnige Bestimmung der tatsächlichen Gewalt, dabei aufgehoben und aufbewahrt, denn das Prinzip der Einbeziehung der Verkehrsanschauung darf nicht vollständig einer reinen Interessenbetrachtung weichen, schließlich – als Synthese der vorangegangen Aufhebungen – aufgehoben auf eine neue Ebene, auf der sich die selbst reflektierende Verkehrsanschauung von dem prädeterminierten Verständnis örtlicher Räumlichkeit löst und den Begriff der Räumlichkeit neu denkt. Die Aufnahme dieses geistig-subjektiven Elements in die Voraussetzungen der tatsächlichen Gewalt in Verbindung mit einer Lockerung der Merkmale, die eine physische Einwirkung auf die Sache voraussetzen, erlaubt weniger eine Eliminierung des *corpus* als eine Erweiterung seiner Semantik, die eine Subsumption der genannten Situationen unter diesen möglich macht.

Die Beispiele zeigen indessen nicht nur den Vorteil dieses Ansatzes, sondern auch die Ungenauigkeit, die sich aus den diffusen Begriffen des sorgend-vertrauten Umgangs und des generellen Interesses an der Sache ergibt und die eine klare Abgrenzung des Besitzverhältnisses zu anderen Verhältnissen zu einer Sisyphusarbeit werden lässt. Streng genommen zeichnet sich auch dieser Ansatz durch eine starke Subjektivität aus, ja die Subjektivität ist sogar das bestimmende Merkmal dieser Betrachtungsweise. Aber mit den Worten *Heideggers* ist diese Subjektivität „jedoch eine ‚Subjektivität', die vielleicht das Realste der ‚Realität' der Welt entdeckt, die mit ‚subjektiver' Willkür und subjektivistischen ‚Auffassungen' eines ‚an sich' anders Seienden nichts zu tun hat.“[152] Da alles Seiende immer Seien-

---

151 Die „Aufhebung“ ist zentraler Begriff in der *Hegelschen* Dialektik, denn wie alles bei *Hegel* hat der Begriff eine dreifache gegensätzliche Bedeutung und repräsentiert damit den Dreischritt in dem sich die Geschichte vollzieht: (1) Aufhebung im Sinne von Zerstörung, (2) Aufhebung im Sinne von Konservierung und Aufbewahrung und (3) Aufhebung im Sinne von Emporsteigen, Überwindung und Erreichen einer neuen Ebene. *Hegel*, GP I 41, veranschaulicht diesen Dreischritt am Beispiel eines Samens: „So im Keim die Pflanze. Es ist dem Keim nichts anzusehen. Er hat den Trieb, sich zu entwickeln; er kann es nicht aushalten, nur an sich zu sein. Der Trieb ist der Widerspruch, daß er nur an sich ist und es doch nicht sein soll. Der Trieb setzt die Existenz voraus. Es kommt vielfaches hervor; das ist aber alles im Keime schon enthalten, freilich nicht entwickelt, sondern eingehüllt und ideell. Die Vollendung dieses Heraussetzens tritt ein, es setzt sich ein Ziel. Das höchste Außersichkommen, das vorherbestimmte Ende ist die Frucht, d. h. die Hervorbringung des Keims, die Rückkehr zum ersten Stande. Der Keim will sich selbst hervorbringen, zu sich selbst zurückkehren.“.

152 *Heidegger*, SuZ, S. 106.

des für jemanden ist und von jemandem wahrgenommen wird, liegt aller Erkenntnis notwendigerweise eine subjektive Komponente bei.

Zudem wird man der schwierigen Handbarkeit von *Heideggers* Räumlichkeitsverständnis am besten dadurch gerecht, dass ihm bei seiner Übertragung auf besitzrechtliche Fragen ein besonderer, jedoch eingeschränkter Platz zugewiesen wird. Der sorgend-vertraute Umgang mit einer Sache mag die räumliche Nähe zu ihr auch über größere physische Distanzen erklären. Die räumliche Nähe ist aber nur ein Merkmal unter vielen – wenn auch das dominante –, die das Machtverhältnis ausmachen, das der tatsächlichen Gewalt und in letzter Instanz dem Besitz zugrunde liegt. Die reduzierte, aber nicht verleugnete Anwendung weiterer Voraussetzungen für das Vorliegen tatsächlicher Gewalt führt dazu, dass keine uferlose Ausweitung besitzrechtlicher Positionen stattfindet.

Bei komplexeren Sachverhalten tritt dies noch augenscheinlicher zutage. Wie die Besitzverhältnisse zwischen dem Spaziergänger S, dem Fahrradfahrer F und dem Rentner R bezüglich des Geldscheins gelagert sind, lässt sich nicht allein aus dem sorgend-vertrauten Umgang mit der Sache herleiten. Dass der Astronaut auch über die große Distanz, die den Mond von der Erde trennt, die tatsächliche Gewalt über das Funkgerät behalten kann, liegt nicht nur daran, dass sich kein anderer Mensch für das Funkgerät interessiert, sondern ist auch darauf zurückzuführen, dass keine Zugriffsmöglichkeit auf das Gerät für andere Menschen besteht. Es bedarf daher weiterer Merkmale, die auf verschiedenstem Wege zu einer Besitzprägung führen können, sei es durch Anknüpfung an den Begriff der tatsächlichen Gewalt, an die hinter dem Besitz stehenden Interessen oder an deren Schutzwürdigkeit. *Hartung* beispielsweise kombiniert die verschiedenen Anknüpfungspunkte, indem er die tatsächliche Gewalt neben einer potentiellen, zukünftigen, physischen Einwirkungsmöglichkeit teleologisch auf das Kontinuitätsinteresse reduziert und die genaue Konturierung des Besitzes dem Merkmal der Schutzwürdigkeit überlässt.[153] Die Schutzwürdigkeit, die eine Subjekt-Objekt-Beziehung zum Besitz heraufstuft, bestimmt er über die allseits bekannten Merkmale der Realisierbarkeit des Interesses, des prioritären Zugriffs, des Eingriffs in das Persönlichkeitsrechts, des Vorliegens eines Rechts zum Besitz und über das Verhalten der Beteiligten.[154]

---

153 *Hartung*, Besitz und Sachherrschaft, S. 151 f.
154 *Hartung*, Besitz und Sachherrschaft, S. 154 ff.

IV. Besitz als normatives Tatbestandsmerkmal

Bei dem Besitz handelt es sich nach alldem um ein normatives Tatbestandsmerkmal. Der Grund hierfür ist das Repräsentationsverhältnis, in welchem er zu dem Begriff der tatsächlichen Gewalt steht, deren Bedeutung wiederum normativer Natur ist. Normativ bedeutet dabei allein, dass die Bedeutung der tatsächlichen Gewalt nicht über den allgemeinen Sprachgebrauch im Rahmen einer einfachen Beschreibung der allgemeinen Verkehrsanschauung identifiziert und in das Rechtssystem übertragen werden kann. Ihre Bedeutung im Recht ist eine andere. Diese wird bestimmt, indem die tatsächliche Gewalt von vorgefertigten Interpretationsansätzen des ihr zugrunde liegenden Raumverhältnisses befreit und auf ihren phänomenologischen Gehalt reduziert wird. Unter Rückgriff auf *Heideggers* Ausführungen zur Räumlichkeit und Entfernung wird die Sorge um eine Sache als strukturgebendes – hinter allen Besitzpositionen stehendes – Merkmal identifiziert. Selbstverständlich ist der sorgend-vertraute Umgang mit der Sache nur ein Faktor unter vielen, die in einem konkreten Fall determinieren, wer die tatsächliche Gewalt über eine Sache ausübt und dadurch zu der Sache in einer Beziehung des Besitzens steht. Dennoch darf diese mentale Beziehung nicht vernachlässigt werden, denn sie ist der eigentliche Grund dafür, auch in Kontexten, in denen keine räumliche Nähe im geographischen Sinne gegeben ist, eine Besitzrelation anzunehmen.

Ein auf dem sorgend-vertrauten Umgang mit der Sache beruhender Begriff der tatsächlichen Gewalt lässt diese nicht nur als Grundlage für den unmittelbaren Besitz, sondern für fast alle Besitzformen bzw. Erwerbstatbestände möglich erscheinen. Die tatsächliche Gewalt als räumliches Verhältnis, das sich im sorgenden Interesse verwirklicht, kann auch als konstituierendes Merkmal des mittelbaren (1.) und über einen Besitzdiener vermittelten (2.) Besitzes sowie des Erwerbstatbestandes durch Einigung (§ 854 Abs. 2 BGB) (3.) gedacht werden. Der Erbenbesitz hingegen ist nicht mit der hier verwendeten Bedeutung der tatsächlichen Gewalt kompatibel (4.).

1. Mittelbarer Besitz

Der sorgend-vertraute Umgang mit der Sache als mentaler Zustand liegt auch beim mittelbaren Besitzer vor. Er kann beim mittelbaren Besitzer sogar stärker ausgeprägt sein als beim unmittelbaren Besitzer. Wenn ein privater Kunstsammler ein wertvolles Gemälde einem Museum leihweise übergibt, dann ist er im Zweifel in seinem sorgenden Interesse näher bei dem Bild als etwa der Eigentümer des Museums als unmittelbarer Besitzer. Dieses Beispiel zeigt zweierlei: In der Situation, die das Recht als mittelbaren Besitz kennzeichnet, liegt eine Konkurrenzsituation vor. Es konkurrieren zwei verschiedene Besitzpositionen miteinander, die des besitzmittelnden, unmittelbaren Besitzers und die des mittelbaren Besitzers. Des Weiteren tritt zu dem Erfordernis der tatsächlichen Gewalt des Oberbesitzers ein Weiteres hinzu: ein Besitzmittlungsverhältnis in Form eines Rechtverhältnisses.[155]

Das Besitzmittlungsverhältnis ist durch die Konkurrenzsituation bedingt. Damit der mittelbare Besitzer seine Stellung gegen den unmittelbaren Besitzer, der nach herkömmlichen Kriterien die tatsächliche Gewalt wohl in einem weitaus höheren Maß ausübt, behaupten kann, wird seine Stellung durch das stützende Merkmal eines Besitzmittlungsverhältnisses gefestigt. Das Besitzmittlungsverhältnis kompensiert den geringeren Grad der Einwirkungsmöglichkeit auf die Sache, die als klassisches Kriterium trotz allem keinen unerheblichen Einfluss auf die Bedeutung der tatsächlichen Gewalt und somit auf den Besitz hat. Die Skepsis[156] der Rechtsprechung und eines Großteils der Literatur gegenüber dem wirksamen Rechtsverhältnis als konstituierendem Merkmal des mittelbaren Besitzes beruht auf der Faktizität des Besitzes.[157] In der Tat ist der Besitz faktisch in dem Sinne, dass seine Bedeutung im Rahmen einer deduktiven Annäherung aus der Lebenswirklichkeit herausgefiltert werden muss. Das darf aber nicht darüber hinwegtäuschen, dass es der Gesetzgeber ist, der in letzter Instanz darüber entscheidet, welche Bedeutung dem Besitz zukommt und wie er die lebenswirklichen Kontexte in rechtliche Tatbestände transformiert. Es bleibt ihm überlassen, gerade in Grenzsituationen, die Bedeutung des Besitzes um ein Merkmal zu erweitern. Der Gesetzgeber wird der Realität gerade gerecht, indem er eine Position, in der ein sorgendes Interesse für die Sache besteht, über das zusätzliche Merkmal eines Besitzmittlungsverhältnisses als mittelbaren Besitz qualifiziert und ihr einen gleichberechtigten Platz neben dem unmittelbaren Besitz einräumt. In der Lebenswirklichkeit können verschiedene Menschen im gleich stark ausge-

---

155 Dieses von § 868 BGB geforderte Rechtsverhältnis ist nicht mit dem Rechtsverhältnis identisch, welches der Sinn des Besitzes selbst sein könnte. Vgl. dazu auch *Sandter*, Kritik der Besitzlehre, S. 75 ff.

156 Der h. M. zufolge ist weniger die Wirksamkeit des Rechtsverhältnisses als vielmehr der Wille des Besitzmittlers auschlaggebend. Ausführlich dazu u. S. 92 ff.

157 So auch *Eichler*, Institutionen des Sachenrechts II, S. 18.

prägten, sorgend-vertrauten Umgang zu derselben Sache stehen. In diesem Fall muss grundsätzlich auf die weiteren Kriterien zur Eingrenzung der tatsächlichen Gewalt zurückgegriffen werden. In den Fällen des mittelbaren Besitzes reicht der Begriff der tatsächlichen Gewalt allein aber nicht aus, da die klassischen Kriterien zur Bestimmung der tatsächlichen Gewalt immer zu einer Bevorteilung des unmittelbaren Besitzers führen würden. Um den Situationen Beachtung zu schenken, in denen die Sorge um die Sache bei zwei Personen ähnlich ausgeprägt ist, hat der Gesetzgeber das Tatbestandsmerkmal des Besitzmittlungsverhältnisses neben die tatsächliche Gewalt treten lassen. Das Besitzmittlungsverhältnis als Rechtsverhältnis verrechtlicht dabei den lebenswirklichen Umstand, der in der besonderen Beziehung zwischen diesen beiden Personen liegt und die sich im Gegensatz zur Besitzdienerschaft nicht selbst als eine Form tatsächlicher Gewalt darstellen lässt.

2. Durch einen Besitzdiener[158] vermittelter Besitz

Während beim mittelbaren Besitz der – nach den klassischen Abgrenzungskriterien – geringere Grad tatsächlicher Gewalt beim mittelbaren Besitzer im Verhältnis zum unmittelbaren Besitzer durch ein stützend hinzutretendes Merkmal kompensiert werden muss, findet bei der Besitzdienerschaft bereits auf der Ebene der tatsächlichen Gewalt eine Dopplung statt. Die tatsächliche Gewalt als sorgend-vertrauter Umgang mit der Sache kann auch vom Besitzherrn wahrgenommen werden und ist – ähnlich der Situation von mittelbarem und unmittelbarem Besitzer – möglicherweise sogar stärker ausgeprägt als beim Besitzdiener. Der Kunstsammler, der noch weitere Bilder in seiner Wohnung ausgestellt hat, steht diesen Bildern im sorgend-vertrauten Umgang mit der Sache wahrscheinlich näher, als die Reinigungskraft, die das Bild abstaubt. Wie beim mittelbaren Besitz liegt aber auch hier bezüglich der tatsächlichen Gewalt eine Konkurrenzsituation vor, diesmal im Verhältnis zum Besitzdiener.[159] Auch hier sprechen die anderen – die tatsächliche Gewalt konstituierenden – Merkmale im Zweifel eher für eine Dominanz des Besitzdieners. Um diese Dominanz im Ver-

---

158 Nach nunmehr amtlicher Überschrift des § 855 BGB geht der Begriff des Besitzdieners auf *Bekker*, JherJb 34 (1895), S. 1 (26), zurück, der die eingreifenden Dritten, die Besitzhelfer, in Besitzdiener und Besitzmittler unterteilte.

159 Der Besitzdiener ist selber kein Besitzer, weil ihm hierfür der Besitzwille fehlt. Vgl. dazu ausführlich u. S. 90.

hältnis zur Sache in Richtung des Besitzherrn zu verschieben und seine soziale Stellung in der Lebenswirklichkeit hinreichend zu würdigen, tritt neben seine konkurrierende Gewaltausübung über die Sache eine besondere Form tatsächlicher Gewalt über den Besitzdiener.[160] Das Verhältnis zwischen Besitzherrn und Besitzdiener wird mit den Schlagworten „Befehl und Gehorsam"[161] umschrieben. Es ist die Rede von einer verlängerten Sachherrschaft des Besitzherrn kraft Herrschaft über den Besitzdiener[162] und sogar noch weitergehend von einer „totalen Abhängigkeit"[163]. All diese Beschreibungen legen nahe, dass man es bei der Besitzdienerschaft mit einer sozialen Form tatsächlicher Gewalt zu tun hat, welche die tatsächliche Gewalt des Besitzdieners über die Sache an den Besitzherrn mittelt. Nichts anderes als eine spezielle Form tatsächlicher Gewalt ist nämlich das soziale Abhängigkeitsverhältnis, das für die Figur des Besitzdieners erforderlich ist und das sich ausweislich des Wortlauts von § 855 BGB besonders durch seine Weisungsgebundenheit ausdrückt.[164]

Die Weisungsgebundenheit ist materieller Ausdruck der Sorge, die der Besitzherr dem Besitzdiener entgegenbringt. Wer ständig dazu gehalten ist, eine andere Person anzuweisen und zu instruieren, der steht dieser Person in sorgendem Interesse zwangsläufig nahe. Die tatsächliche Gewalt als soziales Moment drückt aus, dass zwischen Besitzherr und Besitzdiener ein so enges Verhältnis besteht, dass der Besitzherr gar nicht anders kann, als in ständigem sorgendem Interesse bei seinem Besitzdiener zu verweilen. Daher sollte man von der Besitzdienerschaft auch die Fälle ausschließen, in denen diese konkrete Nähe des Besitzherrn über den Dienenden nicht vorliegt, wie etwa den als Handlungsreisenden tätigen Angestellten. Eine solche Eingrenzung der Figur der Besitzdienerschaft auf klar konturierte – den Regelbeispielen des § 855 BGB angepasste Situationen – würde auch im Rahmen des § 935 BGB zu wertungsgerechten Ergebnissen führen.

---

160 Die Stellung des Besitzherrn zur Sache selbst ohne Umschweife als eine Form tatsächlicher Sachherrschaft bzw. als Ausübung tatsächlicher Gewalt bezeichnend *Joost*, in: Gedächtnisschrift für Dieter Schultz, S. 182.

161 *Wolff/Raiser*, Sachenrecht, § 6, S. 27.

162 Vgl. BGH LM § 1006 Nr. 2.

163 *Heck*, Grundriss des Sachenrechts, § 7, S. 29.

164 RGZ 71, 248 (251); BGH LM § 1006 Nr. 2; Planck/*Brodmann*, § 855, Nr. 2; RGRK/*Kregel*, § 855, Rn. 5; Staudinger/*Gutzeit*, § 855, Rn. 6; Erman/*Lorenz*, § 855, Rn. 2; Palandt/*Herrler*, § 855, Rn. 1 f.; NK-BGB/*Hoeren*, § 855, Rn. 4; Jauernig/*Berger*, § 855, Rn. 1; *Heck*, Grundriss des Sachenrechts, § 7, S. 29; *Wolff/Raiser*, Sachenrecht, § 6, S. 27; *Baur/Stürner*, Sachenrecht, § 7, Rn. 64; *Westermann/Gursky/Eickmann*, Sachenrecht, § 9, Rn. 4; *Wilhelm*, Sachenrecht, S. 238 f., Rn. 481; *Schwab/Prütting*, Sachenrecht, § 9, Rn. 66.

Denn je enger man den Tatbestand der Besitzdienerschaft eingrenzt, desto eher ist diese besondere Stellung des Innehabenden ohne Besitzstellung auch für den Dritten erkennbar, der sich ansonsten auf den Versuch eines gutgläubigen Erwerbs vom Besitzdiener einlässt.[165]

---

165 *Ernst*, Eigenbesitz und Mobiliarerwerb, S. 3 ff., analysiert und kritisiert die Figur des Besitzdieners vor dem Hintergrund des Gesetzgebungsverfahrens: Der damalige für das Sachenrecht zuständige Redaktor und zeitweilige Vorsitzende der ersten Kommission, der preußische Jurist *Reinhold Johow*, wollte den seiner Meinung nach überflüssigen Besitzschutz abschaffen, da es sich bei diesem seiner Meinung nach allein um einen verkappten Eigentumsschutz handelte. Ausnahme: Dem Inhaber der tatsächlichen Gewalt sollten Notwehrrechte zur Verfügung stehen. Zweck dieser Ausnahme sollte der Schutz der Kontinuität der faktischen Beziehung zu den Sachen, mit denen man sich umgibt, und des öffentlichen Interesses am Rechtsfrieden sein. Die Ausübung der Notwehrrechte war denklogisch nur im gegenständlichen Zusammenhang mit der Sache möglich. Die 1. Kommission forderte aber possessorischen Inhaberschutz in Form von Klagerechten und so musste *Johow* einlenken: Er ergänzte seinen Entwurf und fügte den Notwehrbefugnissen als verlängerten Arm die possessorischen Klagerechte hinzu. §§ 861, 862 BGB standen nun zwangsläufig auch dem Inhaber zu. Die 2. Kommission folgte diesem Entwurf (Inhaber ist durch Notwehr- und Klagerechte geschützt), brachte allerdings zwei Änderungen ein: 1. Die Innehabung wurde Besitz genannt, d. h. fortan waren die Notwehr- und Klagerechte an den Besitz (die ursprüngliche Innehabung) gekoppelt. 2. Der Besitzdiener als Inhaber ohne Besitzschutz gegen den Besitzer wurde eingeführt. Begründung: Wie den Sklaven im alten Rom, sollte bestimmten – in Abhängigkeitsverhältnissen stehenden Personen – der Besitzschutz gegenüber ihrem Herrn verwehrt bleiben. Die Einführung des Besitzdieners führte zu einem dogmatischen Bruch mit der Idee, dass durch den Besitzschutz, die tatsächliche Gewalt über eine Sache (Innehabung) geschützt werden sollte. Zudem wurde die Figur des Besitzdieners allein in Hinblick auf den Besitzschutz bzw. dessen Verweigerung eingeführt, d. h. ohne Rücksicht auf die anderen Funktionen des Besitzes. Obwohl letztere Überlegung nicht im Gesetzeswortlaut berücksichtigt wurde, erscheint es für *Ernst* gerade im Bereich der Rechtsscheinstatbestände und insbesondere im Rahmen des § 935 BGB sinnvoll, weiterhin auf den Besitz als Innehabung abzustellen. Als Beispiel nennt *Ernst* (S. 32 ff.) die Problematik der Veräußerung durch den Besitzdiener als Nichtberechtigtem: A ist Besitzdiener des B. Er versucht die Sache in eigener Angelegenheit an C zu veräußern. Wenn A die Sache weggibt, dann ist die Sache dem B abhanden gekommen i. S. d. § 935 Abs. 1 S. 1 BGB. (Abhandenkommen = unfreiwilliger Verlust des unmittelbaren Besitzes. Diesen hat gem. § 855 BGB nur der Besitzherr inne.) Dies führt zu dem allgemein anerkannten Ergebnis, dass der gutgläubige C das Eigentum wegen § 935 Abs. 1 S. 1 BGB nicht erwerben kann. Nun könnte man anführen, dass dieses Ergebnis sachwidrig sei, denn C hat im Grunde keine Möglichkeit, herauszubekommen, ob A Besitzer ist oder eben nur Besitzdiener. Dieser Wertungswiderspruch wird teilweise dadurch gelöst, dass auf den von B erzeugten Rechtschein abgestellt wird (Veranlasserprinzip): Denn wenn der Be-

Folgerichtig endet der Besitz des Besitzherrn erst dann, wenn er seine unvermittelte und auch seine vermittelte tatsächliche Gewalt verliert. Das ist in unfreiwilliger Weise der Fall, wenn der Besitzdiener seine tatsächliche Gewalt über die Sache aufgibt bzw. verliert oder aber sich der sozialen Gewalt, die der Besitzherr über ihn ausübt, entzieht und zwar derart, dass dem ursprünglichen Besitzherrn auch keine andere unvermittelte Form tatsächlicher Gewalt mehr verbleibt.[166]

Beiden Konstruktionen, der Besitzdienerschaft und dem mittelbaren Besitz, ist gemein, dass die Ausübung der tatsächlichen Gewalt des mittelbar bzw. als Besitzherr Besitzenden in Konkurrenz zu einem Dritten tritt, der ebenfalls die tatsächliche Gewalt über die Sache ausübt. Um diese Konkurrenz zu kompensieren, setzen Besitzdienerschaft und mittelbarer Besitz aber auf unterschiedlicher Ebene an. Bei der Besitzdienerschaft wird die tatsächliche Gewalt dahingehend modifiziert, dass tatsächliche Gewalt nicht nur über die Sache, sondern auch über die Person des Besitzdieners ausgeübt wird. Dagegen tritt beim mittelbaren Besitz ein weiteres Tatbestandsmerkmal in Form des Besitzmittlungsverhältnisses hinzu.

---

sitzer (B) die Innehabung willentlich an den Besitzdiener (A) abgibt (≠ Diebstahl), dann ist der Dritte (C) schützenswerter als der ursprüngliche Besitzer. Die alternative – von *Ernst* favorisierte – Lösung: Im Rahmen des § 935 BGB solle man sich – gemäß dem ursprünglichen gesetzgeberischen Willen – auf den Standpunkt stellen, dass zum einen mit Besitz nur die Innehabung gemeint sei und zum anderen die Figur des Besitzdieners nur für den possessorischen Besitzschutz geschaffen wurde. Demnach wäre A als Inhaber der tatsächlichen Gewalt über die Sache im der heutigen Terminologie auch von Anfang an Besitzer gewesen. Denn dann hätte A den Besitz freiwillig von B bekommen und es läge kein Abhandengekommensein vor. Diese Lösung entspräche am ehesten den Überlegungen hinter dem Gesetzgebungsverfahren, würde streng genommen aber zu einer Spaltung des Besitzbegriffes und somit zu einem relativen Besitzbegriff führen, nämlich zum Besitz i. S. d. ursprünglichen Innehabung im Rahmen des Besitzschutzes sowie bei § 935 BGB einerseits und zum Eigenbesitz für die Übereignungstatbestände andererseits. Die in dieser Untersuchung propagierte Lösung vermeidet eine solche Spaltung.

166 Vgl. Staudinger/*Gutzeit*, § 855, Rn. 27; MüKo/*Joost*, § 855, Rn. 18; Erman/*Lorenz*, § 855, Rn. 11; Palandt/*Herrler*, § 855, Rn. 6; NK-BGB/*Hoeren*, § 855, Rn. 12; Jauernig/*Berger*, § 855, Rn. 4; *Westermann/Gursky/Eickmann*, Sachenrecht, § 9, Rn. 5; *Wieling*, Sachenrecht, § 3 IV 1 c; *Schwab/Prütting*, Sachenrecht, § 9, Rn. 75.

3. Besitzerwerb gem. § 854 Abs. 2 BGB

Auch beim Erwerbstatbestand des § 854 Abs. 2 BGB zeigt sich die Normativität des Besitzes. Die Einigung des bisherigen Besitzers und des Erwerbers genügt zum Erwerb, wenn der Erwerber in der Lage ist, die Gewalt über die Sache auszuüben. Für diese Norm ergeben sich verschiedene Interpretationsvarianten: Eine Lesart wäre es, in dem so erlangten Besitz nur einen vorläufigen unvollständigen Besitz zu sehen, der dann durch die Erlangung der tatsächlichen Gewalt gewissermaßen vervollständigt würde. Für eine solche Interpretation finden sich allerdings keinerlei Anhaltspunkte im Wortlaut. Das große Los der Autoren sieht in § 854 Abs. 2 BGB einen Besitz ohne tatsächliche Gewalt.[167] Ein Besitz ohne tatsächliche Gewalt bedeutet aber auch einen Besitz losgelöst von allem Faktischen und von jeder Systematik, die die Kopplung des Besitzes an die tatsächliche Gewalt durchzieht. Sinnvoller erscheint die Anwendung der hier vertretenen Interpretation der tatsächlichen Gewalt. Den sorgenden Umgang zugrunde gelegt, ist selbst der Besitzerwerb nach § 854 Abs. 2 BGB von der tatsächlichen Gewalt umfasst.[168]

4. Erbenbesitz als bloße Rechtsfolgenerstreckung

In Anbetracht der Ausführungen zur tatsächlichen Gewalt muss die Frage, ob der Erbenbesitz eine reguläre Besitzform darstellt, verneint werden. Beim sorgend-vertrauten Umgang mit der Sache sind dem Abstraktionsniveau theoretisch keine Grenzen gesetzt. Dagegen stellen Merkmale wie die Realisierbarkeit des Interesses und das Verhalten der Beteiligten unabhängig von ihrer genauen Ausdifferenzierung höhere Anforderungen an das Vorliegen tatsächlicher Gewalt, so dass die Einbeziehung des Erbenbesitzes als reguläre Besitzposition im objektiven Tatbestand an diesen Merkmalen scheitern würde. Auch Herausgabeansprüche, die sich aus dem Besitzstatus

---

167 Staudinger/*Gutzeit*, § 854, Rn. 25, und Soergel/*Stadler*, § 854, Rn 19, sprechen diplomatisch von einem „Weniger" im Verhältnis zur geforderten Sachherrschaft aus § 854 Abs. 1 BGB und berufen sich dabei auf *Siebert*, JW 1936, 2452 (2453); *Wolff/Raiser*, Sachenrecht, § 11, S. 40; *Baur/Stürner*, Sachenrecht, § 7, Rn. 19 ff.; *Westermann/Gursky/Eickmann*, Sachenrecht, § 12, Rn. 7; *Schwab/Prütting*, Sachenrecht, § 7, Rn. 56.

168 MüKo/*Joost*, § 854, Rn. 32; *Joost*, in: Gedächtnisschrift für Dieter Schultz, S. 167 ff.

ergeben, können in diesem Fall nicht weiterhelfen, denn sie sind eben bloße Folgen der Besitzqualifikation und dieser nicht vorgelagert.

Aber selbst wenn man allein auf das Merkmal des sorgenden Interesses abstellen wollte, bedürfte es als Mindestbedingung einer irgendwie gearteten geistigen Verbindung zu der Sache – sei sie auch von schwächster intentionaler Ausprägung. Diese kann etwa für die tatsächliche Gewalt an Gegenständen in der Wohnung, im Briefkasten oder an solchen, die von einem Besitzdiener angenommen wurden, bejaht werden.[169] Zwar ist die Sorge in diesen Fällen oftmals nur in abstrakter Weise vorhanden – wer ist schon in Gedanken ständig bei den Briefen im Briefkasten? –, dennoch war das sorgend-intentionale Moment in diesen Fällen zu einem vorangegangenen Zeitpunkt stärker ausgeprägt. Der Briefkasten wurde aufgestellt, um Post zu empfangen; die eigenen vier Wände dienen dem Schutz der darin untergebrachten Dinge; der Besitzdiener wurde beauftragt, Gegenstände in Empfang zu nehmen. Den Sachverhalten ist gemein, dass der sorgende Umgang mit (zukünftigen) Dingen veräußert wurde, extrahiert von seinem geistigen Zustand und übertragen auf Einrichtungen, die an den Platz eines ständig aufrechtzuerhaltenden sorgenden Interesses treten. Über den Briefkasten, die Wohnung und den Besitzdiener drängt das sorgende Interesse nach außen und manifestiert sich in diesen Institutionen. Es findet in den genannten Fällen eine Verdinglichung dieses Interesses statt.

Dieser Prozess kann aber auf den Erbenbesitz keine Anwendung finden. In einer Vielzahl der Erbfälle wird der Tod des Erblassers völlig überraschend eingetreten sein. Ein intentionales, auf die Gegenstände der Erbschaft gerichtetes Moment wäre in diesen Fällen reiner Konstruktivismus. Es bestand zu keinem Zeitpunkt eine geistige Fokussierung auf das potentielle Objekt des § 857 BGB. In Ermangelung dieses Bewusstseins-von-etwas müsste auch eine rein geistig verstandene tatsächliche Gewalt beim Erbenbesitz scheitern. Ein Besitz ohne den normativen Begriff der tatsächlichen Gewalt existiert jedoch nicht.[170] Der ausgedehnte – am intentionalen geistigen Zustand orientierte – Begriff der tatsächlichen Gewalt ist der kleinste gemeinsame Nenner aller Besitzformen; er ist ihre Grundlage. Oh-

---

169 Herkömmlich findet die Diskussion im Rahmen des Besitzwillens und bei der Frage, wie generell-abstrakt dieser sein kann, statt. Vgl. hierzu m.w.N. Soergel/*Stadler*, § 854, Rn 9 ff. Zum Besitzwillen und seinem Verhältnis zur Sorge ausführlich u. S. 88 ff.

170 Ausführlich zur Rechtsnatur des Erbenbesitzes m.w.N. Staudinger/*Gutzeit*, § 857, Rn. 3 f.

ne diese tatsächliche Gewalt ist der Besitz eine leere Worthülse, die „ihrem materiellen Gehalte nach nur eine Fiktion“ enthält.[171] Der Erbenbesitz ist somit eine bloße „Rechtsfolgenerstreckung“[172] „... und damit kein Besitz iSd § 854 [BGB].“[173]

171 Protokolle V 7724 (= *Mugdan* V 423).
172 Soergel/*Stadler*, § 857, Rn. 1.
173 MüKo/*Joost*, § 857, Rn. 4.

Kapitel 2: Sinn des Besitzes

Die dritte Abteilung von *Jherings* Werk „Scherz und Ernst in der Jurisprudenz“ beginnt damit, dass der fiktive Jhering stirbt. Befreit von „... den Banden der Sinnlichkeit ...“, gesprengt „... die Fesseln mit denen [die] Seele an den Körper gebettet war, ...“ ist er nur noch Geist und reist dergestalt durch den juristischen Begriffshimmel.[174] Dort trifft er auf *Psychophoros*, den Seelenführer, der ihn schließlich in das Cerebrarium führt, ein „spiritisches Laboratorium“, in der die Gehirnsubstanz für Theoretiker hergestellt wird.[175] Auf *Jherings* Frage, ob sich die Begriffe von den Geistern in Streitgespräche verwickeln lassen, erhält er von *Psychophoros* folgende Antwort:

> „‚O nein! Das halten sie unter ihrer Würde, und es ist auch noch niemand so vermessen gewesen, es zu versuchen. Aber sie verschmähen es nicht, sich mit ihnen ganz vertraulich zu unterhalten und sie über ihr wahres Wesen zu belehren. Noch gestern unterhielt sich der Besitz lange und eingehend mit Savigny.‘ Weißt du, was sie verhandelten? ‚Gewiss! Sie verhandelten die Frage, ob der Besitz ein Recht oder Faktum sei.‘ Schade, daß ich das Gespräch nicht mit angehört habe; da hätte man etwas lernen können! Der Besitz interessiert mich aufs äußerste. Bisher bin ich seiner noch nicht ansichtig geworden; habe die Güte mir ihn zu zeigen. ‚Augenblicklich finde ich ihn nicht. Die meisten Begriffe haben bei uns, ähnlich wie auf Erden die Geschäftsleute in Eueren Dörfern, ihren bestimmten Standort, wo man stets sicher sein kann, sie zu finden. Nur einige wenige haben sich dazu nicht verstehen wollen, sie sind unstäter Natur und halten es nicht lange an derselben Stelle aus, bald sind sie hier, bald dort. (...) Der schlimmste von allen Begriffen aber ist der Besitz, er ist ein höchst unruhiger Geselle, der es an einer Stelle nie lange aushält, bald hat er seinen Standplatz im allgemeinen Teil, bald im Recht der Persönlichkeit, bald im Sachenrecht, gewöhnlich neben dem Eigentum, sei es vor, sei es hinter ihm, aber er ist selbst letzterem einmal ins Gehege gekommen, selbst in das Obligationenrecht hat er sich eingedrängt. Jetzt sehe ich ihn, er

174 *Jhering*, Scherz und Ernst in der Jurisprudenz, S. 247.
175 *Jhering*, Scherz und Ernst in der Jurisprudenz, S. 272.

steht augenblicklich in der Abteilung Sachenrecht, dort neben dem Eigentum.‘ Das also ist der Besitz? Seltsam! Den hätte ich mir anders vorgestellt, ich habe ihn für ein Recht gehalten, hier stellt er sich dar als Factum. ‚Warte nur ab; Du wirst ihn auch noch als Recht erblicken; er verwandelt sich unausgesetzt, es ist der Proteus unter unseren Begriffen. Sieh Dir ihn jetzt einmal an: was ist er jetzt?‘ In der Tat, jetzt ist er ein Recht. ‚Nun warte noch einen Moment.‘ ‚Was ist er jetzt?‘ Beides zugleich: ‚seinem Wesen nach ein Factum, seinen Folgen nach einem Recht gleich.‘“[176]

In diesem Kapitel gilt es zu ergründen, ob sich der Besitz den Vergleich mit dem polymorphen Robbenhüter Proteus wirklich gefallen lassen muss, oder ob dem Besitz tatsächlich nur eine Natur zu eigen ist. Das Kapitel gliedert sich in einen Dreischritt: Zunächst soll knapp aufgezeigt werden, dass die Idee des Faktums im Recht nicht existiert (I.), sodann werden Positionen verworfen, die letztlich der Unsicherheit über den Forschungsgegenstand geschuldet sind (II.) und schließlich wird die Qualität des Besitzes als Rechtsverhältnis untersucht (III.).

I. Negierung des Besitzes als Faktum

Dass der Besitz kein Faktum sein kann, lässt sich gut mit einer Passage aus dem „System des römischen Civilrechts“ von *Gans* illustrieren:

> „Gegen diese Entgegensetzung eines Natürlichen und eines Rechtlichen, eines Factischen und Juristischen im Rechte scheint sich schon zugleich die völlige Unangemessenheit der Unterscheidung zu erheben. Denn man kann überhaupt erwiedern, dass im Rechte lauter Factisches zu Grunde läge, indem alle Rechtsverhältnisse auf Thatsachen beruhten, dann aber wieder gar nichts Factisches vorhanden sey, indem jedes Factum, das im Recht vorkäme, auch ein Recht sey. Man kann recht gut sagen, die Ehe sey ein Factum (…) Aber damit ist eben noch nichts gesagt, wenn man nicht hinzusetzt, dieses Factische sey rechtlicher Art. Die Indier erheben die bizarresten Facta zu Rechtsverhältnissen; dass sie dieses werden können, muss aus dem Geist des Rechts erklärt werden: sie aber als blosse Facta bezeichnen wollen, würde wenig fördern.“[177]

---

176 *Jhering*, Scherz und Ernst in der Jurisprudenz, S. 282 f.
177 *Gans*, System des römischen Civilrechts, S. 204.

In der Tat liegt dem Recht stets etwas Faktisches zugrunde. Nicht nur die Ehe ist ein Faktum, sondern ebenso Vertragsschlüsse, die Auslösung eines Schadensersatzanspruchs wegen eines Autounfalls, die Nutznießung einer Sache, die dann rechtlich als Nießbrauch qualifiziert wird. Sinn des Rechts ist die Ordnung und Durchdringung der Lebenswirklichkeit. Dies geschieht durch die Kenntnisnahme von Fakten und ihrer Subsumption unter einen Gesetzestext. Die Fakten werden dabei als potentieller Tatbestand zur Kenntnis genommen und mit den Tatbestandsmerkmalen abgeglichen. Allein die Tatbestandmerkmale sind aber Teil der Rechtssätze und somit der normativen Sphäre, die Lebenswirklichkeit bleibt ausgesperrt, sie findet ihren Weg ins Recht als fernes Echo durch Ausfüllung der Tatbestandmerkmale.

Besonders plastisch wird der Gegensatz von Umwelt und Recht in der Systemtheorie *Luhmanns* hervorgehoben. *Luhmann* hat festgestellt, dass das Rechtssystem nicht auf der Grundlage von Prinzipien aufbaut.[178] Das Recht basiert weder auf einem fiktiven Gesellschaftsvertrag wie bei *Hobbes*, *Locke* und *Rousseau*, noch auf dem Gedanken der bloßen Gewalt[179] oder der *Hegelschen* Manifestation des freien Willens in der Natur, sondern in einer Unterscheidung.[180] Indem eine Grenze gezogen wird, entstehen zwei

---

178 *Luhmann*, Das Recht der Gesellschaft, S. 26.

179 *Carl Schmitt*, Politische Theologie, S. 13, 16, definiert Souveränität als höchste „nicht abgeleitete Herrschermacht". Diese Macht drückt sich in der Entscheidungsgewalt aus, namentlich in der Entscheidung über den Ausnahmezustand. Auch die Rechtsordnung soll auf einer solchen Entscheidung beruhen.

180 Die Idee der Unterscheidung als Anfang geht auf *George Spencer-Brown*, Laws of forms, S. 1, zurück: „We taken as given the idea of distinction and the idea of indication, and that we can not make an indication without drawing a distinction. That is to say, a distinction is drawn by arranging a boundary with separate sides so that a point on one side cannot reach the other side without crossing the boundary. For example, in a plane space a circle draws a distinction. Once a distinction is drawn, the spaces, states, or contents on each side of the boundary, being distinct, can be indicated." *Luhmann*, Soziale Systeme, S. 35, greift fast wörtlich auf *Spencer-Brown* zurück: „Als Ausgangspunkt jeder systemtheoretischen Analyse hat, darüber besteht heute wohl fachlicher Konsens, die Differenz von System und Umwelt zu dienen. Systeme sind nicht nur gelegentlich und nicht nur adaptiv, sie sind strukturell an ihrer Umwelt orientiert und könnten ohne Umwelt nicht bestehen. Sie konstituieren und sie erhalten sich durch Erzeugung und Erhaltung einer Differenz zur Umwelt, und sie benutzen ihre Grenzen zur Regulierung dieser Differenz. Ohne Differenz gäbe es nicht einmal Selbstreferenz, denn Differenz ist Funktionsprämisse selbstreferentieller Operationen. In diesem Sinne ist Grenzerhaltung (boundary maintenance) Systemerhaltung.".

verschiedene Seiten: Die eine ist das System, die andere seine Umwelt. Zur Begründung des Rechtssystems bedarf es einer doppelten Grenzziehung: Zunächst wird das soziale System der Gesellschaft von anderen Systemen – z. B. dem psychischen (das Bewusstsein) und dem biologischen System (der Körper) – sowie von seiner nichtsystemischen Umwelt – z. B. der Welt der Dinge – abgegrenzt.[181] Ob man den Besitz als Faktum den Dingen oder dem psychischen System des Bewusstseins zuordnet, kann dahingestellt bleiben; in jedem Fall gehört der Besitz als Faktum nicht zum sozialen System der Gesellschaft. Das zeigt sich bereits daran, dass soziale Systeme für *Luhmann* allein aus Kommunikation bestehen.[182]

In einem zweiten Schritt findet eine weitere Systemdifferenzierung statt, indem innerhalb des Gesamtsystems Gesellschaft Untersysteme gebildet werden. Eines dieser Untersysteme ist das Rechtssystem. Auch das Rechtssystem existiert nur in Differenz zu seiner Umwelt und ist gleichzeitig operativ geschlossen, d. h., es ist zur „... Herstellung eigener Operationen auf das Netzwerk eigener Operationen angewiesen ..." und reproduziert sich in diesem Sinne selbst (Autopoiesis).[183] Die operative Geschlossenheit des Rechtssystems wird durch zwei Faktoren gewährleistet: durch seine spezifische Funktion innerhalb der Gesellschaft, d. h. der Bereitstellung kontrafaktisch stabilisierter Verhaltenserwartungen,[184] und durch seine binäre Recht-Unrecht-Codierung.[185] Die Geschlossenheit des Systems ist zwar allein eine normative, denn kognitiv ist das System für seine Umwelt geöffnet. Allerdings bedeutet die kognitive Offenheit nur, dass es dem Rechtssystem möglich ist, die Unterscheidung (System-Umwelt) in das durch sie unterschiedene (System) wieder aufzunehmen.[186] Dieses Verfahren nennt *Luhmann* Fremdreferenz und meint damit, dass das Rechtssystem „... externe Fakten zur Kenntnis nehmen kann, aber nur als intern erzeugte Infor-

---

181 *Luhmann*, Soziale Systeme, S. 36 ff, 344 f.

182 Kommunikation ist für *Luhmann*, Soziale Systeme, S. 194, „Prozessieren von Selektion". *Luhmann*, Soziale Systeme, S. 193 ff., distanziert sich von der Übertragungsmetaphorik, die Kommunikation als Übertragung einer Sache vom Absender auf den Empfänger verbildlicht. Die Information, die der Empfänger erlangt ist nicht dieselbe, die der Absender bereithält. Durch die Etappe der Selektion wird der Kommunikationsprozess dreiteilig: Der Absender hält etwas bereit, die Kommunikation betreibt dann Selektion, indem sie aus dem Bereitgehaltenen die Information auswählt und gleichsam konstituiert, der Empfänger macht sich diese Information schließlich zu eigen.

183 *Luhmann*, Das Recht der Gesellschaft, S. 44.

184 *Luhmann*, Das Recht der Gesellschaft, S. 60, 133 ff.

185 *Luhmann*, Das Recht der Gesellschaft, S. 165 ff.

186 *Luhmann*, Das Recht der Gesellschaft, S. 76 ff.

mation. (...) Ein solches Zitieren von Wissen aus der Umwelt ist eine rein interne Operation und kein Vorgang des Transfers von Informationen."[187] Kognitive Erkenntnisse und Fakten bleiben der Umwelt vorbehalten. Das Rechtssystem kann fremdreferentiell darauf zugreifen, allerdings derart, dass sich das System selbst seiner eigenen Andersartigkeit bewusst wird und die Andersartigkeit durch systeminterne Prozesse wieder in sich eintreten lässt.[188] Fakten werden nicht in das Recht kopiert, sondern sie werden – sofern rechtlich relevant – erkannt, gespiegelt und systemintern verarbeitet.[189] Der Besitz als Faktum kann also im doppelten Sinne nicht Teil des Rechts sein: Er ist als etwas Tatsächliches bereits kein Bestandteil des sozialen Gesamtsystems der Gesellschaft und er ist erst recht nicht Inhalt des Subsystems Recht. In beiden Fällen ist der Besitz ein externes Faktum, das systemintern zur Kenntnis genommen wird. Er wird aber zunächst als das erkannt, was für das System von oberster, ja konstitutiver Bedeutung ist, nämlich als etwas Anderes im Verhältnis zum System selbst. Diese Andersartigkeit, die sich in der Faktizität des Besitzes manifestiert, wird in das Rechtssystem aufgenommen. Allerdings besteht die Aufnahme nicht darin, dass der Besitz als Faktum in das Rechtssystem übertragen wird, sondern dass eine interne Information erzeugt wird, die inhaltlich dem Besitz in seiner Andersartigkeit gewidmet ist. Der Besitz als Faktum wird nicht in das System Recht übertragen.

II. Nichtssagende Qualifikation des Besitzes als Rechtsposition, Rechtsstellung etc.

Viele Autoren bezeichnen den Besitz als „Rechtsposition".[190] Oft wird der Besitz von diesen Autoren in einem Atemzug neben der Rechtsposition

---

187 *Luhmann*, Das Recht der Gesellschaft, S. 84 f.

188 *George Spencer-Brown*, Laws of form, S. 57 ff., nennt diesen Prozess Re-entry.

189 Treffend formulieren daher *Larenz/Canaris*, Methodenlehre der Rechtswissenschaft, S. 94: „Genau betrachtet, werden nicht Fakten subsumiert – wie sollte das möglich sein? –, sondern Aussagen über einen Sachverhalt als einen Geschehenen.".

190 Staudinger/*Gutzeit*, Vor §§ 854 ff., Rn. 36; MüKo/*Joost*, Vor §§ 854 ff., Rn. 9; Bamberger/Roth/*Fritzsche*, § 854, Rn. 15; *Rosenberg*, Kommentar zum Bürgerlichen Gesetzbuch, Vor § 854, Anm. 5; *Hedemann*, Sachenrecht, 3. Auflage 1960, § 8, S. 45; *Westermann/Gursky/Eickmann*, Sachenrecht, § 7, Rn. 8; *Schwab/Prütting*, Sachenrecht, § 6, Rn. 49; *Habersack*, Sachenrecht, § 4, Rn. 39; auch die Motive III 78 (= *Mugdan* III 43) favorisieren den Terminus der Rechtsposition; darauf sich berufend *Darmstaedter*, AcP 151 (1950/51), 311 (315 ff.).

auch als „Rechtsstellung“ qualifiziert.[191] Daneben wird der Besitz auch als „rechtlich geschützte Tatsache“[192], als ein „eigenartiges Rechtsverhältnis thatsächlicher Art“[193], als „Rechtstatsache“[194] oder als „Rechtsherrschaft“[195] bezeichnet. Im Rahmen des § 823 BGB sieht der BGH in Fortführung reichsgerichtlicher Rechtsprechung[196] den Besitz nicht als Recht, jedoch „gleich einem ausschließlichen Recht gegen jedermann geschützt“[197].[198]

Alle diese Bezeichnungen haben indes eines gemeinsam: Sie sind in höchstem Maße nichtssagend. Wirft man einen Blick in die einschlägigen Rechtswörterbücher, findet sich kein Eintrag zu dem Begriff Rechtsposition.[199] Die Rechtsposition ist keine näher umschriebene dogmatische Figur. Was soll sie auch bedeuten? Ist die Rechtsposition die Summe aller Werte, die vor Gericht geltend gemacht werden können? Vor Gericht können aber nur Rechte geltend gemacht werden, so dass eine solche Definition mit der Gleichstellung des Besitzes als Recht korrespondieren würde. Dagegen ist grundsätzlich nichts einzuwenden. Nur ist dann fraglich, wieso der Besitz nicht gleich als Recht bezeichnet werden soll. In diesem Sinne argumentiert auch *Stadler*: „Richtiger scheint es aber, statt des konturenlosen und im Ergebnis doch dem subjektiven Recht weitgehend angenäherten Begriffs der Rechtsposition, den Schritt zu einem weit verstandenen subjektiven Recht zu wagen.“[200]

Die abschwächende Qualifizierung des Besitzes als Rechtsposition ist letztlich dem Vergleich mit dem Eigentum geschuldet. Neben dem Eigentum sei ein zweites Recht nicht möglich, „das Eigentum kann wohl aufge-

---

191 Staudinger/*Gutzeit*, Vor §§ 854 ff., Rn. 36; *Rosenberg*, Kommentar zum Bürgerlichen Gesetzbuch, Vor § 854, Anm. 5; *Westermann/Gursky/Eickmann*, Sachenrecht, § 7, Rn. 8.

192 *Schreiber*, Sachenrecht, Rn. 30.

193 *Kniep*, Der Besitz, S. 6.

194 *Dulckeit*, Die Verdinglichung obligatorischer Rechte, S. 12.

195 *Sokolowski*, Der Besitz, S. 247.

196 RGZ 59, 326; 91, 60 (65); 102, 344 (347).

197 BGHZ 32, 194 (204).

198 Wobei in allen Fällen immer nur der berechtigte Besitz geschützt ist. Vgl. dazu u. S. 169 ff.

199 In *Speer*, Deutsches Rechtswörterbuch, Eintrag zu *Position*, werden unter Position die einzelnen Tatsachenbehauptungen des Klägers verstanden. Der Begriff der Position scheint danach seinen Platz im formellen Gang des Gerichtsverfahrens zu haben.

200 Soergel/*Stadler*, Vor § 854, Rn. 6.

teilt werden, (...) aber sonst duldet es keine Götter neben sich."[201] Die beiden Verhältnisse werden stets miteinander in Verbindung gebracht, sie werden verglichen, voneinander hergeleitet und sie stoßen sich ab. Sollte der Besitz ein Recht sein, dann wäre er im Verhältnis zum Eigentum definitiv ein Recht mit geringerer Bandbreite an Handlungsermächtigungen.[202] Aber auch andere Rechte, wie etwa der Nießbrauch gem. § 1030 BGB oder das Pfandrecht gem. § 1204 BGB, begründen kein derart umfängliches Machtverhältnis zur Sache wie das Eigentum. Trotzdem werden sie nicht als Rechtsposition bezeichnet. Es ist nicht ersichtlich, wieso mit dem Besitz anders verfahren werden sollte. Zwar können andere Argumente gegen die Einordnung des Besitzes als Recht sprechen,[203] das Argument des schwächeren Machtverhältnisses zur Sache darf hingegen nicht greifen. Diese Missdeutung hat bereits *Jhering* angeprangert: Dass die Besitzverhältnisse nicht

> „... der Aufnahme unter die Sachenrechte gewürdigt sind, hat nur darin seinen Grund, daß man ganz unkritisch den Begriff des Rechts an der Sache lediglich nach dem Eigentum und den *jura in re aliena* zuschnitt, gleich als erschöpften sie die rechtlichen Beziehungen des Menschen zur Sache, oder als seien die übrigen, weil sie hinter ihnen an Rechtsgehalt zurückstehen, nicht ebenfalls rechtlich geschützte Beziehungen zur Sache. Der Besitzer und *bonae fidei* possessor, sagt man, weichen dem Eigentümer. Gewiß! aber hat nicht letzterer auch dem Pfandgläubiger zu weichen, und dieser wiederum jenem, wenn derselbe die Schuld abtragen will? Gehört es zum Begriff des Rechts an der Sache, daß es keinem andern weicht? Hört das Eigentum dadurch auf, Eigentum zu sein, daß dem Käufer ein Zwangsrecht auf Übertragung desselben zusteht? Nur die fixe Idee, als ob der Begriff eines Rechtsverhältnisses an der Sache durch den Charakterzug des Absoluten bedingt sei, hat es in meinen Augen verschuldet, daß man dem Besitz den Charakter eines Rechts abgesprochen hat. Der Besitz ist ein minderes Recht als das Eigentum, aber da er, solange er besteht, auf den Rechts-

201 *Krückmann*, AcP 108 (1912), 179 (262).

202 *Jhering*, Geist des römischen Rechts, § 61, S. 367, bezeichnet den Besitz treffend als „Eigentum in der Defensive".

203 Für *Darmstaedter*, AcP 151 (1950/51), 311 (315 ff.), kann der Besitz nur eine Rechtsposition sein, da es an dem für ein subjektives Recht konstitutiven Merkmal der spontanen Achtung durch Dritte fehle. Die Gleichsetzung von Besitz und Gewalt führe notwendig zu einer Negierung der Abhängigkeit der eigenen Position von der Anerkennung Dritter. Ausführlich dazu u. S. 84 ff.

> schutz Anspruch hat, fällt er als rechtlich geschütztes Interesse der Person an der Sache unter den Begriff des Rechts."[204]

Auch der Begriff der Rechtsstellung ist schwammig. Man muss sich unwillkürlich fragen, was dieser Begriff überhaupt bedeuten soll und ob er nicht vielmehr aus der Verlegenheit heraus eingeführt wurde, den Besitz nicht folgenschwer als Recht krönen zu wollen. Gleichwohl sind es u. a. genau jene Rechtsfolgen des Besitzes, die den Schluss auf ein Recht nahelegen. Ähnliches ist zu sagen über den irreführenden Begriff der Rechtstatsache. Wenn *Dulckeit* die Rechtstatsache „als die Verkörperung oder die typische Erscheinungsform eines *Rechts* an der besessenen Sache"[205] definiert, dann rutscht er damit ab in die Gefilde des *ius possidendi*, von denen sich diese Untersuchung frei gemacht hat. Der Begriff der Rechtsherrschaft schließlich ist wenig zielführend. Ist das Eigentum etwa keine Rechtsherrschaft? Ist das Eigentum nicht vielmehr die Rechtsherrschaft schlechthin, die sich dadurch realisiert, dass die weltlichen – keiner Herrschaftssphäre angehörenden – Gegenstände durch das Eigentum als Urteil der Vernunft der (Rechts-)Herrschaft des äußeren Mein und Dein zugeordnet wird?[206] Jedes Recht begründet innerhalb seiner Handlungsermächtigungen eine Rechtsherrschaft, jedes rechtliche Verhältnis einer Person zu einer Sache begründet eine rechtliche Herrschaftssphäre. Zugunsten einer aussagekräftigen Wesenskennzeichnung muss deshalb von all den Bezeichnungen, die aus dem Besitz nur ein abgeschwächtes Eigentum machen, Abstand genommen werden.

III. Besitz als Rechtverhältnis

Der Besitz könnte ein Rechtsverhältnis sein. Um zu einer solchen Qualifizierung zu gelangen, müssen zunächst Begriff und Inhalt des Rechtverhältnisses definiert werden werden (1.). Anschließend erfolgt eine Subsumption des Besitzes unter die herausgearbeiteten Merkmale (2.).

---

204 *Jhering*, Geist des römischen Rechts, § 61, S. 365 f.
205 *Dulckeit*, Die Verdinglichung obligatorischer Rechte, S. 12.
206 Vgl. auch u. S. 128 ff.

1. Definition des Rechtsverhältnisses

Savigny bezeichnet das Rechtsverhältnis als eine „... Beziehung zwischen Person und Person, durch eine Rechtsregel bestimmt.“[207] Diese Definition[208] ist auf den ersten Blick etwas unergiebig, muss man sich doch fragen, wann eine Beziehung durch eine Rechtsregel und wann durch eine andere Regel fixiert wird.[209] *Savigny* stellt fest, dass das Leben des Menschen in der Welt vor allem durch den Umgang mit anderen Menschen gekennzeichnet ist.

> „Sollen nun in solcher Berührung freie Wesen nebeneinander bestehen, sich gegenseitig fördernd, nicht hemmend, in ihrer Entwicklung, so ist dieses nur möglich durch Anerkennung einer unsichtbaren Grenze, innerhalb welcher das Dasein, und die Wirksamkeit jedes Einzelnen einen sichern, freien Raum gewinne. Die Regel, wodurch jene Grenze und durch sie dieser freie Raum bestimmt wird, ist das Recht.“[210]

Das Recht tritt also in dem Moment auf den Plan, in dem Menschen aufeinandertreffen und dient der Begründung und Erhaltung der persönlichen Freiheit. Es ist allgegenwärtig und vervollständigt die „Unvollkommenheit unseres Zustandes“.[211]

Treffen Menschen aufeinander, werden durch das Recht Grenzen gezogen, man könnte sagen, das Recht ist die Grenze. Die Beziehung, die aufgrund dieser Grenze entsteht, ist das Rechtverhältnis.[212] Fast jede menschliche Beziehung scheint sich danach in einem Rechtsverhältnis zu erschöpfen. Diese Schlussfolgerung antizipiert und dementiert *Savigny*, indem er bemerkt, dass nicht alle Beziehungen zwischen Menschen dem Recht an-

---

207 *Savigny*, System des heutigen römischen Rechts, § 52, S. 333.

208 Dem Begriffsverständnis *Luhmanns* ähnlich ist für *H.L.A. Hart*, Der Begriff des Rechts, S. 26, der Sinn einer Definition die Ziehung einer Grenze zwischen einer Art von Dingen und einer anderen.

209 Der gleiche Einwand gilt für die Definition von *Windscheid/Kipp*, Lehrbuch des Pandektenrechts, § 37a, S. 165, wonach ein Rechtsverhältnis ein „rechtlich bestimmtes Verhältnis“ ist.

210 *Savigny*, System des heutigen römischen Rechts, § 52, S. 332.

211 *Savigny*, System des heutigen römischen Rechts, § 52, S. 332.

212 Deswegen ist das Rechtsverhältnis auch „organischer Natur“: „Diese lebendige Construction des Rechtverhältnisses in jedem gegebenen Fall ist das geistige Element der juristischen Praxis, und unterscheidet ihren edlen Beruf von dem bloßen Mechanismus, den so viele Unkundige darin sehen.“ (*Savigny*, System des heutigen römischen Rechts, § 4, S. 8).

gehören. So gibt es „menschliche Verhältnisse, die ganz, andere die gar nicht, noch andere die nur theilweise dem Rechtsgebiet angehören, oder durch Rechtsregeln beherrscht werden.“[213] Als Beispiele werden das Eigentum als allumfassendes rechtlich geregeltes menschliches Verhältnis, die Freundschaft als sich dem Recht entziehendes menschliches Verhältnis und die Ehe als zum Teil vom Recht durchzogenes menschliches Verhältnis genannt.[214] Trotz dieser Differenzierung erscheint das Wesen des Rechtsverhältnisses sehr weit gefasst. Ganz ähnlich ist die Definition von *Dernburg*: „Unter einem Rechtsverhältnisse ist zu verstehen eine rechtlich wirksame Beziehung einer Person zu anderen Personen oder zu Sachgütern.“[215] Nach *Esser* ist ein Rechtsverhältnis „jedes vom Recht geordnete Lebensverhältnis, mag die Ordnung auf einheitlicher gesetzlicher Regelung und Organisation oder auf individueller Gestaltung, sei es durch privates Rechtsgeschäft, beruhen ...“[216]

Zusammenfassend zeichnen sich die genannten Definitionsversuche durch drei Elemente aus: „1) eine soziale Bindung 2) zwischen mehreren Beteiligten, 3) auf welche Rechtsnormen anwendbar sind.“[217] Allerdings sind diese Elemente nicht besonders zielführend. Sie erschöpfen sich darin, dass der Mensch als soziales Wesen im Umgang mit anderen Menschen eines Regelwerks für sein Handeln bedarf. Sobald dieses Regelwerk Anwendung findet, lässt sich die zwischenmenschliche Beziehung als Rechtsverhältnis bezeichnen. Es fehlt aber das Spezifikum des Rechtsverhältnisses, das es – neben der Anwendbarkeit von Rechtsregeln – von anderen Verhältnissen abgrenzt. Es muss seine spezifische Funktion, sein Platz im Rechtssystem näher bestimmt werden. Dazu führt *Savigny* aus, dass sich das Wesen des Rechts als Verkörperung der Willensfreiheit nicht im subjektiven Recht des Einzelnen beschränkt. Vielmehr bedarf auch das subjektive Recht einer tieferen Grundlage:

> „Diese nun finden wir in dem Rechtsverhältnis, von welchem jedes einzelne Recht nur eine besondere, durch Abstraction ausgeschiedene Seite darstellt, so dass selbst das Urtheil über das einzelne Recht nur

---

213 *Savigny*, System des heutigen römischen Rechts, § 52, S. 334.
214 *Savigny*, System des heutigen römischen Rechts, § 52, S. 334.
215 *Dernburg*, Pandekten, § 40, S. 88.
216 *Esser*, Einführung in die Grundbegriffe des Rechtes und Staates, § 70, S. 145.
217 *Gusy*, Rechtsverhältnis, in: Historisches Wörterbuch der Philosophie, S. 352.

> insofern war und überzeugend sein kann, als es von der Gesamtanschauung des Rechtsverhältnisses ausgeht."[218]

Auch *von Thur* zieht den Begriff des Rechtsverhältnisses weiter als den des (subjektiven) Rechts:

> „Dann bedeutet Rechtsverhältnis die Gesamtheit der Rechtsfolgen aus einer Beziehung einer Person zu einer anderen oder zu einer Sache, ob nun diese Rechtsfolgen in einem subjektiven Recht bestehen, oder in der Möglichkeit der Entstehung eines solchen, oder in sonstigen Rechtswirkungen."[219]

Neuere Lehrbücher schlagen ebenfalls in die eingeritzte Kerbe: Inhaltlich setzen sich Rechtsverhältnisse aus einer Reihe subjektiver Rechte und korrespondierender Pflichten zusammen.[220] Die Funktion des Rechtsverhältnisses scheint vornehmlich darin zu bestehen, „Sitz aller gegeneinander bestehenden Rechte und Pflichten" zwischen Personen zu sein.[221] Das Rechtsverhältnis ist die „tragende Beziehung", aus der sich die weiteren Rechtsfolgen ergeben.[222] „Der Ausgangspunkt sind nicht Rechte, sondern das Rechtsverhältnis."[223]

Im Anschluss an die zitierten Definitionsversuche stellen sich folgende drei Abgrenzungsfragen: Ist das Rechtsverhältnis mit dem subjektiven Recht gleichzusetzen oder vielmehr die Quelle subjektiver Rechte? Wenn von Rechtsfolgen die Rede ist, lassen sich diese auf Rechte und Pflichten reduzieren oder besteht das Wesen des Rechtsverhältnisses gerade darin, dass ihm auch andere Funktionen innewohnen? Und schließlich: Regelt

---

218 *Savigny*, System des heutigen römischen Rechts, § 4, S. 7; *Menke*, Kritik der Rechte, S. 29 f., spricht vom Rechtsverhältnis als dem „Grundbegriff" der Rechtstheorie *Savignys*, dessen Sinn – nicht dessen Grund – die Rechte des Einzelnen sind; vgl. auch *Göschner*, in: Philosophie im 21. Jahrhundert, S. 90 (93, 97).

219 *v. Thur*, Der Allgemeine Teil des Bürgerlichen Rechts, § 5, S. 125.

220 *Eckhardt/Schmidt*, Einführung in die Rechtswissenschaft, S. 29; im Ergebnis auch *Kühl/Reichold/Ronellenfitsch*, Einführung in die Rechtswissenschaft, § 7, S. 94 f.

221 *Baumann*, Einführung in die Rechtswissenschaft, § 7, S. 246.

222 *Baumann*, Einführung in die Rechtswissenschaft, § 7, S. 246.

223 *Menke*, Kritik der Rechte, S. 27, verweist mit dieser Aussage auf *Kelsen*, bei dem ein subjektives Recht keine rechtsbegründende Instanz sein kann. Die normative Geltung des Anspruchs oder der Zuweisung kann nur aus dem Gesetz entstehen, nicht umgekehrt. Nach *Menke* bedarf das Verhältnis zwischen Recht und Gesetz (bzw. Rechtsverhältnissen) aber einer grundlegenden Formanalyse, die sich nicht in der Beschreibung von Begründungszusammenhängen erschöpft.

das Rechtsverhältnis Beziehungen allein zwischen Personen oder auch von Personen zu Sachen?

a. Rechtsverhältnis als Quelle von Rechten und Pflichten

Zunächst stellt sich die Frage, ob das Rechtsverhältnis mit dem subjektiven Recht[224] gleichzusetzen ist. Möglicherweise ließe sich hier von einem Rechtsverhältnis im engeren Sinne sprechen. Beim subjektiven Recht würden dann der begünstigende Aspekt und die „herrschende Stellung des Subjekts“ betont, das Rechtsverhältnis wiederum würde mehr den verpflichtenden, passiven, bilateralen Charakter der Beziehung in den Vordergrund rücken.[225] Andererseits erscheint es müßig, für eine rechtliche Beziehung unterschiedliche Begriffe zu verwenden. Gerade die Rechtsdogmatik lebt von genauen Formulierungen. Schon das Vorhandensein beider Begriffe spricht für einen unterschiedlichen Bedeutungsgehalt. Hierfür spricht auch die ansonsten falsche Ansicht, der Besitz sei in Abgrenzung zum subjektiven Recht ein Rechtsverhältnis. Bei dieser Qualifizierung dient das Rechtsverhältnis als Auffangtatbestand. Dieser Differenzierung liegt allerdings keine genaue Definition des Rechtsverhältnisses zugrunde, sondern allein eine feststehende Idee des subjektiven Rechts. Ohne eine genaue Grenze zu ziehen und so das Verhältnis von Recht und Rechtsverhältnis zu klären, liegt der Bestimmung des Besitzes als Rechtsverhältnis die intuitive Vermutung zugrunde, dass das Rechtsverhältnis ein Weniger zum Besitz sei.[226] So sehr diese Definitionen die Unterschiedlichkeit von Rechtsverhältnis und Recht voraussetzen und betonen, so wenig ergiebig sind sie doch für eine Durchdringung des genauen Verhältnisses der beiden Institute.

Folgende Differenzierung erscheint sinnvoll: Das Rechtsverhältnis ist die Quelle aller Rechte und Pflichten.[227] Nicht das subjektive Recht bildet den Dreh- und Angelpunkt rechtlicher zwischenmenschlicher Beziehun-

---

224 Zum Begriff des subjektiven Rechts ausführlich S. 116 ff.

225 So *v. Thur*, Der Allgemeine Teil des Bürgerlichen Rechts, § 5, S. 125. Die Identität der Wörter bezieht sich also nur auf die Bedeutung der Wörter in Fregescher Terminologie (vgl. *Frege*, Zeitschrift für Philosophie und philosophische Kritik 1892, 25 (26)). Der Sinn, also die Art des Gegebenseins der beiden Wörter, ist verschieden.

226 S. auch o. S. 70 ff.

227 *Baumann* Einführung in die Rechtswissenschaft, § 7, S. 246; *Medicus/Petersen*, Allgemeiner Teil des Bürgerlichen Rechts, § 10, Rn. 59; *Portmann*, Wesen und

gen, sondern das Rechtsverhältnis,[228] von dem jedes Recht wie auch jede Pflicht nur ein besonderer Auswuchs ist.[229] Der Vertrag als obligatorisches Rechtsgeschäft ist gem. § 311 Abs. 1 BGB Begründungstatbestand für die Entstehung eines Schuldverhältnisses. Das Schuldverhältnis ist ein Rechtsverhältnis, aus dem sich verschiedene Rechte und Pflichten ergeben. Der Kaufvertrag gem. § 433 BGB begründet ein Rechtsverhältnis, aus dem sich einerseits das Recht auf die Sachübereignung bzw. auf Kaufpreiszahlung ergibt, andererseits die Pflicht zur synallagmatischen Gegenleistung. Das Rechtsverhältnis schiebt sich als „Grundbegriff des Privatrechts"[230] zwischen das Subjekt und seine Rechte und Pflichten.[231] Man könnte das Rechtsverhältnis daher als „... eine Gesamtheit von Rechten und Pflichten verstehen, die zu einem Organismus und Gefüge miteinander verbunden sind und dessen einzelne Elemente subjektive Rechte, Befugnisse, Pflichten und Gebundenheiten mannigfacher Art sind."[232] Die Gesamtheit der Rechtsfolgen einer Beziehung zwischen Personen als Rechtsverhältnis zu bezeichnen, trifft es indes nicht genau. Dies gilt umso mehr, als bereits festgestellt wurde, dass die rechtliche Beziehung zwischen Personen als Rechtsverhältnis zu bezeichnen ist. Das Rechtsverhältnis kann nicht einerseits die Beziehung zwischen Personen, andererseits die Rechtsfolgen dieser Beziehung bezeichnen. Das Rechtsverhältnis kann nur Quelle oder Folge sein, nicht aber beides.[233] Daraus ergibt sich in der Konsequenz folgender Stufenbau: Zunächst gibt es den Begründungs- bzw. Erwerbstatbe-

System der subjektiven Privatrechte, S. 29; *Wolf/Neuner*, Allgemeiner Teil des Bürgerlichen Rechts, 11. Auflage 2016, Vor § 19.

228 *Kreutz*, Das Objekt und seine Zuordnung, S. 33, spricht vom „Grundbaustein" des Rechtsverkehrs.

229 Vgl. auch die Definition von *Savigny*, System des heutigen römischen Rechts, § 4, S. 7.

230 *Larenz/Wolf*, Allgemeiner Teil des Bürgerlichen Rechts, 9. Auflage 2004, § 13, Rn. 1.

231 *Sandter*, Kritik der Besitzlehre, S. 19.

232 *Larenz/Wolf*, Allgemeiner Teil des Bürgerlichen Rechts, 9. Auflage 2004, § 13, Rn. 5.

233 Auf die Schwierigkeit einer Grenzziehung zwischen der Quelle als Ursprungsmetapher und dem Fluss, der die Quelle als Bedingung voraussetzt, weist *Derrida*, Randgänge der Philosophie, S. 297 f., hin: „Die eigentliche Bedeutung leitet sich von der Ableitung ab. Die eigentliche oder ursprüngliche Bedeutung (zum Beispiel des Wortes *Quelle*) ist nicht mehr einfach die Quelle, sondern der abgedriftete Effekt einer Wendung (*tour*), Wiederkehr (*retour*) oder eines Umwegs (*détour*). (...) Die Quelle selbst ist die Wirkung von dem, (als) dessen Ursprung (man) sie angibt." (S. 297). Zudem verweist er auf die Nähe dieser Feststellung zur Hegelschen Dialektik, „... deren eigentliche Aussage sie darstellt." (S. 298).

stand. Dieser dient der Begründung bzw. dem Erwerb des Rechtsverhältnisses. Aus diesem wiederum ergibt sich mindestens ein subjektives Recht, möglicherweise aber auch ein ganzes Bündel an Rechten, Pflichten und überschießenden Funktionen.[234]

Neben dem oben genannten Beispiel des Vertrags, ist auch das Eigentum zur Illustration geeignet. Das BGB kennt verschiedene Erwerbstatbestände des Eigentums: den rechtsgeschäftlichen Erwerb gem. §§ 929 ff. BGB, die Ersitzung gem. §§ 937 ff. BGB, Verbindung, Vermischung und Verarbeitung nach §§ 946 ff. BGB, die Aneignung herrenloser beweglicher Sachen gem. § 958 BGB und schließlich den Eigentumserwerb über die Figur des Fundes gem. §§ 973 ff. BGB. Die Erfüllung dieser Tatbestände zieht den Erwerb des Eigentums nach sich, d. h., auf der Rechtsfolgenseite der Normen steht das Rechtsverhältnis Eigentum. Aus dem Rechtsverhältnis Eigentum ergibt sich nach § 903 BGB die Befugnis, im Rahmen des Gesetzes und unter Berücksichtigung der Rechte Dritter mit der Sache nach Belieben zu verfahren und andere von jeder Wirkung auszuschließen. Das Rechtsverhältnis Eigentum ist nicht identisch mit den daraus resultierenden Befugnissen. Bei den Erwerbstatbeständen steht das Eigentum auf der Rechtsfolgenseite, die aus dem Eigentum resultierenden Rechte setzen das Eigentum dagegen voraus. Das Eigentum ist ihr Ursprung und steht somit auf der Tatbestandsseite.

b. Überschießende Funktionalität des Rechtsverhältnisses

Die vorangestellten Definitionen lassen erahnen, dass sich die Daseinsberechtigung des Rechtsverhältnisses nicht darin erschöpft, Quelle von Rechten und korrespondierenden Pflichten zu sein. Vielmehr wohnt bestimmten Rechtsverhältnissen etwas inne, was man ihre überschießenden Funktionen nennen kann. Als Beispiel kann das Anwartschaftsrecht genannt werden, denn als wesensgleiches Minus zum Eigentum ist es wie letzteres ein Rechtsverhältnis. Seine spezifische Funktion besteht darin, ein Zwischenstadium zum Eigentum zu sein. Aus dem Anwartschaftsrecht ergibt sich aber nicht ein Recht auf das Eigentum. Das Recht, das sich aus dem Anwartschaftsrecht ergibt, ist die Möglichkeit – in den durch richterliche

---

Auch *Heidegger*, Identität und Differenz, S. 43, stellt in Anlehnung an *Hegel* fest: „Der Anfang ist das Resultat.“. Zur Verwischung von Ursprung und Wirkung nimmt auch *Vesting* Stellung (Rechtstheorie, S. 92).

234 Vgl. *Kreutz*, Das Objekt und seine Zuordnung, S. 32 f.

Rechtsfortbildung gesetzten Grenzen –, wie ein Eigentümer von der Sache zu profitieren. Dagegen kann der Anwartschaftsberechtigte nicht auf die Eigentumsübertragung klagen. In dem Moment, in dem die aufschiebende Bedingung gem. § 158 Abs. 1 BGB eintritt, avanciert der Anwartschaftsberechtigte *ipso jure* zum Eigentümer. § 161 Abs. 1 BGB gibt kein Recht auf das Eigentum, sondern schützt allein die wesentliche Funktion des Anwartschaftsrechts, nämlich die Möglichkeit der Erstarkung zum Volleigentum.

Wie sich an dem Beispiel erkennen lässt, ist bei der überschießenden Funktionalität die Grenze zwischen Ursprung und Wirkung noch schwieriger zu ziehen als bei den Rechten. Sieht man die Natur des Anwartschaftsrechts darin, dass bei einem mehraktigen Erwerbstatbestand eines dinglichen Rechts schon so viele Teilakte verwirklicht sind, dass der Veräußerer die Rechtsposition des Erwerbers nicht mehr einseitig zerstören kann, d. h. der endgültige Rechtserwerb nur noch vom Willen des Erwerbers abhängt,[235] dann verschwimmt in der Tat die Grenze zwischen dem Rechtsverhältnis und seiner Funktion.

c. Rechtverhältnis als Beziehung zwischen Personen

Zuletzt stellt sich die Frage, ob das Rechtsverhältnis Beziehungen allein zwischen Personen regelt oder ob es auch Rechtsverhältnisse zwischen Personen und Sachen gibt. Ging zwar *Savigny* davon aus, das Rechtsverhältnis regle – wie bereits dargelegt – eine „Beziehung zwischen Person und Person",[236] hat bereits *Dernburg* festgestellt, dass Regelungsgegenstand des Rechtsverhältnisses auch eine Beziehung einer Person zu einem Rechtsgut sein könne.[237] Der Grund hierfür sei, dass das Wesen des dinglichen Rechts eben in einer unmittelbaren Beziehung zur Sache bestehe.[238] In Konsequenz müsse es auch Rechtsverhältnisse einer Person zu einer Sache geben. Dass das Sachenrecht die Beziehung, Zuordnung oder Zuweisung von Sachen zu Personen regelt, ist heute allgemein anerkannt.[239]

---

235 *Baur/Stürner*, Sachenrecht, § 3, Rn. 44 ff.

236 *Savigny*, System des heutigen römischen Rechts, § 52, S. 333.

237 *Dernburg*, Pandekten, § 40, S. 88.

238 *Dernburg*, Pandekten, § 40, S. 88.

239 MüKo/*Gaier*, Einleitung zum Sachenrecht, Rn. 4; differenzierend aber im Ergebnis ebenfalls für eine Beziehung zwischen Person und Sache Staudinger/*Heinze*, Einleitung zum Sachenrecht, Rn. 17 ff., und Soergel/*Stadler*, Einleitung zum Sachenrecht, Rn. 25; *Wilhelm*, Sachenrecht, S. 1, Rn. 1 und S. 27, Rn. 43;

Die Unterscheidung von Verhältnissen zwischen Personen und Verhältnissen von Personen zu Sachen ist historisch bedingt. Ihre Wurzeln liegen im römischen Prozessrecht, das zwischen der *actio in personam* und der *actio in rem*[240] unterschied.[241] Die *actio in personam* erlaubte den direkten Zugriff auf den Schuldner, d. h. die Möglichkeit, den Schuldner mittels eines Anspruchs gerichtlich zu belangen. Die *actio in rem* hingegen war ursprünglich ein Verfahren, das einen unmittelbaren Zugriff auf die Sache erlaubte ohne einen dahinterstehenden Anspruch gegen eine andere Person. Die Zugriffsmöglichkeit auf die Sache erlaubte es nicht, den etwaigen Inhaber vor Gericht zu zitieren.[242] Hierfür diente im späteren Recht die sog. *actio ad exhibendum* „... gerichtet auf Vorweisung des körperlichen Streitgegenstandes vor dem Magistrat."[243] Im alten Recht konnte der Beklagte nur wegen *furtum* vor Gericht geladen werden.[244] Die *actio in rem* existiert freilich nicht mehr. Heute richten sich Ansprüche allein gegen Personen. Die Unterscheidung zwischen dinglichem und obligatorischem Recht ist insoweit hinfällig geworden.[245] Sie dient allein dem Zweck, das Merkmal der Absolutheit, d. h. die Wirkung *erga omnes*, herauszustellen.[246]

Anstatt eine Sachzuordnung über eine Beziehung zwischen Person und Sache zu erreichen, lässt sich dasselbe Ergebnis aber auch über eine Beziehung zwischen Personen konstruieren. Es besteht demnach keine direkte Beziehung zwischen Person und Sache, sondern eine Beziehung zwischen

---

Wieling, Sachenrecht, § 1 II 1; *Vieweg/Werner*, § 1, Rn. 1; *Baur/Stürner* sprechen von „... Rechtsstellung, die einer konkreten Person an einer konkreten Sache zusteht." (Sachenrecht, § 2, Rn. 2); *Westermann/Gursky/Eickmann*, Sachenrecht, § 1., Rn. 4; *Baumann*, Einführung in die Rechtswissenschaft, § 7, S. 187; auch nach den Motiven III 1 (= Mugdan III 1) „... hat das Sachenrecht die Aufgabe, die rechtlichen Beziehungen der Person zur Sache, mithin vornehmlich die dinglichen Rechte zu ordnen."; differenzierend zwischen Sachlichkeit und Dinglichkeit *Canaris*, in: FS Flume, Bd. I, S. 371 (374 f.).

240 Ausführlich *Kaser/Hackl*, Das Römische Zivilprozessrecht, 2. Auflage 1996, § 14.

241 Vgl. Staudinger/*Heinze*, Einleitung zum Sachenrecht, Rn. 14; *Kelsen*, Reine Rechtslehre, 2. Auflage 1960, S. 135.

242 *Kaser*, Das Römische Zivilprozessrecht, 1. Auflage 1966, § 14, S. 69.

243 Die *actio ad exhibendum* wurde allein zu dem Zweck geschaffen, die Einlassung auf die *legis actio in rem* zu erzwingen (*Kaser*, Das Römische Zivilprozessrecht, 1. Auflage 1966; § 14, S. 69).

244 *Kaser*, Das Römische Zivilprozessrecht, 1. Auflage 1966, § 14, S. 69.

245 Und führt gemäß *Bucher*, Das subjektive Recht als Normsetzungsbefugnis, S. 152, zu einer langen „Reihe von Mißverständnissen".

246 So findet man die Beschreibung des Sachenrechts als Sachzuordnungsrecht auch in Lehrbüchern und Kommentaren meist unter der Überschrift des sachenrechtlichen Absolutheitsprinzips.

Subjekt und allen anderen Subjekten.[247] Dieses Rechtsverhältnis hat die Zuordnung einer Sache zu einer Person zum Inhalt.[248] Zuvorderst ist es aber die Bereitschaft aller anderen Subjekte, den Zugriff auf die Sache zu unterlassen und die Dispositionsbefugnis des Einzelnen anzuerkennen, die das Rechtsverhältnis ausmacht.[249] Der Wille des Einzelnen zielt auf ebendiese Anerkennung ab. Es geht um ein Ausbalancieren, um ein Ineinandergreifen des Einzelwillens und des allgemeinen Willens. Aus diesem Ineinandergreifen gewinnt das Rechtsverhältnis seine Kontur und Bestimmung. Bei dem Rechtsverhältnis handelt es sich demnach auch im Sachenrecht grundsätzlich um eine Beziehung zwischen Subjekten.[250] Ohne das Aufeinandertreffen von mindestens zwei Subjekten scheint es kein Recht zu geben.[251] Für den Menschen, der allein auf einer Insel in seiner Hängematte liegt, ist es nicht nur unerheblich, ob er Eigentum an seiner Hänge-

---

247 Vgl. etwa *Portmann*, Wesen und System der subjektiven Privatrechte, S. 29.

248 *Hadding*, JZ 1986, 926 (927); aufschlussreich äußert sich auch *Kelsen*, Reine Rechtslehre, 2. Auflage 1960, S. 135: „Auch das Recht an einer Sache ist das Recht gegenüber einer Person. Wenn man, um die Unterscheidung zwischen Sachenrecht und Personenrecht aufrechtzuerhalten, jenes als das Recht eines Individuums definiert, über eine bestimmte Sache in irgendeiner Weise zu verfügen, so übersieht man, daß dieses Recht nur darin besteht, daß die anderen Individuen rechtlich verpflichtet sind, diese Verfügung zu dulden, das heißt: nicht zu hindern oder sonstwie zu beeinträchtige; daß also das *jus in rem* zumindest auch ein *jus in personam* ist. Von primärer Bedeutung ist die Beziehung zwischen Menschen, die auch im Falle des sogenannten Sachenrechtes in der Pflicht zu einem bestimmten Verhalten gegenüber einem bestimmten anderen Menschen besteht. Die Beziehung zur Sache ist von sekundärer Bedeutung, da sie nur der näheren Bestimmung der primären Beziehung dient. Es handelt sich um das Verhalten eines Individuums in Bezug auf eine bestimmte Sache, ein Verhalten, das zu dulden alle anderen Individuen dem ersten gegenüber verpflichtet sind.“.

249 Auch *Kant*, Metaphysik der Sitten, AA VI 255, sieht diese Bereitschaft als maßgeblich an: „Wenn ich (wörtlich oder durch die That) erkläre: ich will, dass etwas Äußeres das Meine sein solle, so erkläre ich jeden Anderen für verbindlich, sich des Gegenstandes meiner Willkür zu enthalten .... In dieser Anmaßung aber liegt zugleich das Bekenntnis: jedem Anderen in Ansehung des äußeren Seinen wechselseitig zu einer gleichmäßigen Enthaltung verbunden zu sein ...“; so auch *Nelson*, System der philosophischen Rechtslehre, S. 17.

250 So auch *Hadding*, JZ 1986, 926 ff. und *Hartung*, Besitz und Sachherrschaft, S. 62 f.

251 „Unter dem Wort: Sachenrecht (*ius reale*) wird übrigens nicht bloß das Recht in einer Sache (*ius in re*), sondern auch der Inbegriff aller Gesetze, die das dingliche Mein und Dein betreffen, verstanden. – Es ist aber klar, daß ein Mensch, der auf Erden ganz alleine wäre, eigentlich kein äußeres Ding als das Seine haben oder erwerben könnte: weil zwischen ihm als Person und allen anderen äußeren

matte hat, nein, es ist vielmehr so, dass das Eigentum erst in dem Moment entsteht, indem ein anderer Mensch hinzutritt. Erst im Verhältnis zu einem anderen Menschen realisiert sich das Rechtsverhältnis. Das Aufeinandertreffen zweier Rechtssubjekte wirkt beim Eigentum konstitutiv. Ob diese Erkenntnis auch für den Besitz gilt, wird sich zeigen.

2. Vorläufige Subsumption des Besitzes unter die Definition des Rechtsverhältnisses

Nach alledem scheint der Besitz ein Rechtsverhältnis zu sein. Dies sehen viele Autoren als gegeben an.[252] Ob *Savigny* in dem Besitz ein Rechtsverhältnis sieht, ist nicht eindeutig. Bereits auf den ersten Seiten seines „Recht des Besitzes" benutzt er eine uneinheitliche Terminologie: Zunächst spricht er auf S. 28 von dem Besitz als von einem „rechtlichen Verhältnis"[253], im Anschluss auf S. 30 stellt er fest, dass der Besitz „kein Rechtsverhältnis" sei.[254] Auf S. 38 wiederum sieht er in dem Besitz erneut „ein rechtliches Verhältnis".[255]

In jedem Fall wird nur selten eine nuancierte Subsumption vorgenommen, so beispielsweise durch *Hartung*. Er definiert das Rechtsverhältnis in Anlehnung an *Larenz/Wolf* als die Summe von „Rechten, Pflichten, sonsti-

---

Dingen als Sachen es gar kein Verhältnis der Verbindlichkeit giebt. Es gibt also, eigentlich und buchstäblich verstanden, auch kein (directes) Recht in einer Sache, sondern nur dasjenige wird so genannt, was jemandem gegen eine Person zukommt, die mit allen Anderen (im bürgerlichen Zustande) im gemeinsamen Besitz ist." (*Kant*, Metaphysik der Sitten, AA VI 261).

252 *Puchta*, Pandekten, § 122, S. 187; *Rosenberg*, Kommentar zum Bürgerlichen Gesetzbuch, Vor § 854, Anm. 5; *Jhering*, Der Besitzwille, S. 50; *Kniep*, Der Besitz, S. 6, differenziert: „Aber, genau genommen ist der Besitz nur ein eigenartiges Rechtsverhältnis, das sich durch seine tatsächliche Grundlage von den sonstigen Rechtsverhältnissen auf dem Gebiete des Vermögensrechts unterscheidet: der Besitz ist ein Rechtsverhältnis thatsächlicher Art."; *Bekker*, in: Bernhöft/Binder, Beiträge zur Auslegung des Bürgerlichen Gesetzbuches, S. 15 ff.; *Crome*, System des Deutschen Bürgerlichen Rechts, S. 16; *Gierke*, Deutsches Privatrecht, § 114, S. 213; *Windscheid/Kipp*, Lehrbuch des Pandektenrechts, § 150, S. 753 f.; *Sandter*, Kritik der Besitzlehre, S. 11 ff.; *Wolf*, Lehrbuch des Sachenrechts, § 2, S. 42; *Hartung*, Besitz und Sachherrschaft, S. 31; *Lüke*, Sachenrecht, § 2, Rn. 46; *Westermann/Gursky/Eickmann*, Sachenrecht, § 7, Rn. 8; *Schwab/Prütting*, Sachenrecht, § 7, Rn. 49.

253 *Savigny*, Das Recht des Besitzes, § 1, S. 28.

254 *Savigny*, Das Recht des Besitzes, § 2, S. 30.

255 *Savigny*, Das Recht des Besitzes, § 4, S. 38.

gen Gebundenheiten, Obliegenheiten, Erwerbsaussichten und Zuständigkeiten".[256] Das Recht, das sich aus dem Besitz ergibt, sei das „Haben" und „Behalten" der Sache.[257] Da das Recht ein wesentliches Merkmal des Rechtsverhältnisses darstelle, müsse es sich auch beim Besitz um ein solches handeln.[258] Im Übrigen gibt man sich mit der Feststellung zufrieden, dass der Besitz ein Rechtsverhältnis sei, weil sich an ihn rechtliche Folgen anknüpfen.[259] Dies liegt vor allem daran, dass der Schwerpunkt der Problematik oftmals auf dem Recht des Besitzes liegt und die Problematik des Besitzes als Rechtsverhältnis darüber in den Hintergrund tritt bzw. mit ihm gleichgesetzt wird.[260] Versucht man nun eine Subsumption unter die oben genannte Definition, ergibt sich Folgendes:

a. Besitz als einzige Beziehung einer Person zur Sache aufgrund der Unabhängigkeit vom Willen Dritter

Wie herausgearbeitet, kennzeichnen Rechtsverhältnisse grundsätzlich Beziehungen zwischen Personen. Dies ist etwa beim Eigentum der Fall und gilt auch für die beschränkt dinglichen Rechte, wie das Pfandrecht oder den Nießbrauch. Sie alle sind auf einen Willensausgleich, oder besser: auf eine Willenseinigung, zurückzuführen. Ich will mir eine Sache zu eigen machen und die Verfügungsgewalt über sie erlangen, und kann dies nur, weil der Wille Dritter darauf gerichtet ist, mir eben diese Position einzuräumen oder aber zumindest anzuerkennen. Auf diesen Bewusstseinszustand baut das Gesetz auf, indem es den Willensausgleich in den Normen über das Eigentum positiv verankert.[261]

Fraglich ist nun, ob der Besitz auch ein derartiges Rechtsverhältnis ist,[262] d. h., ob er „... gar kein theoretisches Verhältnis des Willens des einzelnen

256 *Hartung*, Besitz und Sachherrschaft, S. 61 f.

257 *Hartung*, Besitz und Sachherrschaft, S. 60. Ausführlich u. S. 139 ff.

258 *Hartung*, Besitz und Sachherrschaft, S. 61 f.

259 *Rosenberg*, Kommentar zum Bürgerlichen Gesetzbuch, Vor § 854, Anm. 5; *Savigny*, Das Recht des Besitzes, § 1, S. 28 und § 4, S. 38; *Jhering*, Der Besitzwille, S. 50; *Crome*, System des Deutschen Bürgerlichen Rechts, S. 16; *Windscheid/Kipp*, Lehrbuch des Pandektenrechts, § 150, S. 753.

260 So z.B. *Gierke*, Deutsches Privatrecht, § 114, S. 213.

261 Für *Hedinger*, System des Besitzrechts, S. 50, gilt diese Idee des Willensausgleichs als vorpositive Gerechtigkeitsvorstellung – wie im Folgenden zu sehen sein wird zu Unrecht – auch für den Besitz.

262 So *Hartung*, Besitz und Sachherrschaft, S. 62; *Sandter*, Kritik der Besitzlehre, S. 17 f.

zu einer Sache..., sondern ein praktisches Verhältnis seines Willens zu dem Willen anderer in der Gesellschaft" darstellt.[263] Dies ist für den Besitz zu verneinen. Der Besitz ist unabhängig vom allgemeinen Willen. Wäre der Besitz abhängig vom Willen Dritter, so wäre er Eigentum.[264] Der Unterschied zwischen beiden Rechtsverhältnissen besteht – neben den Rechten, die aus ihnen entspringen, – eben darin, dass der Besitz vom allgemeinen Willen losgelöst ist. Der Wille des Einzelnen zu besitzen genügt sich selbst in seinem Dasein. Deswegen hat auch der Dieb Besitz an der gestohlenen Sache, obwohl der Bestohlene und wohl auch die aufgeklärte Umwelt diesen Besitz nicht anerkennen würden.

Im Rahmen seiner Überlegungen zur Dichotomie von Gewalt und subjektivem Recht hat bereits *Darmstaedter* die Unabhängigkeit des Besitzes von der spontanen Achtung durch Dritte als sein entscheidendes Strukturmerkmal herausgearbeitet.[265] Seine Ausführungen betreffen zwar das Wesen des subjektiven Rechts, können aber auch für die hier gestellte Frage nach dem Rechtsverhältnis des Besitzes fruchtbar gemacht werden. *Darmstaedter* führt aus, dass das Wesen des subjektiven Rechts in seiner Doppeldeutigkeit liege: zum einen in seinem positiven, wirtschaftlichen Gehalt, zum anderen in seiner negativen, den übrigen Menschen zugewandten Seite, jene Seite, die „... eben als die soziale, den eigentlichen Sitz des Rechtsgehalts ausmacht."[266] Unter Berufung auf die Gesetzesmaterialien[267] stellt *Darmstaedter* fest, dass die soziale Seite des subjektiven Rechts wiederum zweigeteilt sei in die sekundäre, ergänzende Möglichkeit der Gewaltanwendung gegenüber den anderen Menschen gem. den §§ 227 ff. BGB einerseits und dem primären dominierenden Teil, nämlich der konstituierenden Achtung durch jeden Dritten andererseits.[268] Diese Achtung durch jeden Dritten sei „Wesensgehalt und Kern des subjektiven Rechts".[269] Nun sei der Besitz aber durch den Begriff der tatsächlichen Gewalt geprägt, sie sei

> „... nach dem Wortlaut des BGB von entscheidender Wichtigkeit für den Besitz. Das, was der Besitzer vom Gesetz begehre und was dieses

263 *Hadding*, JZ 1986, 926 (927).
264 Vgl. auch *Gans*, System des römischen Civilrechts, S. 211.
265 *Darmstaedter*, AcP 151 (1950/51), 311 ff.
266 *Darmstaedter*, AcP 151 (1950/51), 311 (313).
267 Motive II 726 (= *Mugdan* II 405).
268 *Darmstaedter*, AcP 151 (1950/51), 311 (318 f.).
269 *Darmstaedter*, AcP 151 (1950/51), 311 (318).

> ihm zu gewähren bereit sei, sei die umfassende und alleinige Herrschergewalt seines Willens über die Sache."[270]

Wenn sich der Besitz aber durch die alleinige „Herrschergewalt" auszeichne, dann würde jedes Beharren auf der Achtung und Anerkenntnis von Dritten diese Gewalt des Besitzers einschränken und neutralisieren.[271] Vielmehr müsse der Wille des Besitzers darauf gerichtet sein,

> „... sich der Bedeutung jener spontanen Achtung und Beachtung nach Möglichkeit zu entledigen und auf der sozialen Seite des Besitzes jene negierende unmittelbare Gewalt zur umfassenden und alleinigen Geltung zu bringen."[272]

Liegt für *Darmstaedter* hierin der Grund, dass der Besitz nur eine Rechtsposition, aber kein subjektives Recht sein kann, so ist an dieser Stelle für die vorliegende Untersuchung allein die Idee von Bedeutung, dass sich der Besitz durch seine Unabhängigkeit, ja sogar Feindseligkeit gegenüber dem Willen Dritter auszeichnet.[273]

Darmstaedters Ausführungen zur Herrschaft des Willens finden ihr Pendant bei *Gans*.[274] Zwar gelangt Letzterer zum gegenteiligen Ergebnis, nämlich zur Qualifikation des Besitzes als Recht, seine Prämissen sind jedoch identisch. *Gans* differenziert zwischen dem besonderen Willen des Einzelnen und dem allgemeinen Willen.[275] Der besondere Wille wird allgemein, wenn er von Dritten Anerkennung findet.[276] Der Besitz zeichnet sich für *Gans* aber dadurch aus, dass in ihm nur der besondere, nicht der anerkannte Wille geschützt wird.[277]

---

270 *Darmstaedter*, AcP 151 (1950/51), 311 (319).

271 *Darmstaedter*, AcP 151 (1950/51), 311 (319 f.).

272 *Darmstaedter*, AcP 151 (1950/51), 311 (320).

273 *Darmstaedters* verblüffendes Gedankenkonstrukt erscheint jedoch architektonisch instabil. So finden sich keine stichhaltigen Anhaltspunkte dafür, dass sich die negative Seite des subjektiven Rechts primär durch die Achtung Dritter auszeichnet. Hierbei handelt es sich um eine rechtsdogmatische Konstruktion, die als eine unter Vielen den aufbrausenden Streit um den Begriff des subjektiven Rechts bis heute nicht verebben lässt. Der Gesetzestext lässt eher darauf schließen, dass – wenn man eine negative Seite subjektiver Rechte anerkennt – diese eben in der Möglichkeit der Abwehr von Eingriffen Dritter besteht, sei es durch Selbsthilfe oder durch die Klagerechte.

274 *Gans*, System des römischen Civilrechts, S. 211 f.

275 *Gans*, System des römischen Civilrechts, S. 211 f.

276 *Gans*, System des römischen Civilrechts, S. 211 f.

277 *Gans*, System des römischen Civilrechts, S. 211 f.

Für das Primat des Besitzerwillens spricht nicht zuletzt seine Hervorhebung in der Legaldefinition der verbotenen Eigenmacht, die als „Zentralbegriff“[278] bzw. „Kernpunkt“[279] des Besitzschutzes die Selbsthilfe- und Anspruchsoptionen des Besitzers maßgeblich formt. Gem. § 858 Abs. 1 BGB gilt: Wer dem Besitzer ohne dessen Willen den Besitz entzieht oder ihn im Besitz stört, handelt, sofern nicht das Gesetz die Entziehung oder die Störung gestattet, widerrechtlich (verbotene Eigenmacht). Eine Eingrenzung des Besitzschutzes mit all seinen Besonderheiten wäre jedoch unproblematisch auch ohne das Tatbestandsmerkmal der verbotenen Eigenmacht – bspw. durch Übernahme der Duldungspflicht i. S. des § 1004 Abs. 2 in die §§ 859 ff. BGB – möglich gewesen.[280] Ein hypothetischer dritter Absatz der §§ 861, 862 BGB hätte dann lauten können: „Die Besitzschutzansprüche sind ausgeschlossen, wenn der Besitzer zur Duldung verpflichtet ist.“ Eine solche Verpflichtung bestände, wenn der Eingriff nicht widerrechtlich wäre. Denn die hinter der Duldungspflicht stehenden Erwägungen sind mit denen hinter der verbotenen Eigenmacht identisch. Die Definition der verbotenen Eigenmacht genügt sich in dem expliziten Verweis auf an andere Stelle zu findender Verbote in einer bloßen Rechtswidrigkeitsbestimmung. Bedenkt man, dass der Besitz dem Besitzenden über die Wertungen der §§ 859 ff. BGB zumindest die Position des Habens der Sache einräumt[281] und dass ein Verstoß gegen Sachzuordnungen in Verbindung mit einer Nichtbeachtung des Willens – aus dem Freiheitsanspruch des Rechts heraus – zwangsläufig ein Rechtswidrigkeitsurteil nach sich zieht, dann erscheint die Betonung des zu negierenden Besitzerwillens im Rahmen des § 858 Abs. 1 BGB überflüssig. Auch beim Eigentum gibt es keine derartige Bestimmung, und dennoch ist offensichtlich, dass die rechtliche Bewertung eines Eigentumseingriffs – ja der Begriff des Eingriffs selbst – von dem Willen des Eigentümers abhängig ist. Wird nun beim Besitz das Handeln ohne den Willen des Besitzers ausdrücklich als Tatbestandsmerkmal der verbotenen Eigenmacht normiert, kann das nur daran liegen, dass der Wille beim Besitz eine anders gelagerte Rolle spielt als etwa beim Eigen-

278 Staudinger/*Gutzeit*, § 858, Rn. 3.

279 Soergel/*Stadler*, § 858, Rn. 1.

280 So findet sich auch in den Motiven III 111 (= *Mugdan* III 61), die Feststellung, dass eine derartige Regelung in anderen modernen Rechtsordnungen nicht zu finden sei.

281 Zum Zuweisungsgehalt des Besitzes u. S. 128 ff.

tum.[282] Er findet seine Bestimmung nicht im Ausgleich mit dem Willen Dritter, sondern in der Sache selbst.

Der Besitz ist folglich das einzige existierende Rechtsverhältnis einer Person zu einer Sache und somit eine Ausnahme vom Grundsatz des Rechtverhältnisses als Beziehung zwischen Personen. Das Besondere an diesem Rechtverhältnis ist die unbedingte Willensherrschaft des einzelnen Subjekts, die den Willen Dritter negiert.

b. Besitzwille und Sorge

So wenig der Besitz vom Willen Dritter abhängig ist, so wenig kann das Tatbestandmerkmal des Besitzes ohne den Willen des Besitzenden zum Rechtsverhältnis erblühen. Im Kontext der Abgrenzung von der bloßen Detention zum juristischen Besitz waren sich *Jhering* und *Savigny* trotz aller Differenzen einig: Besitzen setzt die Absicht voraus, besitzen zu wollen.[283] Der Bewusstlose, dem ein Dritter einen Gegenstand in die Hosentasche steckt, ist kein Besitzer. Zwischen dem Bewusstlosen und dem Gegenstand besteht – um in der jheringschen Terminologie zu verweilen – ein bloßes Raumverhältnis. Um das Raumverhältnis zu einem Besitzverhältnis zu modifizieren, bedarf es des Besitzwillens.[284] Dieser Wille, der Besitz begründet, ist ein natürlicher. Bei der genauen Ausgestaltung dieses Besitzwillens unterschieden sich die Lehren *Jherings* und *Savignys* allerdings grundsätzlich. Nach *Savigny* war nur der Wille besitzbegründend, der darauf gerichtet war, die Sache als die eigene, d. h. die Sache wie ein Eigentümer, innezuhaben. Nur wer eine Sache mit *animus domini* oder *animus sibi habendi* innehatte, war auch Besitzer.[285] Daneben existierte zwar auch ein abgeleiteter – auf ein vom Besitzer übertragenes *ius possessionis* gerichteter – *animus possidendi*,[286] aber der ursprüngliche Besitzwille war darauf gerichtet, *se ut dominum gerere*. Diesem subjektiven Verständnis stellte *Jhering* seine objektive Theorie des Besitzes entgegen. Danach genügten für die Besitzbegründung *corpus* und jeder irgendwie geartete *animus*.[287] Der Wille

282 A. A. *Rödig*, Erfüllung des Tatbestandes des § 823 Abs. 1 BGB durch Schutzgesetzverstoß, S. 11, nach dem die Regelung des § 858 Abs. 1 BGB in Wirklichkeit nichts besagt.

283 *Savigny*, Das Recht des Besitzes, § 9, S. 109; *Jhering*, Besitzwille, S. 22.

284 *Jhering*, Besitzwille, S. 21 ff.

285 *Savigny*, Das Recht des Besitzes, § 9, S. 110.

286 *Savigny*, Das Recht des Besitzes, § 9, S. 121.

287 *Jhering*, Besitzwille, S. 52.

musste darauf gerichtet sein, eine Sache zu besitzen, gleichgültig, welche Zielrichtung hinter dem Besitzen-Wollen stand. Wurde dennoch einem willentlich Innehabenden der Besitz abgesprochen, er also zum Detentor herabgewürdigt, dann geschah dies durch eine vom positiven Recht gesetzte Entscheidung und nicht etwa wegen einer bestimmten Willensrichtung des Innehabenden.[288] Diese im 19. Jahrhundert stattfindende Kontroverse, deren Zugpferde die beiden genannten Autoren waren, diente vor allem der Beantwortung der Frage, wieso im römischen Recht Mietern und Pächtern die Besitzerstellung verwehrt blieb, während Pfandgläubiger, Erbpächter, Sequester und Prekaristen von ebendieser profitierten. Die einen stellten auf die Willensrichtung ab, die anderen auf einen vom objektiven Recht getroffenen Interessenausgleich.

Unter der Geltung des Bürgerlichen Gesetzbuches ist freilich abschließend geregelt, wer Besitzer ist und wem diese Stellung verwehrt bleibt und dies ohne auf den Modus des Besitzen-Wollens abzustellen. Zwar ist die Figur des Eigenbesitzes als Besitz desjenigen, der mit *animus domini* besitzt, durch § 872 BGB in positives Recht gegossen worden und zieht eine ganze Reihe spezieller Rechtsfolgen nach sich,[289] jedoch ändert dies an der Besitzqualifikation als solcher nichts.[290] Ging es ursprünglich darum, zu erklären, wieso Personen, die den *corpus* innehatten, scheinbar willkürlich die Besitzerstellung an- und aberkannt wurde, verlagerte und verdichtete sich die Problematik in neuerer Zeit zu der Frage, wieso Personen, die den *corpus* nicht innehaben, dennoch Besitzer sein können.[291] Die naheliegende Lösung wäre wohl der Verweis auf die gesetzlichen Regelungen. Gesteht man diesen aber keine Willkür zu, sondern die Zugehörigkeit zu einem gesetzgeberisch durchdachten – auf einem (phänomenologisch erschlossenen) Grundbegriff der tatsächlichen Gewalt basierenden – System, dann kann von dem vermeintlichen Abschied der Notwendigkeit des *corpus* über eine Modulation der tatsächlichen Gewalt Abstand genommen werden. Diese Modulation geschieht – wie gezeigt – über die Einbeziehung des Merkmals des sorgend-vertrauten Umgangs mit der Sache.

Es wurde bereits dargelegt, dass mithilfe des intentionalen Merkmals der Sorge die Idee von Räumlichkeit als Grundlage der tatsächlichen Gewalt in Abkehr von einer rein geographischen Bestimmung neu gedacht wer-

---

288 *Jhering*, Besitzwille, S. 52 f.; zum Ganzen auch *Bund*, in: FS Thieme, S. 363 (365).

289 Aufzählung bei MüKo/*Joost*, § 872, Rn. 13.

290 A. A. *Ernst*, der den Eigenbesitz in seinem Werk „Eigenbesitz und Mobiliarerwerb“ in das Zentrum des Besitzrechts stellt.

291 Vgl. *Brem*, Der Nebenbesitz, S. 79.

den kann.[292] Dies führt zu einem Verständnis von tatsächlicher Gewalt, das auch mit größeren geographischen Abständen zwischen Subjekt und Sache – Abständen die den *Corpus* im herkömmlichen Sinn negieren – zu vereinbaren ist. Das referentielle Bedeutungssystem der Begriffe lässt sich wie folgt darstellen: Besitz bedeutet tatsächliche Gewalt, tatsächliche Gewalt bedeutet Räumlichkeit, Räumlichkeit bedeutet (unter vereinfachendem Ausschluss weiterer bedeutungskonstituierender Merkmale) Sorge. Fraglich ist nun, ob und wie sich der Besitzwille in dieses System integrieren lässt und welches sein Verhältnis zum ebenfalls subjektiven Merkmal der Sorge ist.

Als Voraussetzung der tatsächlichen Gewalt ist die Sorge nicht identisch mit dem Besitzwillen. Jene ist Teil des objektiven Tatbestandes des Besitzes. Sie bildet als solche eine subjektive Insel unter den Merkmalen, die die tatsächliche Gewalt bedingen. Der sorgend-vertraute Umgang mit der Sache ist zur Begründung der tatsächlichen Gewalt ausreichend. Geht man ferner davon aus, dass die Bedeutung des Besitzes sich allein im Gegenstand der tatsächlichen Gewalt erschöpft, dann bleibt im Rahmen der Bedeutungsverweisungen keine Einfallstelle für den Besitzwillen. Erkennt man diesen aber dennoch als notwendig für die Begründung des Besitzes als Rechtverhältnis an, scheint es sinnvoll – wie zu Beginn der Untersuchung eingeführt –, *Freges* Differenzierung zwischen Bedeutung und Sinn zu bemühen. Der Sinn des Besitzes scheint zu diesem Zeitpunkt der Untersuchung ein Rechtverhältnis zu sein. Das Rechtsverhältnis ist die besondere Art seines Gegebenseins. Um diesen Sinn auszufüllen, muss derjenige, der die tatsächliche Gewalt ausübt, mit Besitzwillen handeln. Hier ist der Besitzwille notwendige Voraussetzung. In seiner Bedeutung ist der Besitz tatsächliche Gewalt, seinem Sinn nach ein Rechtsverhältnis. Für Letzteres bedarf es des Besitzwillens. Wer mit Besitzwillen handelt, der wird im Zweifel auch das Merkmal der Sorge als notwendige subjektive Bedingung zur Begründung tatsächlicher Gewalt erfüllen. Wer aber im sorgend-interessierten Umgang mit der Sache widerfährt, muss nicht zwingend mit Besitzwillen handeln. Als bestes Beispiel hierfür möge die Besitzdienerschaft herhalten. Der Besitzdiener ist für den Besitzer das Bindeglied zu der besessenen Sache. Indem er in sorgend-vertrautem Umgang zu der Sache steht, hat er (bei Hinzutreten weiterer Voraussetzungen) die tatsächliche Gewalt über die Sache inne. Diese vermittelt er kraft eines Unterordnungsverhältnisses an den Besitzer. Der Besitzdiener ist aber selber kein Besitzer, denn er füllt den Sinn des Besitzes im Recht nichts aus. Ihm fehlt

292 Vgl. dazu o. S. 52 ff.

hierfür der Besitzwille. Der sorgende Umgang mit der Sache mag für die Begründung tatsächlicher Gewalt ausreichen und somit der Bedeutung des Besitzes gerecht werden, für seine Sinnhaftigkeit im Recht, dem Rechtsverhältnis, bedarf es eines weiterführenden Willenselements.

c. Kein Vermittlungswille bei Besitzdienerschaft und mittelbarem Besitz

Nun könnte man meinen, die Figuren der Besitzdienerschaft und des mittelbaren Besitzers ständen diametral zu der Aussage, der Besitz bedürfe keiner Willensanerkennung durch Dritte. In beiden Fällen scheint die Situation des nach Besitz strebenden Individuums abhängig von dem Willen und dem Wohlwollen Dritter, einmal der Person des Besitzdieners, das andere Mal der des unmittelbar – möglicherweise weitervermittelt über einen mittelbaren Fremdbesitzer nach § 871 BGB – besitzenden Besitzmittlers.

Für den Besitzdiener lässt sich zunächst sagen, dass allgemein und zu Recht auf das Erfordernis eines Besitzdienerwillens verzichtet wird.[293] Die Figur des Besitzdieners definiert sich nicht über den Willen des Besitzdieners für einen anderen die Detention auszuüben, sondern über seine soziale Abhängigkeit. Indem aber diese soziale Abhängigkeit zum Ausgangspunkt der Besitzdienerschaft gemacht wird, rückt dieses faktische Über-/Unterordnungsverhältnis auch den Willen des Dienenden in den Hintergrund. Es lässt sich nicht bestreiten, dass dem Ein- und Austreten in ein derartiges Abhängigkeitsverhältnis ein Willensentschluss vorauszugehen hat. Dieser Willensentschluss ist aber nur so kausal für den unmittelbaren Besitz des Besitzherrn wie etwa die Geburt des Besitzdieners. Den Besitz erlangt der Besitzherr erst dadurch, dass der Dienende die tatsächliche Herrschaft über die Sache erlangt. Er verliert ihn, wenn der Besitzdiener die tatsächliche Gewalt aufgibt oder sich aus dem sozialen Abhängigkeitsverhältnis löst. Es sind allein die beiden Formen der tatsächlichen Gewalt – die des Besitzherrn über den Besitzdiener und die von Letzterem über die Sache –, die den Besitz des Besitzherrn begründen.

293 BGHZ 8, 130 (133); Planck/*Brodmann*, § 855, Nr. 2; Staudinger/*Gutzeit*, § 855, Rn. 14; Erman/*Lorenz*, § 855, Rn. 5; Palandt/*Herrler*, § 855, Rn. 3; NK-BGB/*Hoeren*, § 855, Rn. 12; Jauernig/*Berger*, § 855, Rn. 1; *Baur/Stürner*, Sachenrecht, § 7, Rn. 67; *Westermann/Gursky/Eickmann*, Sachenrecht, § 9, Rn. 5; *Wilhelm*, Sachenrecht, S. 238 f., Rn. 481; *Schwab/Prütting*, Sachenrecht, § 9, Rn. 67.

Bei dem mittelbaren Besitz liegen die Dinge, wie bereits aufgezeigt,[294] anders, aber auch hier kann der Wille des Besitzmittlers nur eine untergeordnete Rolle spielen. Die herrschende Ansicht, nach der das Besitzmittlungsverhältnis im Ergebnis von dem Willen des Besitzmittlers in Verbindung mit einem irgendwie gearteten Herausgabeanspruch (z.B. aus §§ 985, 812 BGB) des Oberbesitzers abhängig ist,[295] ist verfehlt. Parallel zur Besitzdienerschaft ist auch beim mittelbaren Besitz der Wille des Besitzmittlers nur soweit entscheidend, als er auf den Abschluss eines Rechtsverhältnisses gerichtet ist, das die Figur des mittelbaren Besitzes begründet.[296] Sobald aber das Rechtsverhältnis begründet ist, tritt der Wille dahinter zurück. Das Rechtsverhältnis verselbstständigt sich und verbindet mittelbaren Eigenbesitzer und unmittelbaren Fremdbesitzer, losgelöst vom Willen des Letzteren. Nicht der Wille des unmittelbar Besitzenden zählt, sondern allein das wirksame Rechtsverhältnis und der sich daraus ergebende Herausgabeanspruch des mittelbaren Besitzers.[297] Beides tritt unterstützend neben die ohnehin bestehende Sorge des mittelbaren Besitzers um die Sache

294 Vgl. o. S. 57 ff.

295 BGH NJW 1955, 499; Staudinger/*Gutzeit*, § 868, Rn. 16; MüKo/*Joost*, § 868, Rn. 15, 16, 17; Soergel/*Stadler*, § 868, Rn. 7; NK-BGB/*Hoeren*, § 868, Rn. 10, 15; Palandt/*Herrler*, § 868, Rn. 6 f.; Erman/*Lorenz*, § 868, Rn. 5, 6, 10; Bamberger/Roth/*Fritzsche*, § 868, Rn. 16 f., aber die Notwendigkeit des Herausgabeanspruchs negierend; *Wolff/Raiser*, Sachenrecht, § 8, S. 33 f.; *Baur/Stürner*, Sachenrecht, § 7, Rn. 45; *Westermann/Gursky/Eickmann*, Sachenrecht, § 16, Rn. 7 und § 17, Rn. 8; *Wieling*, Sachenrecht, § 6 II 1, aber ebenfalls die Notwendigkeit des Herausgabeanspruchs verneinend; *Ernst*, Eigenbesitz und Mobiliarerwerb, S. 125 f., reduziert das sog. Besitzmittlungsverhältnis auf ein Verhältnis zwischen einer die unmittelbare Gewalt ausübenden Person zu einem Eigenbesitzer.

296 *Rosenberg*, Kommentar zum Bürgerlichen Gesetzbuch, § 868, Anm. II 2 b 9.

297 Ohne weitere ins Detail gehende Ausführungen fordert das Reichsgericht, RGZ 105, 413 (414), für den mittelbaren Besitz allein die tatsächliche Gewalt des Besitzmittlers und ein bestehendes (wirksames) Rechtsverhältnis, „... vermöge dessen der Besitzmittler für den andern, d. h. den mittelbaren Besitzer, besitzt.“; *Rosenberg*, Kommentar zum Bürgerlichen Gesetzbuch, § 868, Anm. II 1 a und II 2 b 9; *Bruns*, Besitzerwerb durch Interessenvertreter, S. 157 ff.; *Kreß*, Besitz und Recht, S. 200; in aller Ausführlichkeit *Brem*, Der Nebenbesitz, S. 70 ff. und S. 96; *Hartung*, Besitz und Sachherrschaft, S. 261 ff.; *Sandter*, Kritik der Besitzlehre, S. 91; zwischen einzelnen Ungültigkeitsgründen differenzierend: RGZ 86, 262 (265); 98, 131 (134); RGRK/*Kregel*, § 868, Rn. 8; *Eichler*, Institutionen des Sachenrechts II, S. 18 f. Hier wird aber nur dann die Gültigkeit des Rechtsverhältnisses gefordert, wenn sie an einem fehlenden Willen scheitern würde, sei es, weil ein Vertreter ohne Vertretungsmacht oder ein Geschäftsunfähiger handelt. Diese Ansichten kämen aber auch ohne das Erfordernis eines wirksamen

hinzu. Positiv ergibt sich die Notwendigkeit eines wirksamen Rechtsverhältnisses aus dem Wortlaut des § 868 BGB, in dem von Berechtigung und Verpflichtung in Verbindung mit der sein-Konjugation „ist" die Rede ist[298] sowie aus der Regelung des § 870 BGB: Wenn für die Übertragung des mittelbaren Besitzes die bloße Anspruchsabtretung genügt, dann kann der konkrete Besitzmittlungswille des unmittelbaren Besitzers offensichtlich keine besondere Rolle für diese Besitzform haben.[299] Wird der Willenseinfluss des Besitzmittlers auf die Begründung des Rechtsverhältnisses reduziert, kann etwa ein Anspruch aus ungerechtfertigter Bereicherung nicht genügen.[300] Eine andere Sichtweise würde dazu führen, dass auch der besitzende Käufer eines unwirksamen Vertrages oder der Dieb Besitzmittler wären.[301] Daher endet der mittelbare Eigenbesitz des Oberbesitzers auch nur, wenn das Rechtsverhältnis unwirksam bzw. der daraus resultierende Herausgabeanspruch unmöglich wird.

Als Beispiel möge die viel diskutierte Frage des Nebenbesitzes dienen: A veräußert an B ein Motorrad unter Eigentumsvorbehalt gem. §§ 929 S. 1, 158 I BGB. Der Versuch des B, das Motorrad im Anschluss an C gem. §§ 929, 930, 933 BGB zur Sicherung zu übereignen, scheitert an der Übergabe (vgl. § 933 BGB). Wegen dem bestehenden und übereignungsfähigen Anwartschaftsrecht ist die Sicherungsabrede zwischen B und C aber wirksam. Im Sicherungsfall kann C von B aus dem schuldrechtlichen Sicherungsvertrag die Herausgabe des Motorrads verlangen. Der Sicherungsvertrag stellt ein Besitzmittlungsverhältnis dar. Wenn B aber bis zum vereinbarten Zeitpunkt nicht den vollen Kaufpreis an A bezahlt, kann auch dieser das Motorrad von B herausverlangen. Deshalb stellt auch der Kaufvertrag in Verbindung mit der Eigentumsvorbehaltsabrede ein Besitzmittlungsverhältnis dar. Es besteht die Möglichkeit, zeitgleich verschiedene Rechtsverhältnisse einzugehen, auch wenn nicht alle erfüllbar sind. Die Erfüllung des Anspruchs aus der Sicherungsabrede wird in dem Moment un-

---

Rechtsverhältnisses zu dem gleichen Ergebnis wie die h. M., denn es wird wieder allein auf den Willen bzw. die Willensfähigkeit abgestellt, für einen anderen besitzen zu wollen. *Mengelkoch*, JherJb 76 (1926), S. 53 ff, differenziert zwischen Rechtsverhältnis und der Einigung über den „Besitzvorbehalt". Dieser Vorbehalt tritt neben das Rechtsverhältnis, die zugrunde liegende Einigung ist aber eine rechtsgeschäftliche.

298 Vgl. *Mengelkoch*, JherJb 76 (1926), S. 53 (79). Andernfalls müsste dort stehen „... zum Besitz berechtigt oder verpflichtet zu sein glaubt".

299 *Brem*, der Nebenbesitz, S. 77.

300 A. A. *Brem*, der Nebenbesitz, S. 96.

301 Vgl. *Bruns*, Besitzerwerb durch Interessenvertreter, S. 159.

möglich, in dem das Anwartschaftsrecht erlischt, bspw. weil B nicht rechtzeitig den Kaufpreis an A gezahlt hat, und C bösgläubig wird. In diesem Fall steht die Eigentümerposition des A endgültig entgegen. Umgekehrt wird der Anspruch aus der Eigentumsvorbehaltsabrede dadurch zerstört, dass ein Dritter gutgläubig Eigentum an dem Motorrad erlangt. Solange aber eine Erfüllung theoretisch möglich ist, liegt auch irgendeine – ggf. doppelte – Besitzposition vor. Die durch die beiden Rechtsverhältnisse gemittelten Rechtspositionen lassen sich als Nebenbesitz[302] definieren und können in Hinblick auf den gutgläubigen Erwerb nach § 934 Alt. 1 BGB als abgeschwächte Besitzform anerkannt werden, die für einen gutgläubigen Eigentumserwerb durch Anspruchsabtretung nicht ausreichend ist.[303] Wird nun auf den Willen des Besitzmittlers abgestelllt, fiele eine Begründung von Nebenbesitz schwer, denn der Wille, für jemanden zu besitzen, lässt sich nicht spalten. Verneinte man folgerichtig die Möglichkeit des Nebenbesitzes, stünde es aber im Belieben des Besitzmittlers, im Sekundentakt einen Besitzwechsel bei den potentiellen mittelbaren Besitzern herbeizuführen. Auch die Konstruktion eines mehrstufigen Besitzgebäudes – der Vorbehaltskäufer vermittelt dem Sicherungsnehmer den Besitz, der Sicherungsnehmer wiederum dem Vorbehaltsverkäufer – überzeugt, gerade, wenn man auf den Willen des Besitzmittlers abstellt, nicht, weil dies zumindest mit der Willensrichtung des Sicherungsnehmers, dem der Vorbehaltsverkäufer völlig unbekannt ist, nicht in Einklang zu bringen wäre.[304] Sieht man dagegen allein das Rechtsverhältnis als maßgeblich an, erscheint die Konstruktion des Nebenbesitzes plausibel und führt gegebe-

302 Ohne auf das Erfordernis des Besitzmittlungswillens zu verzichten, erkennen die Figur des Nebenbesitzes grundsätzlich an Soergel/*Stadler*, § 868, Rn. 21; *Wolff/Raiser*, Sachenrecht, § 8, S. 35; *Baur/Stürner*, Sachenrecht, § 52, Rn. 24; *Brem*, der Nebenbesitz; *Medicus/Petersen*, Bürgerliches Recht, § 22, Rn. 558 ff.; *Wieling*, Sachenrecht, § 6 III 3 b; *Berg*, JR 1978, 242 f.; *Dölle*, JW 1932, 1212 ff. und 3763; *Henke*, JZ 1959, 202 ff.; *Lange*, JuS 1969, 215 ff.; *Manigk*, JW 1928, 398 f.; *Michalski*, AcP 181 (1981), 384 (414); *Medicus*, in: FS Hübner, S. 611 ff.; *Paulus*, JZ 1957, 41 (45.); *Pohle*, MDR 1956, 732 f.

303 In aller Ausführlichkeit *Brem*, Der Nebenbesitz, S. 104 ff.

304 Anders wäre die Situation freilich, wenn C weiß, dass er nur das Anwartschaftsrecht erwirbt. Auch wenn ihm A nicht persönlich bekannt ist, so ist für ihn doch einsichtig, dass er für jemand anderen besitzt. Der Wille des mittelbaren Fremdbesitzers (C) steht hier einem mehrstufigen Besitzgebäude nicht entgegen. So auch BGHZ 28, 16 (27); MüKo/*Joost*, § 868, Rn. 20; Soergel/*Stadler*, § 868, Rn. 22; *Baur/Stürner*, Sachenrecht, § 59, Rn. 35; *Medicus/Petersen*, Bürgerliches Recht, § 22, Rn. 562. Die Konstruktion des Nebenbesitzes bejahen auch in dieser Konstellation Staudinger/*Gutzeit*, § 868, Rn. 10; *Serick*, Eigentumsvorbehalt und Sicherungsübereignung, § 11 III 3, 4; *Michalski*, AcP 181 (1981), 384

nenfalls zu gerechten Ergebnissen beim gutgläubigen Erwerb. Die Kritik, dass die Eigentumsvermutung des § 1006 Abs. 3 BGB nicht für beide mittelbaren Besitzer gelten könne, lässt sich dadurch entschärfen, dass die Vermutung nur im Verhältnis zu Dritten greift – hier würde die Vermutung eben für beide sprechen –, nicht aber im Innenverhältnis der beiden Nebenbesitzer.[305]

d. Phänomenologische Betrachtung der Subjekt-Objekt-Subjekt-Beziehung

Insbesondere Vertreter phänomenologischer Philosophie haben mehrfach zu der Frage Stellung bezogen, wie sich das Verhältnis von Subjekten untereinander allgemein artikuliert. Da die Frage der Intersubjektivität Anlass vielfältiger Diskussion ist[306] und auch Rückschlüsse auf das Rechtssystem zulässt, soll sie hier kurz angeschnitten werden. Der Schwerpunkt phänomenologischer Forschung liegt auf der Frage nach dem Sein von Seiendem, also nach dem Sein von Gegenständen.[307] Um die Seinsweise von Gegenständen zu ergründen, muss zunächst das Sein desjenigen ergründet werden, der die Dinge wahrnimmt und dem sie sich unmittelbar oder mittelbar präsentieren: des Menschen. Seine Seinsweise ist geprägt durch Intentionalität,[308] durch die Gerichtetheit des Bewusstseins auf Gegenstände. Gerade die vermeintliche Einengung des Blickwinkels auf die Beziehung

---

(402 ff.); *Paulus*, JZ 1957, 41 (44 f.); *Pohle*, MDR 1956, 732 f.; *H. Westermann*, NJW 1956, 1297 (1298).

305 Staudinger/*Gutzeit*, § 868, Rn. 10; *Wieling*, Sachenrecht, § 6 III 3 b.

306 Vgl. *Loidolt*, Einführung in die Rechtsphänomenologie, S. 35 ff.

307 *Heidegger*, SuZ, S. 8 ff., spricht vom „Vorrang der Seinsfrage“. Vgl. auch o. S. 52 ff.

308 Die Intentionalität wird gern als die „Hauptentdeckung“ der Phänomenologie bezeichnet. Allerdings merkt *Merleau-Ponty*, Phänomenologie der Wahrnehmung, S. 14, 15, an, dass bereits *Kant* die Feststellung des Bewusstseins als Bewusstsein von etwas getroffen hat. Die innere Wahrnehmung ist immer intendiert auf die Phänomene der äußeren Welt, das Bewusstsein realisiert sich durch die Antizipation der äußeren Welt. „Was die Intentionalität unterscheidet vom Kant'schen Bezug auf den möglichen Gegenstand, ist der Gedanke der Einheit der Welt als je schon, vor aller Setzung durch die Erkenntnis und Akte ausdrücklicher Identifizierung erlebter, als je schon vollbracht oder je schon da. (…) Daher die Husserlsche Unterscheidung zwischen der Intentionalität der Akte, der unserer Urteile und willentlichen Stellungnahmen, die in der *Kritik der reinen Vernunft* ausschließlich zu Sprache gebracht ist, und der *fungierenden Intentionalität*, in der die natürliche vorprädikative Einheit der Welt und unseres Lebens gründet, die deutlicher als in objektiver Erkenntnis erscheint in un-

Subjekt-Objekt hat jedoch auch dazu herausgefordert, sich mit dem Problem der Intersubjektivität näher zu befassen, also mit der Beziehung zwischen Subjekten. Das Problem besteht darin, dass eine Philosophie, die das Verhältnis von wahrnehmendem Subjekt zu wahrgenommen Objekt untersucht und darin das Grundgerüst des weltlichen Gegebenseins sieht, scheinbar in Erklärungsnot gerät, wenn es um die Beziehung wahrnehmender Subjekte zueinander geht.[309]

Einer von zahlreichen Lösungsansätzen[310] besteht darin, die Beziehung von Subjekten untereinander über die Beziehung von Subjekten zu Objekten zu konstruieren. So ging *Heidegger* davon aus, dass die Gegenstände, die dem Menschen im täglichen Leben begegnen, sich dadurch auszeichnen, dass sie eine Verweisung auf andere Menschen beinhalten:

> „In der Seinsart dieses Zuhandenen[311], d. h. in seiner Bewandtnis liegt eine wesenhafte Verweisung auf mögliche Träger, denen es auf den ‚Leib zugeschnitten' sein soll. Imgleichen begegnet im verwendeten Material der Hersteller oder ‚Lieferant' desselben als der, der gut oder schlecht ‚bedient'. Das Feld zum Beispiel, an dem wir ‚draußen' entlang gehen, zeigt sich als dem und dem gehörig, von ihm ordentlich

---

serem Wünschen und Schätzen und in unserer Umwelt und die gleichsam den Grundtext liefert, den unser Erkennen in eine exakte Sprache zu übersetzen versucht.".

309 *Luhmann*, Social Systems, Instead of a Preface XLI, verurteilt namentlich den Versuch *Husserls*, das Intersubjektivitätsproblem zu lösen, „... as an expression of embarrassement, indeed as an admission of defeat.".

310 Ein weiterer Ansatz ist die Idee der Empathie. Aufgrund meiner Empathiefähigkeit ist es mir möglich, andere Menschen wahrzunehmen, wenn ich auf sie treffe. Im Vordergrund steht demnach die unmittelbare Begegnung zwischen Subjekten: „Nous sommes entourés d'êtres ... avec lesquels nous entretenons des relations. Par la vue, ... par la sympathie, par le travail en commun, nous sommes avec les autres." (*Lévinas*, Le temps et l'autre, S. 21) „Wir sind umgeben von Seienden ..., mit denen wir Beziehungen unterhalten. Durch das Sehen, durch das Berühren, durch die Sympathie, durch die Arbeit im allgemeinen sind wir mit den anderen." (*Lévinas*, die Zeit und der Andere, S. 19, 20).

311 Mit „Zuhandenem" meint *Heidegger* die primäre ursprüngliche Seinsweise von Objekten. Gegenstände sind nicht einfach vorhanden, sondern sie sind zuallererst dem Menschen dienend zu Händen. Vor jeder wissenschaftlichen Erkenntnis des Gegenstandes steht unser gewöhnlicher, nicht reflektierter Umgang mit dem Gegenstand. Ich benutze die Tastatur meines Computers, sie ist mir buchstäblich zu Händen. Erst in dem Moment, in dem die Tastatur einen Defekt hat (oder wenn ich Computerbauer bin), setzte ich mich notwendigerweise bewusst mit ihr auseinander und erkenne ihr Vorhandensein in der Welt an. Davor ist sie ein bloßes Zuhandenes.

instand gehalten, das benutzte Buch ist gekauft bei ..., geschenkt von ... und dergleichen. Das verankerte Boot am Strand verweist in seinem An-sich-sein auf einen Bekannten, der damit seine Fahrten unternimmt, aber auch als ‚fremdes Boot' zeigt es andere. Die so im zuhandenen, umweltlichen Zeugzusammenhang ‚begegnenden' Anderen werden nicht etwa zu einem zunächst nur vorhandenen Ding hinzugedacht, sondern diese ‚Dinge' begegnen uns aus der Welt her, in der sie für die anderen zuhanden sind, welche Welt im vorhinein schon immer die meine ist."[312]

Demnach sind die Dinge nicht einfach da und in einem zweiten Schritt besteht die Möglichkeit, dass sie von anderen Subjekten wahrgenommen werden. Vielmehr sind die Dinge nur in der Welt als für andere wahrnehmbar. Sie sind, weil sie mir und anderen erfahrbar sind und auf uns verweisen.[313]

Bereits *Husserl* schreibt, dass Erkenntnis von Gegenständen immer auch andere Subjekte als Miterkennende voraussetzt:

„Wenn ich also auf ein Ding auch ganz ausschließlich gerichtet bin, es erfahrend apperzipierend, es immer näher kennenlernend, es erkennend, bin ich mindestens implizite immerfort auch auf Andere als Mitvorstellende, ev. Miterkennende bezogen. Zur Idee des wahren Seins jedes Dinges, wie schon zum Wesen der Vorstellung eines Dinges gehört die Bezogenheit zur Allsubjektivität ..."[314]

Noch stärker tritt die Notwendigkeit anderer Subjekte zur Erkenntnis von Gegenständen bei *Merleau-Ponty* hervor:

„Cette table que touche mon regard, personne ne la verra: il faudrait être moi. Et pourtant je sais qu'elle pèse au même moment exactement de même façon sur tout regard. Car les autres regards, je les vois, eux aussi, c'est dans le même champ où sont les choses qu'ils dessinent une

312 *Heidegger*, SuZ, S. 117, 118.
313 Vgl. *Loidolt*, Einführung in die Rechtsphänomenologie, S. 37.
314 *Husserl*, Die Krisis der Europäischen Wissenschaften, Hua VI, S. 468.

conduite de la table, qu'ils lient pour une nouvelle comprésence les parties de la table l'une à l'autre[315]."[316]

Mögen diese Ansätze auch im Detail verschieden sein, liegen ihnen doch die gleichen Prämissen zugrunde. Wurde zuvor bereits dargestellt, dass das Aufeinandertreffen von zwei Rechtssubjekten das Rechtsverhältnis konstituiert, so gehen diese phänomenologischen Ansätze weiter: Der Gegenstand selbst konstituiert sich erst dadurch, dass er für andere wahrnehmbar ist.[317] Ob wir uns durch den Gegenstand der Präsenz anderer Subjekte bewusst werden und eben dieser Umstand als wesentliches Merkmal der Sache angesehen wird (*Heidegger*), oder erst die Wahrnehmung durch andere den Gegenstand auch für uns im Ganzen erfahrbar macht (*Husserl*, *Merleau-Ponty*): Objekte setzen Subjekte voraus. Dabei wird hier keineswegs eine konstruktivistische oder idealistische philosophische Position eingenommen.[318] Die Phänomenologie leugnet nicht das Gegebensein der Gegenstände in der Welt.[319] So wie die Gegenstände in der Welt sind, so sind aber auch wir da. Unser Dasein in der Welt ist bedingt und abhängig vom Gegebensein der Objekte und umgekehrt. Da alles zugleich auf der Welt ist, Subjekte und Objekte, und es zeitlich gesehen kein Zuerst oder Danach gibt, ist die Frage nach dem Verhältnis von Subjekten untereinander oder zu Objekten dahingehend zu beantworten, dass sich diese Verhältnisse nicht gegenseitig ausschließen, sondern vielmehr einander bedingen. Die Welt wird „... gemeinsam in einem intentionalen Ineinander konstituiert."[320] Der Idee, dass Beziehungen entweder zwischen Personen oder aber zwischen Person und Gegenstand bestehen – eine Idee, die auch die Frage nach den Rechtsverhältnissen dominiert – wird so die Grundlage entzogen. Die phänomenologische Betrachtungsweise legt nahe, Beziehun-

---

315 „Diesen Tisch, der meinen Blick streift, wird niemand sehen: Es müsste schon ich sein. Und dennoch weiß ich, daß er im selben Augenblick, auf genau dieselbe Weise auf jedem Blick lastet. Denn auch die anderen Blicke sehe ich, sie zeichnen in demselben Feld, in dem die Dinge sind, eine Leitlinie des Tisches, sie verbinden die Teile des Tisches miteinander zu einer neuen Kompräsenz." (*Merleau-Ponty*, Zeichen, S. 20).

316 *Merleau-Ponty*, Signes, S. 23.

317 Vgl. auch *Loidolt*, Einführung in die Rechtsphänomenologie, S. 35 ff.

318 Diese Strömungen verorten das Verhältnis von Subjekt zu Objekt im Inneren des Menschen. Dieser erschafft sich gleichsam seine Welt im Geiste, und ob außerhalb dessen etwas ontologisch existiert, ist zunächst unerheblich.

319 Daher haben für *Husserl* entgegen der platonischen Ideenlehre die Phänomene der Gegenstände keine eigenständige ontologische Existenz außerhalb des menschlichen Bewusstseins.

320 *Loidolt*, Einführung in die Rechtsphänomenologie, S. 57.

gen allein als Dreiecksbeziehungen Subjekt-Objekt-Subjekt zu betrachten. Beziehungen zwischen Subjekten realisieren sich über Objekte, Objekte realisieren sich, weil sie in einer Beziehung zu Subjekten stehen.

Gerade im Sachenrecht sollte man sich diesem Gedanken nicht verwehren. Aus phänomenologischer Sicht wird die Unterscheidung Rechtsverhältnis zur Sache oder zwischen Personen hinfällig. Das Sachenrecht ist Sachzuordnungsrecht, d. h., Sachen werden Personen zugeordnet, was aber wiederum nur funktioniert, wenn es andere Personen gibt, die diese Zuordnung anerkennen. Das wahre Wesen der Sache wird auch hier erst erfahrbar durch das Dasein anderer Personen, die bezüglich dieser Sache gegenüber einer Person das von ihr angestrebte Herrschaftsrecht anerkennen. Die Sache selbst verweist auf das an ihr durch Dritte anerkannte Herrschaftsrecht einer Person und somit zugleich auf das Verhältnis der Person zu diesen Dritten selbst. Wenn *Heidegger* als Beispiel das Feld aufführt, das jemandem „gehörig" ist,[321] beschreibt er damit nur eine Seite der Medaille, nämlich, dass andere in der Sache den Verweis auf den Eigentümer erkennen. Die andere Seite muss lauten: Der Eigentümer erkennt in der Sache die Personen, die die Sache als sein Eigentum anerkennen. Die Sache verweist in beide Richtungen. Ihr liegt eine doppelte Verweisung zugrunde. Ganz im phänomenologischen Sinne argumentiert *Darmstaedter*, wenn er das Eigentum wie folgt beschreibt: Wie jedes subjektive Recht bestehe das Eigentum aus einer positiven und einer negativen Seite. „Die erstere kann man offenbar auch als die Beziehung zur Sache und als die unmittelbare Beziehung, die letztere als die Beziehung zu den übrigen Menschen und als die – durch die erstere Beziehung – vermittelte Beziehung bezeichnen."[322] Jene negative Seite, sollte man zur Präzisierung hinzufügen, zeichnet sich durch ihr doppeltes Verweisungsmoment aus: für den Eigentümer verweist die Sache auf andere Personen, während die Sache für die anderen Personen allein auf die Person des Eigentümers verweist.[323]

Die phänomenologische Betrachtung der Beziehung von Subjekten zueinander über die Verweisung durch Sachen steht der Ausnahmestellung des Besitzes nicht entgegen, funkioniert aber anders. Der Besitz ist – in

321 *Heidegger*, SuZ, S. 117.

322 *Darmstaedter*, AcP 151 (1950/51), 311 (313).

323 Den letzten Punkt hebt auch *Kelsen*, Reine Rechtslehre, 2. Auflage 1960, S. 136, hervor, wenn er – ebenfalls für das Eigentum – formuliert: „Es ist eine Beziehung zwischen den anderen und dem einen, in der üblichen Terminologie: eine Beziehung zwischen Personen also; und nur sekundär eine Beziehung zur Sache; und zwar eine Beziehung der anderen zu der Sache, durch die ihre Beziehung zu dem einen vermittelt wird.".

Einklang mit seinem Sinn als Rechtsverhältnis – die einzige Beziehung zur Sache, die nur über eine einseitige Referenz funktioniert. Er ist ein intentionales Ausnahmeverhältnis zur Sache, das nicht auf Dritte verweist, weil es losgelöst ist von jedem Willenseinfluss Dritter zu der Sache. Mein Verhältnis zur Sache, das als Besitz gekennzeichnet ist, ist unabhängig von jeder Anerkennung und von jedem Verhältnis Dritter. Deswegen kann das Besitzen einer Sache auch nicht auf andere verweisen. Es genügt als Eigenschaft der Sache sich selbst und konstituiert eine rein bilaterale Beziehung. Diese bilaterale Beziehung ist für Dritte erkennbar. Für denjenigen, der nicht im Besitz der Sache ist, verweist die Sache auf den Besitzer. Allein für den Besitzer verweist die Sache nicht auf andere Personen.

Ob die Lebenssituationen, die im Recht durch den mittelbaren sowie durch den durch einen Besitzdiener gemittelten Besitz repräsentiert werden, hierbei die Ausnahme der Ausnahme darstellen oder aber sich in dem Prinzip der einseitigen Verweisung unterwerfen, hängt davon ab, auf welcher Ebene man ansetzt. Im Rahmen des Rechtsverhältnisses als potentiellem Sinn des Besitzes liegt auch bei diesen Figuren nur eine einseitige Verweisung vor, da der Besitz unabhängig vom Willen Dritter ist. Setzt man hingegen auf der Ebene der Bedeutung des Besitzes an, so findet über die Sache eine doppelte Verweisung statt: Die Sache verweist nicht nur auf den (mittelbaren) Besitzer, sondern für den mittelbaren Besitzer auch auf den unmittelbaren Besitzer bzw. umgekehrt, für den Besitzherrn auch auf den Besitzdiener.

e. Pflichten aus dem Besitz

Die Eigenschaft, Besitzer zu sein, kann situationsabhängig zu einer Vielzahl von Pflichten führen.[324] Sie wären die Kehrseite eines potentiellen Rechts aus dem Rechtsverhältnis des Besitzes. So ist der fehlerhafte Besitzer gem. § 861 Abs. 1 BGB verpflichtet, dem ursprünglichen Besitzer den Besitz an der Sache wieder einzuräumen. Ein Herausgabeanspruch kann auch dem Eigentümer (§ 985 BGB) oder dem besser berechtigt ursprünglich Besitzenden (§ 1007 Abs. 1 und Abs. 2 BGB) gegen den Besitzer zustehen. Der Besitzer eines Grundstücks ist gem. § 867 S. 1 BGB dazu verpflichtet, dem Besitzer, aus dessen Gewalt eine Sache auf sein Grundstück gelangt ist, ihre Aufsuchung und Wegschaffung zu gestatten. Ferner tref-

324 Vgl. Staudinger/*Gutzeit*, Vor §§ 854 ff., Rn. 28; Bamberger/Roth/*Fritzsche*, § 854, Rn. 12.

fen den Grundstücks- bzw. Gebäudebesitzer besondere Verkehrssicherungspflichten, deren Nichteinhaltung haftungsbegründend wirkt (§§ 836, 837 BGB). Unter bestimmten Umständen muss der Besitzer einer Urkunde die Einsichtnahme durch Dritte gestatten (§ 810 BGB), der Besitzer eines Hypotheken-, Grundschuld-, oder Rentenschuldbriefs diesen an das Grundbuchamt (§ 896 BGB), der Besitzer eines unrichtigen Erbscheins diesen an das Nachlassgericht (§ 2362 Abs. 1 BGB) herausgeben. Schließlich kann bereits der Besitz beim Übergang von Wohnungseigentum zur Begründung eines Pflichtenprogramms gereichen.[325]

f. Überschießende Funktionalität des Besitzes

Der Besitz hat zahlreiche überschießende Funktionen.[326] Der Besitz ist Voraussetzung für den rechtsgeschäftlichen Eigentumserwerb (§§ 929 ff. BGB) und für die gesetzlichen Erwerbstatbestände, namentlich für die Ersitzung (§§ 900, 937 BGB),[327] die Aneignung (§ 958 BGB), den Fund (§§ 965 Abs. 1, 973 BGB) und den Fruchterwerb (§§ 955 ff. BGB). Ebenso ist er notwendig für die Bestellung von Nießbrauch (§ 1032 BGB) und Pfandrecht (§§ 1205, 1206 BGB). Daneben entfaltet der Besitz Vermutungswirkung für das Eigentum (§ 1006 BGB), die Übergabe des Hypothekenbriefs durch den Eigentümer (§ 1117 Abs. 3 BGB) und die Rückgabe des Pfandes durch den Pfandgläubiger (§ 1253 Abs. 2 BGB). Schließlich dient der Besitz als Rechtsscheinstatbestand für den Eigentumserwerb (§§ 932 ff. BGB) sowie für die Bestellung von Nießbrauch (§ 1032 S. 2 BGB) und Pfandrecht (§ 1207 BGB).

Ob man das Recht zum Besitz (*ius possidendi*), d. h. den Besitz als Rechtsfolge aus dem Eigentum, als Funktion des Besitzes bezeichnen kann, ist fraglich. Unabhängig davon, dass diese Frage eher in die Theorie des Eigentums gehört,[328] verordnet man eine Funktion begriffslogisch auf der Tatbestandseite einer Norm. Bei der Ersitzung, der Aneignung, dem Fund

---

325 Ausführlich *Schmidt*, in: FS Seuss, S. 241 ff.

326 MüKo/*Joost*, Vor §§ 854 ff., Rn. 13; Soergel/*Stadler*, Vor § 854, Rn. 2 f.; Staudinger/*Gutzeit*, Vor §§ 854 ff., Rn. 22 ff. *Gursky* spricht von „dienenden Funktionen".

327 Nach *Savigny*, Das Recht des Besitzes, § 2 und § 3, S. 29 ff., ist die Ersitzung neben dem Interdiktenschutz die einzig wahre rechtliche Folge des Besitzes. Bei allen anderen juristischen Konstruktionen, wie der *occupation*, der *tradition* und der *publiciana actio*, ist der Besitz bloße Begleiterscheinung des Eigentums.

328 So schon *Savigny*, Das Recht des Besitzes, § 1, S. 27.

etc. ist dies der Fall: der Besitz ist Tatbestandsvoraussetzung, das Eigentum Rechtsfolge. Beim Recht zum Besitz ist es genau umgekehrt: Das Eigentum ist die Voraussetzung, die Berechtigung zum Besitz die Rechtsfolge.

g. Notwendigkeit eines subjektiven Rechts

Von den überschießenden Funktionen abzugrenzen sind §§ 261 Abs. 1 S. 2, 566, 935 Abs. 1 BGB und §§ 57, 57a, b ZVG.[329] § 935 BGB nimmt unter diesen Tatbeständen insofern eine Sonderstellung ein, als dass er primär den Bestandsschutzinteressen des Eigentümers dient.[330] Für die Einräumung der Rechtsfolgen des § 935 BGB – der Nichtübertragbarkeit des Eigentums – ist aber der Besitz an der Sache zwingende Voraussetzung. Durch den Eigentumsschutz wird also gleichsam der Besitz – sei es auch subsidiär – mitgeschützt. In Konkurrenz zu dem Anspruch aus § 985 BGB gegen den vermeintlichen Erwerber stünde im Fall des § 935 BGB der Anspruch aus § 861 Abs. 1 BGB, sofern der vermeintliche Erwerber die Fehlerhaftigkeit des Besitzes seines Vorgängers bei dem Erwerb kannte (vgl. § 858 Abs. 2 S. 2 BGB). § 861 BGB dient wie §§ 859, 862, 867 BGB und die oben genannten Normen dem Schutz dessen, was man das Recht des Besitzes nennen kann. Mit dem Recht des Besitzes (*ius possessionis*) ist zunächst einmal das gemeint, was aus dem Besitz als Rechtsverhältnis hervorgeht, d. h. als dessen Quelle sich der Besitz darstellt und deren Antithese die Pflichten aus demselben Rechtsverhältnis sind. Nicht ohne Grund ist in diesem Kapitel nur eine vorläufige Subsumption möglich. Denn für das Vorliegen eines Rechtsverhältnisses muss mindestens ein subjektives Recht vorhanden sein. Die Rechte aus anderen Rechtsverhältnissen sind grundsätzlich leicht zu bestimmen, dagegen tut man sich bei dem Besitz regelmäßig schwer. Das geht soweit, dass ein Recht des Besitzes von vorneherein negiert wird und das nicht nur von denjenigen, die im Besitz ein Faktum, sondern auch von Autoren, die in dem Besitz ein Rechtsverhältnis sehen. So führt *Rosenberg* aus:

> „Allein als Gegenstand des Schutzes könnte er die Voraussetzungen eines subjektiven Rechts erfüllen; aber auch in dieser Beziehung gibt der Besitz zwar Rechte, ist aber kein Recht. Denn der Schutz besteht nur

329 A. A. Staudinger/*Gutzeit*, Vor §§ 854 ff., Rn. 22 ff., der den materiellen Besitzervorzug insgesamt unter die dienenden Funktionen einordnet.

330 MüKo/*Oechsler*, § 935, Rn. 1; Soergel/*Henssler*, § 935, Rn. 1; Staudinger/*Wiegand*, § 935, Rn. 1.

in der Abwehr verbotener Eigenmacht. Die Befugnis zu irgendeinem Tun enthält der Besitz nicht; er geht nur darauf, nicht willkürlich gestört zu werden. Dadurch allein wird der Besitz ebenso wenig zum Recht wie Leben, Körper, Gesundheit, Freiheit, die die Rechtsordnung in ihren Schutz genommen hat.“[331]

Das vermeintliche Besitzrecht besteche vor allem durch seine Inhaltslosigkeit.[332] Definiert man das Rechtsverhältnis als Quelle von Rechten und Pflichten, so ist es natürlich ausgeschlossen, vom Besitz als Rechtverhältnis zu sprechen, ein Recht des Besitzes aber zu verneinen. Doch was ist dieses Recht aus dem Besitz? Was ist sein Inhalt? Und gibt es ein solches Recht überhaupt? Diesen Fragen geht das folgende Kapitel nach. Erst im Anschluss ist eine endgültige Subsumption des Besitzes als Rechtsverhältnis möglich.

---

331 *Rosenberg*, Kommentar zum Bürgerlichen Gesetzbuch, Vor § 854, Anm. 5; im Ergebnis auch *Westermann/Gursky/Eickmann*, Sachenrecht, § 7, Rn. 8.

332 *Rosenberg*, Kommentar zum Bürgerlichen Gesetzbuch, Vor § 854, Anm. 5.

> „Man wird also nicht die Quelle selbst anhören, um zu erfahren, was sie ist oder was sie bedeutet: eher die Wendungen, Allegorien, Figuren, Metaphern – wie immer man will –, indem man sie umgeleitet hat, um sie zu verlieren oder wiederzufinden, was immer auf dasselbe hinauslaufen wird."[333]

Um das Rechtsverhältnis, das der Besitz darstellt, zu erkennen und zu verstehen, muss also das Recht bestimmt werden, das diesem entspringt. Das Rechtsverhältnis in seiner ureigenen Art ist wie die Quelle zunächst farb- und gesichtslos. Was sie konturiert und wodurch sie Gestalt annimmt, sind die Dinge, die sie hervorbringt. Bei der Quelle ist es der Flusslauf, bei dem Rechtsverhältnis das Recht. Wie der Flusslauf in seiner Intensität variiert, kann es sich auch bei dem Recht aus dem Besitz um ein kleines Rinnsal, einen Bach oder gar um einen reißenden Strom handeln. Verweilt man im Sprachfeld der Quellenmetaphorik, würden wohl einige den Besitz als bloße Pfütze abtun, ohne nährende Quelle, aus der heraus etwas Substantielles entspringt.[334] Es obliegt dem folgenden Kapitel, jene Ansichten zu hinterfragen und zu ergründen, ob der Besitz nicht doch Quelle eines Rechts ist und wenn ja, wie dieses Recht ausgestaltet ist. Nur durch diese Qualifikationstätigkeit kann auch die Quelle selbst näher bestimmt und abschließend gewürdigt werden.

Das Kapitel ist in einen Vierschritt gegliedert: In einer Vorfrage soll zunächst der positive Normenbestand auf Aussagen über das Verhältnis von subjektivem Recht und Besitz untersucht werden (I.). Lassen sich aus dem Gesetz keine Rückschlüsse über ein Recht aus dem Besitz ziehen, muss der dogmatische Begriff des subjektiven Rechts näher bestimmt werden, um anschließend zu prüfen, ob das, was das subjektive Recht ausmacht, auch beim Besitz gefunden werden kann. Es folgt daher der klassische juristische Dreischritt: Definition des subjektiven Rechts (II.), Subsumption des Besitzes (III.), Ergebnis (IV.).

---

333 *Derrida*, Randgänge der Philosophie, S. 297.

334 So *Wieling*, Sachenrecht, § 3 I a und § 3 II a, *Schwab/Prütting*, Sachenrecht, § 7, Rn. 49, und *Medicus/Petersen*, Bürgerliches Recht, § 24, Rn. 607, die dem Besitz jeglichen positiven Zuweisungsgehalt absprechen.

I. Unbestimmtes Verhältnis von Besitz und subjektivem Recht im positiven Normenbestand

Die Begriffe des Besitzes und des Rechts finden sich auch im positiven Normenbestand des Bürgerlichen Gesetzbuches. Es gibt eine ganze Reihe an Gesetzesvorschriften, die eine Aussage über das Verhältnis von Besitz und Recht zu machen scheinen. Bevor also ein dogmatisches Verständnis des subjektiven Rechts deduziert und anschließend das Wesen des Besitzes aus der Lebenswirklichkeit induziert werden kann, gilt es, den Gesetzestext dahingehend zu befragen, ob in ihm nicht bereits eine endgültige gesetzgeberische Entscheidung über das Verhältnis von Besitz und (subjektivem) Recht getroffen wurde.

1. Relativierung der grammatikalischen Auslegung durch die Regelungsabsicht des historischen Gesetzgebers[335]

Ein Indiz für die Stellung des Besitzes als Recht könnte der Wortlaut der §§ 198, 861 Abs. 2, 862 Abs. 2, 943 BGB sein. Gem. § 198 BGB kommt die während des Besitzes des Rechtsvorgängers verstrichene Verjährungszeit dem Rechtsnachfolger zugute, wenn eine Sache, hinsichtlich derer ein dinglicher Anspruch besteht, durch Rechtsnachfolge in den Besitz eines Dritten gelangt. Wenn die Rede vom „Rechtsnachfolger in den Besitz“ und vom „Besitz des Rechtsvorgängers“ ist, scheint der Wortlaut zunächst eindeutig. Allerdings wollte der Gesetzgeber ausweislich der Gesetzesmaterialien mit dieser Norm keine Aussage über die Rechtsnatur des Besitzes treffen. Nach den Motiven sollte lediglich der vorherrschenden Auffassung entsprochen werden, „… nach der dem Besitznachfolger dieselbe Rechtsla-

335 Terminologie und Abgrenzung der Auslegungsmethoden entsprechen der Einteilung von *Larenz/Canaris*, Methodenlehre der Rechtswissenschaft, S. 141 ff. Aus sprachphilosophischer Sicht kritisch zur Bedeutung der historisch-teleologischen Auslegung *Müller-Mall*, Performative Rechtserzeugung, S. 23 f. Zum Verhältnis von Gesetzesmaterialien und gesetzgeberischem Willen vgl. *Larenz/Canaris*, Methodenlehre der Rechtswissenschaft, S. 150 f., und auch *Enneccerus/Nipperdey*, Allgemeiner Teil des Bürgerlichen Rechts, § 55, S. 329 f. Für eine realistische und vorzugswürdige Gleichsetzung vom in den Gesetzesmaterialien verkörperten Willen der Gesetzesentwerfenden mit dem Willen des demokratisch legitimierten Gesetzgebers *Engisch*, Einführung in das juristische Denken, S. 171.

ge verbleibt, die sein Vorgänger eingenommen hat."[336] Dasselbe gilt für § 943 BGB, wonach die während des Besitzes des Rechtvorgängers verstrichene Ersitzungszeit jenem Dritten zugute kommt, der durch Rechtsnachfolge Eigenbesitz erlangt hat. Vor jeder Besitzbestimmung wollten die Gesetzesarchitekten allein normieren, „... dass die Ersitzungslage, wenn auch kein erworbenes Recht, doch eine Rechtsposition ist, die ebenso wie das Eigenthum im Wege der Singular- und Universalsuccession übertragen wird."[337] Dass keine abschließende Entscheidung über die Rechtsnatur des Besitzes getroffen werden sollte, wird an anderer Stelle explizit formuliert:

> „Ob man den Besitz als das der Verwirklichung des Eigenthumes entsprechende Verhältnis der Person zur Sache ansehen will, bleibt eine theoretische Betrachtung. Ihn als Recht zu bezeichnen, ist nicht unbedenklich. Dagegen kann der Besitz ohne Bedenken als eine Rechtsposition bezeichnet werden ..."[338]

Die gesetzgeberische Unentschlossenheit zeigt sich auch eindrucksvoll bei den Erwägungen zu § 819 BGB a.F., dem heutigen § 861 BGB. Nach § 861 Abs. 2 BGB ist der Anspruch wegen Besitzentziehung ausgeschlossen, wenn der entzogene Besitz dem gegenwärtigen Besitzer oder dessen Rechtsvorgänger gegenüber fehlerhaft war und in dem letzten Jahr vor der Entziehung erlangt worden ist. Die zweite Kommission forderte hier ursprünglich die Formulierung des „Vorgängers im Besitze"[339] anstelle des „Rechtsvorgängers", die am Ende allein aus redaktionell-sprachlichen Gründen übernommen wurde.[340] Auch in der Denkschrift des Reichsjustizamtes wird in diesem Zusammenhang wie selbstverständlich nur vom „Vorgänger im Besitze" gesprochen.[341]

Vor diesem Hintergrund wirken auch die §§ 268, 999 Abs. 1, 1440 S. 1, 1462 S. 1, 1464 S. 2 BGB, die den Besitz dem Recht gegenüberstellen wenig erhellend. Scheint der Wortlaut zunächst darauf hinzudeuten, dass der Besitz kein Recht sei, lassen die Gesetzesmaterialien eher vermuten, dass die Gesetzesverfasser dem dogmatischen Streit um die Rechtsnatur des Besitzes durch positive Fixierung bestimmter Regelungsinhalte aus dem Weg gehen wollten. Indem der Besitz ausdrücklich neben den Rechten geregelt

---

336 Motive I 341 (= *Mugdan* I 540).
337 Motive III 353 (= *Mugdan* III 196).
338 Motive III 78 (= *Mugdan* III 43).
339 Protokolle III 3365 (= *Mugdan* III 511).
340 *Sosnitza*, Besitz und Besitzschutz, S. 54.
341 Denkschrift III 108 (= *Mugdan* III 963).

wurde, sollte keinesfalls eine Einordnung des Besitzes als Recht ausgeschlossen werden, sondern lediglich der dogmatische Standpunkt, der den Besitz als Recht ablehnt, zu den gleichen Ergebnissen gedrängt werden, zu denen diejenigen, die in dem Besitz ein Recht sehen, ohnehin gelangt wären.[342]

2. Indifferenz systematischer Argumente

Die systematische Auslegung ist ähnlich unergiebig und das, obwohl *Larenz/Canaris* aufmunternd formulieren: „Wer sich ein Bild davon machen will, was das Gesetz unter ‚Besitz' versteht, darf sich nicht darauf beschränken, nur den § 854 BGB zu lesen."[343]

a. Regelung des Besitzschutzes zu Beginn des dritten Buches

Zunächst könnte die exponierte Stellung des Besitzes zu Beginn des Sachenrechts noch vor dem Eigentum und den beschränkt dinglichen Rechten gegen die Rechtsqualität des Besitzes sprechen. Die Gesetzesmaterialien aber widerlegen eine solche *conclusio*. Danach besteht die Bedeutung der Besitzvorschriften im ersten Abschnitt des dritten Buches überwiegend darin, dass sie „… gleich einer gesetzlichen Definition, für die sie einen Ersatz bieten, an anderer Stelle zu verwerthende Prämissen …" liefern.

> „Die Vorschriften, für welche durch die Bestimmung, was Besitz sei, eine Prämisse festgestellt wird, betreffen sämtlich das Eigenthum, namentlich Vindikation, Ersitzung, Tradition, Okkupation und Derelikttion. (…) Der gesetzgeberische Grund für Vorschriften, welche eine Definition oder den Ersatz einer solchen enthalten, ist in den weiteren Rechtsnormen zu suchen, welche die Definition verwerthen, als bei dem Besitz in den Eigenthumsnormen."[344]

---

342 Nach *Hartung*, Besitz und Sachherrschaft, S. 34, hat der Gesetzgeber „… damit in diesen Normen die sachliche Regelung im Interesse der Rechtsklarheit von der umstrittenen dogmatischen Einordnung des Besitzes abgekoppelt.".

343 *Larenz/Canaris*, Methodenlehre der Rechtswissenschaft, S. 146.

344 Motive III 78 (= *Mugdan* III 43).

Die Regelung des Besitzes vor dem Eigentum ist also dem Umstand geschuldet, dass er für Letzteres von entscheidender Bedeutung ist. Das Eigentum versteht nur, wer den Besitz begriffen hat.[345]

b. Verhältnis von § 857 BGB zu § 1922 Abs. 1 BGB

Auch die Regelung des § 857 BGB scheint auf den ersten Blick gegen den Besitz als Recht zu sprechen. Denn wäre der Besitz ein Recht, so würde er gem. § 1922 Abs. 1 BGB im Wege der Universalsukzession auf den Erben übergehen, die Regelung des § 857 BGB erschiene im systematischen Verhältnis zu § 1922 Abs. 1 BGB überflüssig. Doch auch hier bringt ein Blick in die Gesetzesmaterialien Licht ins Dunkel. Bereits im Gesetzgebungsverfahren war die Vererblichkeit des Besitzes Anlass ausgiebiger Diskussion.[346] Da das Wesen des Besitzes nicht abschließend geklärt werden konnte, entschloss man sich schließlich zur positiven Fixierung durch § 857 BGB, hauptsächlich, weil „... es umgekehrt auch nicht Billigung verdiene, den gegentheiligen Satz jetzt aufzustellen [also die Unvererblichkeit des Besitzes], da dieser ebenfalls Ausnahmen erleide, die seinen materiellen Gehalt und seine Tragweite beeinträchtigen."[347] § 857 BGB ist positiver Ausfluss der allgemeinen Unsicherheit über die Rechtsnatur des Besitzes, keinesfalls aber eine Positionsbeziehung des Gesetzgebers.[348]

c. Besitzerwerb durch Geschäftsunfähige

Ein weiterer Punkt betrifft die Möglichkeit, dass auch Geschäftsunfähige den Besitz erwerben können. Dies spreche gegen die Natur des Besitzes als Recht, da ansonsten der Regelungsinhalt der §§ 104 ff. BGB durch §§ 854 Abs. 1, 857 BGB aufgehoben würde. Geschäftsunfähige und beschränkt Geschäftsfähige könnten Rechte nur unter den schützenden Voraussetzungen der Regeln über die Geschäftsfähigkeit erwerben.[349] Das ist so aber nicht korrekt. Auch das BGB sieht den Erwerb von Rechten durch

---

345 Zu dem gleichen Ergebnis gelangt auch *Hartung*, Besitz und Sachherrschaft, S. 35, der zudem den unterschiedlichen Charakter des Besitzes im Verhältnis zu den anderen Rechten betont.

346 Protokolle V 7721 ff. (= *Mugdan* V 422 f.).

347 Protokolle V 7724 (= *Mugdan* V 423).

348 Vgl. auch MüKo/*Joost*, Vor §§ 854 ff., Rn. 5.

349 *Jürgens*, Der Besitzschutz des Mieters nach § 823 Abs. 1 BGB, S. 58 f.

schlichten Realakt vor, namentlich durch Verbindung, Vermischung und Verarbeitung (§§ 946, 947, 948, 950), durch Aneignung (§ 958 BGB)[350] oder durch den Fund eines Schatzes (§ 984 BGB). Der gesetzliche Bedeutungszusammenhang verwehrt sich also nicht der Idee, dass der Besitz ein Recht sein könnte, obwohl sein Erwerbsmodus grundsätzlich Realakt ist.[351] Gleichsam zeigen die §§ 947 Abs. 2, § 950, 984 BGB – als Kehrseite der Medaille – die Möglichkeit auf, Rechte durch Realakt wieder zu verlieren.

d. Besitz und Grundbuch

Teilweise werden auch die Parallelen zwischen Besitz und Grundbucheintragung[352] ins Feld geführt. Insbesondere wegen der Publizitätsfunktion als zentraler und beiden gemeinsamer Eigenschaft sei eine Gleichbehandlung dieser beiden Institute geboten.[353] Sei die Grundbuchposition kein Recht, könne eben auch der Besitz kein Recht sein. Allerdings hat der Besitz neben der Publizitätsfunktion eine ganze Reihe weiterer überschießender Funktionen.[354] Ferner übernimmt der Besitz über den ihm zugedachten Schutz durch die §§ 859 ff. BGB auch im Kontext des Immobilienbesitzes eine Rolle, die die Grundbucheintragung nicht innehat.[355] Es überwiegen daher die Unterschiede beider Institute mit der Folge, dass dem Besitz die Eigenschaft als Recht nicht abgesprochen werden darf, nur weil dies für die Grundbucheintragung gilt.[356]

---

350 So die h. M., vgl. nur Soergel/*Henssler*, § 958, Rn. 5; Palandt/*Herrler*, § 958, Rn. 2; *Wolff/Raiser*, Sachenrecht, § 78, S. 291; *Wieling*, Sachenrecht, § 11 IV 2 b aa; *Baur/Stürner*, Sachenrecht, § 53, Rn. 72; *Westermann/Gursky/Eickmann*, Sachenrecht, § 58, Rn. 9. Diese Ansicht basiert auf der Prämisse, dass auch der Eigenbesitzerwerb als notwendige Voraussetzung der Aneignung kein Rechtsgeschäft darstellt.

351 So auch *Sosnitza*, Besitz und Besitzschutz, S. 61.

352 Grundsätzlich *Eichler*, Institutionen des Sachenrechts I, S. 58; *Hedemann*, Sachenrecht, 3. Auflage 1960, § 8, S. 44 f.

353 *Jürgens*, Der Besitzschutz des Mieters nach § 823 Abs. 1 BGB, S. 60 f.

354 S. o. S. 101.

355 Dies erkennt auch *Jürgens*, Der Besitzschutz des Mieters nach § 823 Abs. 1 BGB, S. 62, an, allerdings ohne daraus Konsequenzen zu ziehen.

356 Vgl. *Sosnitza*, Besitz und Besitzschutz, S. 59.

e. Besitz im Grundbuch

Auch die Tatsache, dass der Besitz keine eintragungsfähige Grundbuchposition darstellt, lässt keine Rückschlüsse über seine Rechtsnatur zu.[357] So hat bereits das Reichsgericht erkannt:

> „Wie sich die Grundbuchgesetzgebung selbst nur auf einen bestimmten Kreis von Rechten erstreckt, so muss sie sich auch innerhalb des ihr eigenen Gebiets sachgemäße Schranken auflegen. Sie will und kann nicht alle denkbaren Rechtsverhältnisse, wovon unbewegliche Sachen und Rechte an solchen betroffen werden, in ihren Bereich ziehen und zum Gegenstande von Eintragungen machen, da ein solches Bestreben, soweit überhaupt denk- und durchführbar, gerade die beabsichtigte Kürze, Einfachheit und Übersichtlichkeit der Grundbücher wiederaufheben und das Gegenteil, nämlich Verwirrung und Undeutlichkeit, herbeiführen würde. So erklärt es sich beispielsweise, daß die Besitzverhältnisse in Bezug auf unbewegliche Sachen vom Grundbuch ausgeschlossen sind, und daß dieses nur einer ganz bestimmten, durch Privatwillkür nicht zu erweiternden, und gegen früher z.B. hinsichtlich der Miete und Pacht eingeschränkten Zahl von Rechten an unbeweglichen Sachen offen steht."[358]

Neben der Übersichtlichkeit des Grundbuchs muss auch der Zweck der Grundbucheintragungen beachtet werden. Dieser findet sich in § 892 Abs. 1 S. 1 BGB, wonach zugunsten desjenigen, der ein Recht an einem Grundstück oder ein Recht an einem solchen Recht durch Rechtsgeschäft erwirbt, der Inhalt des Grundbuchs als richtig gilt, es sei denn, dass ein Widerspruch gegen die Richtigkeit eingetragen oder die Unrichtigkeit dem Erwerber bekannt ist. Der öffentliche Glaube bestimmt folglich die Eintragungsfähigkeit.[359] „Eintragbar ist was ohne Eintragung der Gefahr des Rechtsverlustes durch redlichen Erwerb eines anderen ausgesetzt wäre."[360] Der Besitzerwerb ist aber unabhängig von jedem Glaubensstandpunkt. Auch der Bösgläubige kann nach § 854 BGB Besitz erwerben.[361] Die Eintragung des Besitzes im Grundbuch wäre überflüssig.

---

357 Vgl. *Baur/Stürner*, Sachenrecht, § 15, Rn. 28 ff.
358 RGZ 61, 374 (377 f.).
359 Soergel/*Stürner*, § 873, Rn. 8; *Baur/Stürner*, Sachenrecht, § 15, Rn. 28.
360 Soergel/*Stürner*, § 873, Rn. 8.
361 RGZ 105, 413 (414).

f. Besitzerwerb durch vermeintlich Bösgläubigen

Allerdings sorgt teilweise bereits die vermeintliche Möglichkeit des bösgläubigen Besitzerwerbs für Zweifel an der Bestimmung des Besitzes als Recht.[362] Schließlich kann ein Recht grundsätzlich nur gutgläubig vom Nichtberechtigten erworben werden. Jene Möglichkeit ist aber eine Illusion. Mit der Komponente des Tatsächlichen, die Bestandteil aller Erwerbstatbestände des Besitzes ist, ist keine Konstellation vorstellbar, in der ein bösgläubiger Besitzerwerb stattfände. Wenn A dem B das Fahrrad klaut und es anschließend an C weitergibt, dann erwirbt C den Besitz derivativ von A gem. § 854 Abs. 1 BGB. A war Besitzer des Fahrrads, diesen Besitz gibt er an C weiter.[363] Sollte der Besitz ein Recht sein, dann hatte A dieses Recht des Besitzes inne. Bezüglich des Rechts des Besitzes war A damit als Besitzer berechtigt. C konnte denklogisch nicht bösgläubig Besitz erwerben, denn er hat den Besitz eben von genau demjenigen erlangt, der den Besitz innehatte. Wenn die Rede auf den Besitzerwerb vom Nichtberechtigten kommt und zum Beweis des Vorhandenseins dieses Vorgangs auf die §§ 990 Abs. 1, 991, 1007 Abs. 1 BGB verwiesen wird,[364] findet wie so oft eine Vermischung von *ius possessionis* und *ius possidendi* statt. Die Bösgläubigkeit, von der im Gesetz die Rede ist, bezieht sich allein auf das Recht zum Besitz, also auf den Besitz als Recht aus anderen Rechtsverhältnissen, z.B. dem Eigentum. Mit dem Recht des Besitzes, d. h. dem möglichen Recht aus dem Rechtsverhältnis Besitz, hat dies nichts zu tun.

g. Stufenerwerb von Rechten

Von *Hedemann* ist eingewendet worden, dass der Besitz kein Recht sein könne, weil ansonsten ein Recht Voraussetzung für den Erwerb eines anderen Rechts, nämlich des Eigentums, wäre.[365] Ein derartiger Stufenerwerb ist jedoch der Systematik unseres Rechtssystems keineswegs fremd.

---

362 *Jürgens*, Der Besitzschutz des Mieters nach § 823 Abs. 1 BGB, S. 74 ff.; *Sosnitza*, Besitz und Besitzschutz, S. 62.

363 Der Begriff der Weitergabe ist hier der Vereinfachung halber gewählt, passt aber nicht ganz. Tatsächlich ist der Besitz des Erwerbers neuer, eigener Besitz und nicht der des bisherigen Besitzers (*Westermann/Gursky/Eickmann*, Sachenrecht, § 12, Rn. 1).

364 *Jürgens*, Der Besitzschutz des Mieters nach § 823 Abs. 1 BGB, S. 75; *Sosnitza*, Besitz und Besitzschutz, S. 62.

365 *Hedemann*, Sachenrecht, 1. Auflage 1924, § 44, S. 451 f.

Eine vertragliche Forderung ist zweifelsfrei als subjektives Recht zu kennzeichnen.[366] Wenn sich diese Forderung wie beim Kaufvertrag auf Besitz- und Eigentumsübergabe richtet (§ 433 Abs. 1 S. 1), dann ist die Forderung notwendiger Zwischenschritt beim Erwerb zumindest eines weiteren subjektiven Rechts. Natürlich könnte man einwenden, die Wesensverschiedenheit obligatorischer und dinglicher Rechte sei auch hier zu beachten. In der Tat ist die Forderung nicht notwendige Bedingung des Besitz- oder Eigentumserwerbs. Der Erwerb dieser Rechte ist vielmehr auch ohne die Forderung möglich, sie verleiht dem Erwerb nur eine gewisse Unumgänglichkeit. Aber auch im Bereich der dinglichen Rechte ist ein Stufenerwerb kein Ausnahmetatbestand. So kann das Anwartschaftsrecht als dingliches Recht[367] u.U. notwendige Voraussetzung für den Eigentumserwerb sein. Dies ist genau dann der Fall, wenn der Vorbehaltsverkäufer als Noch-Eigentümer die Sache an einen Dritten übereignet. Denn es wäre ihm, sofern der Dritte nicht mitspielt, subjektiv unmöglich, dem ersten Käufer das Eigentum zu verschaffen. Allein das Anwartschaftsrecht lässt gem. § 161 Abs. 1 S. 1 BGB die Übereignung an den Dritten im Verhältnis zum Vorbehaltskäufer unwirksam sein. Ohne das Anwartschaftsrecht könnte der Vorbehaltskäufer das Eigentum an der Kaufsache nicht (mehr) erwerben, so dass auch in diesem Fall ein Recht notwendige Voraussetzung für den Erwerb eines weiteren Rechts ist.[368]

h. Verhältnis von § 93 BGB zu § 865 BGB

Gegen den Besitz als Recht wird außerdem die Koexistenz der §§ 93, 865 BGB ins Feld geführt: Wenn gem. § 93 BGB wesentliche Bestandteile einer Sache, d. h. solche, die nicht voneinander getrennt werden können, ohne dass der eine oder der andere zerstört oder in seinem Wesen

---

366 *Baumann*, Einführung in die Rechtswissenschaft, § 8, S. 260.

367 *Wieling*, Sachenrecht, § 17; *Baur/Stürner*, Sachenrecht, § 59, Rn. 4; *Westermann/Gursky/Eickmann*, Sachenrecht, § 4, Rn. 13, sprechen von einer einem dinglichen Recht ähnlichen Position.

368 Streng genommen handelt es sich bei dem Anwartschaftsrecht natürlich nicht um ein Produkt des positiven Rechts im engeren Sinn, sondern ist das Ergebnis richterlicher Rechtsfortbildung. Allerdings lassen die §§ 158, 161, 449 BGB auf das Vorhandensein einer Position schließen, die bereits in den Protokollen I 365 (= Mugdan I 768) als „Anwartschaft" bezeichnet wurde. Auch wenn dieses Recht im BGB nicht ausdrücklich erwähnt ist, so ist es damit doch eine gesetzgeberisch erkannte und erwünschte Konstruktion.

verändert würde, nicht Gegenstand besonderer Rechte sein können, und wenn gleichzeitig § 865 BGB ebendies für den Besitz ermöglicht, könne der Besitz kein Recht sein.[369] Wie aber auch *Sosnitza* festgestellt hat, besteht ohne Weiteres die Möglichkeit, § 865 BGB als *lex specialis* zu § 93 BGB zu sehen, der im allgemeinen Teil des BGB den Grundsatz aufstellt, von dem aber unproblematisch abgewichen werden kann.[370] Eine solche Systematik ist dem BGB mit seinem allgemeinen – vor die Klammer gezogenen – Teil inhärent.

i. Zeitliche Begrenzung der Besitzschutzansprüche

Schließlich macht *Jürgens* geltend, dass die zeitliche Begrenzung der Besitzschutzansprüche gem. § 864 Abs. 1 BGB gegen die Einordnung des Besitzes als Recht spreche:

> „Unterstellt, der Besitz sei ein Recht, so ist diese Regelung unverständlich. Sie hätte zur Konsequenz, daß im Anschluss an eine verbotene Eigenmacht das Besitzrecht des Geschädigten nach einem Jahr erlischt, und der nach § 858 Abs. 1 S. 1 BGB fehlerhafte und rechtswidrige Besitz allein aufgrund des gemäß § 864 Abs. 1 BGB zu einem Recht wird. Ein Rechtsübergang auf einen Bösgläubigen allein aufgrund eines Zeitablaufs ist dem BGB aber fremd."[371]

Völlig losgelöst von der Frage um seine Rechtsnatur geht der Besitz aber nicht erst mit Zeitablauf, sondern bereits dadurch über, dass der Täter die wie auch immer geartete Herrschaft über die Sache erlangt.[372] Der Besitz mag fehlerhaft und rechtswidrig sein, er bleibt dennoch Besitz und dieser Besitz könnte auch ein Recht sein, denn die Rechtswidrigkeit bezieht sich allein auf das Recht zum Besitz, nicht auf das Recht des Besitzes. Im Übrigen bleibt selbst die Rechtswidrigkeit und Fehlerhaftigkeit des Besitzes nach Ablauf der Präklusionsfrist bestehen. Der Anspruch auf Wiedereinräumung des Besitzes ist nur nicht mehr durchsetzbar.[373]

---

369 *Rosenberg*, Kommentar zum Bürgerlichen Gesetzbuch, Vor § 854, Anm. 5; MüKo/*Joost*, Vor §§ 854 ff., Rn. 9; *Müller-Erzbach*, AcP 142 (1978), 5 (17 f.).
370 *Sosnitza*, Besitz und Besitzschutz, S. 60.
371 *Jürgens*, Der Besitzschutz des Mieters nach § 823 Abs. 1 BGB, S. 45.
372 Vgl. *Sosnitza*, Besitz und Besitzschutz, S. 64.
373 Soergel/*Stadler*, § 864, Rn. 1.

j. Übergang des Besitzes durch Rechtsgeschäft

Bislang wurden systematische Argumente widerlegt, die dem Besitz die Rechtsqualität absprechen. Aber auch die *conclusio vice versa* ist nicht besonders ergiebig. Tatsächlich gibt es nur zwei rein systematische Argumente, die scheinbar für den Besitz als Recht Partei ergreifen. Teilweise wird auf die Möglichkeit verwiesen, den Besitz gem. § 854 Abs. 2 BGB durch Rechtsgeschäft übergehen zu lassen. Was durch Rechtsgeschäft übergeht, könne nur Recht sein. Wenn diese Prämisse zugrunde gelegt wird, muss aber darauf hingewiesen werden, dass zwar die h. M.[374] die Einigung nach § 854 Abs. 2 BGB als rechtsgeschäftliche anerkennt, dass es aber auch abweichende Meinungen[375] gibt, die dieselbe Einigung als Realakt qualifizieren. Es erscheint in der Tat widersinnig, mit § 854 Abs. 2 BGB systematisch für den Besitz als Recht argumentieren zu wollen, wo die innere Systematik der Norm im Sinne eines einheitlichen Verständnisses gerade für eine Auslegung spricht, die das gewünschte Ergebnis konterkariert, nämlich dafür, den Besitzerwerb nach § 854 Abs. 1 und Abs. 2 BGB gleich zu behandeln: als Realakt, wobei die ergänzende Normierung des Abs. 2 allein praktischen Bedürfnissen geschuldet ist.[376] Diesem Realakt liegt die Erlangung der tatsächlichen Gewalt zugrunde. Die tatsächliche Gewalt als normatives Tatbestandsmerkmal ist indes genauso wenig geeignet, den Sinn des Besitzes in irgendeiner Weise zu qualifizieren.

k. Der Besitz als sonstiges Recht i. S. d. § 823 Abs. 1 BGB

Schließlich wird auf die innere Systematik des § 823 Abs. 1 BGB abgestellt, um den Besitz als Recht zu qualifizieren. § 823 Abs. 1 BGB schützt neben Leben, Körper, Gesundheit, Freiheit und Eigentum auch sonstige Rechte.

---

374 Staudinger/*Gutzeit*, § 854, Rn. 29; Palandt/*Herrler*, § 854, Rn. 6; Erman/*Lorenz*, § 854, Rn. 15; Soergel/*Stadler*, § 854, Rn. 3; NK-BGB/*Hoeren*, § 854, Rn. 11; Jauernig/*Berger*, § 854, Rn. 12; *Baur/Stürner*, Sachenrecht, § 7, Rn. 22; *Westermann/Gursky/Eickmann*, Sachenrecht, § 12, Rn. 10; *Schwab/Prütting*, Sachenrecht, § 7, Rn. 57; *Kollhosser*, JuS 1992, 215 (217).

375 *Rosenberg*, Kommentar zum Bürgerlichen Gesetzbuch, § 854, Anm. II 2 e; Müko/*Joost*, § 854, Rn. 32; *Wolf*, Lehrbuch des Sachenrechts, § 2, S. 82; *Wieling*, Sachenrecht, § 4 II 2 b; *Hartung*, Besitz und Sachherrschaft, S. 200 ff.; *Joost*, in: Gedächtnisschrift für Dieter Schultz, S. 167 ff.; *Zitelmann*, JherJb 70 (1921), S. 1 (22 f.).

376 So auch *Sosnitza*, Besitz und Besitzschutz, S. 56.

Wenn der Besitz Schutzobjekt des § 823 Abs. 1 BGB wäre, müsste es sich bei dem Besitz logischerweise um ein sonstiges Recht handeln. Ob der Besitz aber diesen deliktischen Schutz genießt, ist umstritten[377] und für die Frage nach der Rechtsnatur des Besitzes nur von untergeordneter Bedeutung. Bei der Verwertung des § 823 Abs. 1 BGB zur Wesensbestimmung des Besitzes handelt es sich um einen Zirkelschluss, der Ursache und Wirkung in unzulässiger Weise vertauscht. Der Besitz ist kein Recht, weil er Objekt deliktischen Schutzes ist,[378] sondern er genießt diesen Schutz, weil und soweit er ein Recht ist. Zudem sind längst nicht alle Rechte Schutzobjekte des § 823 Abs. 1 BGB, sondern es wird meist gefordert, dass sie in ihrer Nutzungs-, Zuordnungs-, und Ausschlussfunktion dem Eigentum ähnlich sind.[379] Auch, wenn man den deliktischen Schutz des Besitzes verneinen würde, würde dies nicht zwingend gegen seine Rechtsqualität sprechen, sondern lediglich gegen seine Eigentumsverwandtschaft.

3. Beschränkte Wirkungsmacht gesetzlicher Exegese als Fazit

Die genannten Einlassungen zeigen in aller Deutlichkeit die beschränkte Wirkungsmacht gesetzlicher Exegese. Die drängenden Fragen, ob es sich bei dem Besitz um ein Recht handelt, d. h., ob der Besitz Quelle eines Rechts ist und was der Inhalt dieses Rechts sein könnte, lassen sich nicht durch bloße Gesetzesauslegung beantworten. Dies liegt primär daran, dass der Gesetzgeber ausweislich der Gesetzesmaterialien keinerlei abschließende Stellungnahme zu der umstrittenen Rechtsfigur des Besitzes machen wollte. Es obliegt der Rechtswissenschaft, diese schwierige Qualifizierung vorzunehmen. So muss an das rechtsdogmatische Leitbild des subjektiven Rechts angeknüpft werden. Allein diese übergeordnete Ordnungsinstanz verspricht weiterführende Erkenntnis.

---

377 Vgl. u. S. 157 ff.

378 So aber *Enneccerus/Nipperdey*, Allgemeiner Teil des Bürgerlichen Rechts, § 80, S. 468.

379 Vgl. u. S. 157 ff.

II. Definition des subjektiven Rechts

1. Subjektives Recht als Willensäußerung

Alles beginnt mit *Hegel*:[380]

> „Der Boden des Rechts ist überhaupt das *Geistige* und seine nähere Stelle und Ausgangspunkt der *Wille*, welcher *frei* ist, so daß die Freiheit seine Substanz und Bestimmung ausmacht und das Rechtssystem das Reich der verwirklichten Freiheit, die Welt des Geistes aus ihm selbst hervorgebracht, als eine zweite Natur, ist.“[381]

Dekonstruiert man diesen Satz, ergibt sich Folgendes: Der Geist ist die Grundlage des Rechts. Versucht der Geist von innen nach außen zu dringen und sich der Welt aktiv einzuprägen, spricht *Hegel* vom Willen.[382] Das, was den Willen ausmacht, ist die Freiheit, so dass das Rechtssystem als Reich der Freiheit definiert werden kann. Aber *Hegel* geht noch einen Schritt weiter und stellt fest, dass das Recht das „Dasein des freien Willen ist“.[383] Wille und Recht werden demnach gleichgesetzt, der freie Wille ist Recht, das Recht ist die Willensfreiheit. Dieses so begründete Primat des Willens im Recht findet sich auch bei *Savigny*:

> „Betrachten wir den Rechtszustand, so wie er uns im wirklichen Leben von allen Seiten umgibt und durchdringt, so erscheint uns darin zunächst die der einzelnen Person zustehende Macht: Ein Gebiet worin

---

380 Vgl. *Thon*, Rechtsnorm und subjektives Recht, S. 1; *Jhering*, Geist des römischen Rechts, § 60, S. 328. Die starke Fixierung auf das handlungsorientierte Subjekt ist maßgeblich auf die kantische Transzendentalphilosophie zurückzuführen. Noch im Humanismus und seiner Rezeption des römischen Rechts lag der Schwerpunkt stärker auf dem objektiven Recht (*norma agendi*), für das das subjektive Recht, die *facultas agendi*, „eher einen Rechtsreflex“ darstellte, vgl. *Florstedt*, Recht als Symmetrie, S. 10 ff. *Fezer*, Teilhabe und Verantwortung, S. 249 ff., spricht von der transzendentalen „Idealisierung des subjektiven Rechts“; *Kants* Ethik, basierend auf dem Axiom der angeborenen Freiheit, „… fundiert den Subjektivismus im Recht.“.

381 *Hegel*, R § 4.

382 Der Wille ist bei *Hegel* gleichzusetzen mit der Vernunft, die stets nach außen gerichtet ist und sich der Natur einprägen will. Die Natur wird nur dadurch zu unserer Wirklichkeit, dass sie von der Vernunft durchdrungen wird. Daher folgert *Hegel*, R Vor. 23: „Was vernünftig ist, das ist wirklich; und was wirklich ist, das ist vernünftig.“.

383 *Hegel*, R § 29.

ihr Wille herrscht, und mit unserer Zustimmung herrscht. Diese Macht nennen wir ein Recht dieser Person."[384]

Damit wird der Wille nicht nur in den Mittelpunkt des Rechts, sondern vor allem auch in das Zentrum der Definition des subjektiven Rechts gerückt. Das subjektive Recht zeichnet sich dadurch aus, dass dem Einzelnen von der Rechtsordnung die Macht verliehen wird, seinen Willen geltend zu machen. Ob als von der Rechtsordnung dem Einzelnen zur freien Verfügung gestellter Befehl,[385] als von der Rechtsordnung potentiell[386] gewährte Klagemöglichkeit,[387] als ein mit Rechtsmacht ausgestattetes Reflex-

384 *Savigny*, System des heutigen römischen Rechts, § 4, S. 7.

385 *Windscheid/Kipp*, Lehrbuch des Pandektenrechts, § 37, S. 155 f.: „Die Rechtsordnung hat auf Grund eines konkreten Tatbestandes einen Befehl zu einem Verhalten bestimmter Art erlassen und diesen Befehl demjenigen, zu Gunsten dessen sie ihn erlassen hat, zur freien Verfügung hingegeben. Sie überlässt es ihm, ob er von dem Befehl Gebrauch machen, und im Besonderen, ob er die ihm gegen den Widerstrebenden von der Rechtsordnung gewährten Mittel zur Anwendung bringen will, oder nicht. Demgemäß ist sein Wille maßgebend für die Durchsetzung des von der Rechtsordnung erlassenen Befehls. Die Rechtsordnung hat sich des von ihr erlassenen Befehls zu seinen Gunsten entäußert, sie hat ihren Befehl zu seinem Befehl gemacht. Das Recht ist sein Recht geworden.".

386 *Thon*, Rechtsnorm und subjectives Recht, S. 218.

387 *Thon*, Rechtsnorm und subjectives Recht, S. 178, 325.

388 *Kelsen*, Reine Rechtslehre, 2. Auflage 1960, S. 140. *Kelsens* Definition des subjektiven Rechts liegt die Prämisse zugrunde, dass das objektive Recht zuallererst eine Pflichtenordnung darstellt, die die Individuen mit Geboten und Verboten konfrontiert (S. 123). Die Berechtigung des Einzelnen, von einem Dritten ein Tun oder Unterlassen zu fordern, ist nur ein Reflex der vom objektiven Recht statuierten Pflichten des Dritten (S. 131 f.). Wenn dieses Reflexrecht mittels Klage durchgesetzt werden kann, dann spricht *Kelsen* vom Recht im subjektiven Sinn (S. 141). Technisch gesprochen muss unter die tatbestandlichen Voraussetzungen, die als Rechtfolge auf die gerichtliche Vollstreckung der verletzten Rechtspflicht abzielen, als notwendige Bedingung eine auf das Tätigwerden des Gerichts gerichtete Willensäußerung des Berechtigten treten. Nur wenn diese Bedingung hinzutritt, kann man von einem subjektiven Recht sprechen, denn nur dann wird das berechtigte Individuum als Subjekt wahrgenommen und nicht bloß als Objekt der korrespondierenden Pflicht eines Dritten (S. 134). In Hautprobleme der Staatsrechtslehre, S. 625, definiert *Kelsen* das subjektive Recht daher als „... Rechtssatz in seinem Verhältnis zu derjenigen Person, von deren Verfügung die Realisierung des im Rechtssatze ausgesprochenen Willens des Staates zur Unrechtsfolge abhängig gemacht ist." Auch wenn *Kelsen* also den Rechtssatz und nicht den Verfügungswillen des Berechtigten in den Vordergrund stellt, so ist dieser Wille auch bei ihm notwendiges Tatbestandsmerkmal

recht[388] oder als Normsetzungsbefugnis[389] – immer steht der Wille im Vordergrund, und zwar ein Wille gerichtet auf Verhaltensanordnungen gegenüber Dritten. Der Wille bezieht sich nicht auf einen Gegenstand, sondern auf die Erzwingung eines bestimmten Verhaltens anderer Individuen. Dieses vom Willen des Einzelnen geforderte Verhalten kann in einem aktiven Tun (z.B. der Übereignung des Kaufgegenstandes), aber auch in einem Unterlassen (z.B. des Zugriffs auf fremdes Eigentum) oder einem Dulden (z.B. muss der Eigentümer die Nutzung seiner Sache durch den Nießbraucher erdulden) bestehen.

Erschöpft sich das subjektive Recht auf die rechtlich durchsetzbare Herrschaft des Willens über andere Individuen, dann müsste der Besitz unproblematisch unter das so definierte subjektive Recht zu subsumieren sein. Denn das Vorhandensein der Besitzschutzregeln in den §§ 859 ff. BGB ermöglicht es dem Besitzer – sofern die tatbestandlichen Voraussetzungen erfüllt sind[390] –, seinen Willen dahingehend geltend zu machen, dass keiner seinen Besitz beeinträchtigen darf.

---

und seine Feststellung auf S. 619, das subjektive Recht sei nicht der Wille, ein eher trotziges Aufbegehren gegen die Willenstheorie. Im Anschluss an *Kelsen* definiert auch *Aicher*, Das Eigentum als subjektives Recht, S. 55 f., fast wortgleich das subjektive Recht „als die ein Verhalten eines Individuums gebietende oder verbietende objektive Rechtsnorm im Verhältnis zu dem Individuum, dem die Rechtsordnung die Rechtsmacht verliehen hat, bei Nichterfüllung dieser Verhaltenspflicht – als ultima ratio – ein staatliches Verfahren in Gang zu setzen, das in der Verhängung einer Sanktion gegenüber dem sich pflichtwidrig verhaltenden Individuum gipfelt.".

389 *Bucher*, Das subjektive Recht als Normsetzungsbefugnis. Wie *Kelsen* geht *Bucher* davon aus, dass die Rechtsordnung primär eine Pflichtenordnung (S. 46) und dass das subjektive Recht nur „eine besondere Erscheinungsform" des objektiven Rechts ist (S. 14). Des Weiteren stimmt er mit *Kelsen* darin überein, dass nicht nur generell-abstrakte, sondern auch individuell-konkrete Normen Teil der Normenhierarchie sind. Damit ist auch ein konkreter Befehl an eine individualisierte Person als Norm zu bezeichnen (S. 49). Diese Norm nun hat die gleiche logische Struktur wie die generell-abstrakten Normen, bei beiden handelt es sich um Willensinhalte, nur dass einmal der Wille eines Kollektivs, das andere Mal der Wille des Individuums maßgeblich sind (S. 44, 66). Wenn das objektive Recht dem Individuum die Möglichkeit delegiert, seinen Willen in Form eines Anspruchs geltend zu machen, dann ist dieser Anspruch ebenfalls eine Norm, „Anspruchserhebung ist Normsetzung" (S. 66 f.). Somit ist das Recht im subjektiven Sinn „eine dem Berechtigten von der Rechtsordnung verliehene Normsetzungsbefugnis" (S. 55).

390 Bei den Klagerechten ist der Wille des Berechtigten genaugenommen selbst Tatbestandsmerkmal, welches vorliegen muss, um die Rechtsfolge, nämlich das Tätigwerden des Gerichts, auszulösen.

> „Soweit das positive Recht nicht nur die Stellung des Eigentümers garantiert, sondern auch denjenigen schützt, der die Sache aus irgendeinem Grund im ‚Besitz' hält, kann dessen Rechtsstellung gegenüber Dritten nur als ein dem Besitzer verliehenes subjektives Recht beschrieben werden ..."[391]

Aber nur, weil die Willenstheorien beim Besitz zu dem gewünschten Ergebnis führen, spricht das nicht für ihre Richtigkeit. Sie müssen vielmehr unabhängig davon auf ihre Kontingenz und ihre Belastbarkeit geprüft werden. Dabei werden den Ansätzen, die den Willen des Einzelnen in den Vordergrund rücken, immer wieder die gleichen, nur schwer zu entkräftenden, Vorbehalte entgegengehalten.

2. Kritik des Willensprimats

a. Der Wille Willensunfähiger

Bei diesen Vorbehalten ist gerade der erste Kritikpunkt wegen seiner Simplizität von besonderer Wirkungskraft. Wenn der Wille des Individuums notwendiger Bestandteil des subjektiven Rechts ist, wenn das subjektive Recht geradezu in diesem rechtlich geschützten Willen aufgeht, dann könnten Individuen, die keiner Willensbildung fähig sind, nicht Inhaber subjektiver Recht sein. Kinder und Wahnsinnige, denen das Recht bis zu einem bestimmten Punkt die rechtlich wirksame Artikulierung ihres Willens abspricht, wären also bar jeden Rechtes. Dieses Ergebnis kann nicht gewollt sein, und Lösungen für diesen Widerspruch erschöpfen sich in positiv gesetzten Fiktionen des Willens Willensunfähiger[392] oder im Schutz der Möglichkeit zukünftiger Willensbildung, was sich freilich bei unheilbar Kranken zu einem unüberbrückbaren Problem auswächst.[393]

b. Temporäres Paradox

Ein weiterer Kritikpunkt betrifft das temporäre Moment des subjektiven Rechts, d. h. den Zeitpunkt seiner Entstehung. Wenn das subjektive Recht

391 *Bucher*, Das subjektive Recht als Normsetzungsbefugnis, S. 173.
392 z.B. *Bucher*, Das subjektive Recht als Normsetzungsbefugnis, S. 102 f.
393 So auch *Jhering*, Geist des römischen Rechts, § 60, S. 332 f.

mit dem Recht auf Klage gleichgesetzt wird, entsteht es erst in dem Moment, in dem der Unrechtstatbestand einer Norm erfüllt ist. Die Erfüllung des Unrechtstatbestandes einer Norm ist notwendiges Tatbestandsmerkmal einer weiteren Norm, die auf Rechtsfolgenseite das Tätigwerden des Gerichts befiehlt. Das zweite notwendige Tatbestandsmerkmal dieser letzten Norm ist der nach außen artikulierte Willen des Berechtigten. Da die Erfüllung des ersten Tatbestandsmerkmals aber nicht in der Macht des Berechtigten steht, muss er tatenlos warten, bis ein anderer zu seinen Lasten den entsprechenden Unrechtstatbestand erfüllt. Erst in diesem Moment entstünde das subjektive Recht. Um dieses widersinnige Ergebnis zu umgehen und den Entstehungszeitpunkt des subjektiven Rechts vorzuverlagern, hat *Thon* das subjektive Recht als „Verheissung eventueller Ansprüche“, als „Aussicht auf solche“ definiert.[394] Es wäre jedoch schlecht um das subjektive Recht bestellt, wenn es sich allein in einer potentiellen Klagebefugnis erschöpft.

Kelsen löst dieses Problem in Auseinandersetzung mit *Thon*, indem er die beiden Rechtssätze – den, welcher gegenüber Individuen eine Rechtspflicht statuiert und den, welcher das Tätigwerden des Gerichts befiehlt – in einen Rechtssatz gießt. Dieser Rechtssatz statuiert also eine „doppelte Pflicht“ und ein damit korrespondierendes doppeltes Recht: Zum einem das Recht des Berechtigten, von einem anderen Individuum ein Tun, Dulden oder Unterlassen zu fordern, zum anderen das Recht des Berechtigten, das Gericht zum Eingreifen zu zwingen.[395] Bei diesen Rechten handelt es sich bei Kelsen nicht um zwei verschiedene Rechte, sondern der Berechtigte „... hat das eine nur, indem er das andere hat, es ist derselbe Rechtssatz und somit dasselbe Recht nur in zwei verschiedenen Relationen.“[396]

Erkennt man die rechtlich gewährte Befugnis, von einem anderen ein Tun, Dulden oder Unterlassen zu fordern, als wesentlich für das subjektive Recht an, dann ist die Problematik des temporären Moments aber gerade im Fall der so genannten dinglichen Rechte als Ausschlussrechte gegenüber einer Vielzahl von Personen nicht gelöst, sondern nur verlagert. Richtigerweise entsteht das Recht, ein Handeln einzufordern, in dem Moment, in dem der Tatbestand erfüllt ist, der das Rechtsverhältnis entstehen lässt. Wenn der Kaufvertrag geschlossen wurde, kann der Käufer grundsätzlich Übereignung und Übergabe der Kaufsache verlangen. Beim Unterlassen ist das nicht der Fall. Obwohl jemand den Tatbestand des Eigentümers er-

394 *Thon*, Rechtsnorm und subjectives Recht, S. 218.
395 *Kelsen*, Hautprobleme der Staatsrechtslehre, S. 620.
396 *Kelsen*, Hautprobleme der Staatsrechtslehre, S. 620.

füllt, kann er nicht automatisch von einem anderen ein Unterlassen fordern. Das würde nämlich zunächst ein aktives Tun dieser Person voraussetzen.[397] Das Eigentumsrecht wäre auch in diesem Fall nur potentiell, seine Geltendmachung hinge davon ab, dass ein anderer einen Unrechtstatbestand erfüllt. *Kelsen* löst dieses Dilemma dahingehend, dass er zwischen der Existenz des subjektiven Rechts und dessen Geltendmachung unterscheidet.[398] Die Rechte aus dem Eigentum existieren bereits ab dem Moment des Eigentumserwerbs, ihre Geltendmachung ist aber erst dann möglich, wenn der Tatbestand der Eigentumsverletzung erfüllt ist. Wenn man aber den Schwerpunkt des subjektiven Rechts auf die Verfügungsbefugnis bzw. die Rechtsmacht über andere legt, erscheint es fragwürdig, ein subjektives Recht anzunehmen, wo eine solche Befugnis oder Macht fehlt. Das subjektive Recht dürfte nach diesen Überlegungen nur existieren, wenn es auch geltend gemacht werden kann, oder anders formuliert: Das subjektive Recht ist die Möglichkeit der Geltendmachung. Das hätte aber zur Folge, dass nicht der Eingriff in den Bereich, der durch das Recht geschützt ist, eine Verletzung dieses Rechts darstellen würde, sondern erst die Verweigerung, dem (Unterlassungs-)Anspruch Folge zu leisten. Dies würde aber auch in begrifflicher Hinsicht zu Verwirrung führen. Denn „wer über ein fremdes Grundstück geht, verletzt das Recht des Eigentümers, obgleich der Eigentümer es ihm nicht verboten hat ...".[399] Man spricht von der Verletzung eines Rechts und erst diese Verletzung ermöglicht es dem Berechtigten, seinen Willen geltend zu machen.[400] Dann kann dieser Wille aber begriffsnotwendig nicht den Inhalt subjektiver Rechte bilden.

---

397 Vgl. *Kelsen*, Hautprobleme der Staatsrechtslehre, S. 627.

398 *Kelsen*, Hautprobleme der Staatsrechtslehre, S. 628.

399 *Windscheid/Kipp*, Lehrbuch des Pandektenrechts, § 37, S. 157.

400 *Windscheid/Kipp*, Lehrbuch des Pandektenrechts, § 37, S. 157 f., fassen das Dilemma derart zusammen, dass das Recht „... unabhängig ist von dem realen Wollen des Berechtigten, von einer von ihm ausgehenden Willensäußerung." Dieses Dilemma sei so zu lösen, dass der von der Rechtsordnung zugunsten des Berechtigen erlassene Befehl trotz dieses Zur-Verfügung-Stellens doch ein Befehl der Rechtsordnung selbst bleibt. Die Verbindung zum Willen des Individuums besteht darin, dass sein Wille den Inhalt des von der Rechtsordnung erlassenen Befehls bildet. „Sein Wille ist maßgebend für das Verhalten der ihm Gegenüberstehenden, weil er maßgebend ist für einen für ihr Verhalten maßgebenden Rechtbefehl." Dieser Rechtsbefehl soll aber dennoch begrifflich subjektives Recht sein.

c. Rechtsverhältnis als Wiege des Willens

Schließlich ist ein weiterer Kritikpunkt dem Aufbau dieser Untersuchung und ihrer Rückbesinnung auf das Rechtsverhältnis als elementarem Bestandteil des Rechtssystems geschuldet. Die hier vertretene Auffassung versteht das Rechtsverhältnis als Grundlage des Rechtssystems und als Quelle jeglicher subjektiver Rechte. Es wurde bereits festgestellt, dass das Rechtsverhältnis mit Ausnahme des Besitzes auf einer rechtlich anerkannten Willenseinigung beruht. Bei den absoluten Rechten besteht diese Willenseinigung darin, dass die Allgemeinheit den Status eines Individuums bezüglich einer Sache anerkennt, während der Wille des Individuums auf diese Anerkennung ausgerichtet ist. Die Anerkennung verläuft aber zu einem gewissen Grad konträr zu der Ausschlussbefugnis, die dem Berechtigten zuteil wird. Letztere wird erst in dem Moment relevant, in dem ein Individuum aus der Allgemeinheit hervortritt und der Anerkennung der Stellung des Berechtigten zuwider handelt. Der Wille ist zunächst auf Anerkennung, und nur wenn diese Anerkennung durch Einzelne gestört wird, auf Ausschluss und Unterlassen gerichtet. Ziel des Willens ist primär die Akzeptanz der eigenen Position durch andere, und erst in einem weiteren Schritt die zwangsweise Durchsetzung dieses Ziels. Das Ziel ist aber notwendig gescheitert, der Wille ins Leere gelaufen, wenn das Ziel, auf das der Wille zunächst gerichtet ist, zwangsweise durchgesetzt werden muss. Der Wille auf Ausschluss setzt demnach ein Scheitern des Willens auf Anerkennung voraus. Wenn letzterer Wille Grundlage des Rechtsverhältnisses ist, kann der Wille auf Ausschluss zwar eine Komponente des subjektiven Rechts sein, das subjektive Recht sich aber nicht in ihm erschöpfen. Vielmehr muss das, was durch die zwangsweise Durchsetzbarkeit geschützt wird, in den Vordergrund rücken: der Inhalt des subjektiven Rechts. Denn „welch ein armseliges Ding wäre es um den Willen, wenn die nüchternen Regionen des Rechts das eigentliche Gebiet seiner Tätigkeit bezeichneten!“[401]

3. Subjektives Recht als Mehr zur bloßen Ausschlussmöglichkeit

Die Möglichkeit, andere von einer bestimmten Position auszuschließen, soll keinesfalls als Bestandteil des subjektiven Rechts geleugnet werden. Eine Position entbehrt jeder Sinnhaftigkeit, wenn sie nicht durch das posi-

---

401 *Jhering*, Geist des römischen Rechts, § 60, S. 332.

tive Recht geschützt wird. Andererseits kann jeder Schutz nur als Schutz von Etwas gedacht werden, Schutz ohne schützenswerte Position gibt es nicht. Dabei wird der schützenswerten Position aber Unrecht getan, wenn sie auf ihre bloße Reflexhaftigkeit im Verhältnis zu den Pflichten Dritter reduziert wird. „Dass ich eine mir gehörende Semmel essen darf, ist eher die Hauptsache als ein Reflex aus den mir zustehenden Ansprüchen nach §§ 985, 1004."[402] Die Position muss mehr sein als der simple Antipode eines Verbots, dessen Durchsetzung im Belieben des Berechtigten steht. *Portmann* hat darauf hingewiesen, dass die Anerkennung allein von gebietenden und verbietenden Rechtssätzen i. S. d. Imperativentheorie zu einer rechtlichen Indifferenz aller anderen Verhaltensweisen führen würde.[403] Da jedes Verhalten aber eine rechtliche Relevanz besitze, müsse es auch „erlaubende Rechtsnormen mit konstitutiver Bedeutung" geben.[404] In diesem Kontext sei auch die allgemeine Freiheitsvermutung nichts anderes als ein Rechtssatz innerhalb einer konkreten Rechtsordnung und nicht ein vorgesetzliches Phänomen, das über die Rechtsordnung durch Verbote und Gebote korrigiert werden müsse.[405]

Es wurde bereits auf den Widerspruch zwischen Existenz und Geltendmachung des subjektiven Rechts aufmerksam gemacht. Wenn das subjektive Recht einerseits bereits vor seiner Geltendmachung existieren und sich andererseits nicht in der bloßen Aussicht auf zukünftige Ansprüche genügen soll, findet zwangsläufig eine Loslösung vom konkreten Willen des Berechtigten statt.[406] Wenn aber dieser konkrete Wille nicht ausschlaggebend ist, muss das subjektive Recht zumindest einen weiteren Faktor beinhalten, und zwar die geschützte Position als solche, die sein Wesen ausmacht. So argumentiert auch *Schmidt*, dass die „Verbotsnorm gilt, weil sie Norm ist, nicht weil sie von dem Berechtigten geltend gemacht wird."[407] Da sie ohne Zutun des Berechtigten gilt, liegt aber auch keine Aussage zugrunde, die in irgendeiner Art auf den Berechtigten verweist: „Hierzu ist vielmehr eine *neue* Aussage erforderlich, deren Inhalt sich nicht auf den Rekurs auf die gegenüber den anderen Rechtssubjekten geltende Verbotsnorm be-

---

402 *Medicus/Petersen*, Bürgerliches Recht, § 28, Rn. 709.

403 *Portmann*, Wesen und System der subjektiven Privatrechte, S. 34. Grundlegende Kritik an der Idee des Rechts als einer Aneinanderreihung von durch Drohung gestützten Befehlen bei *H.L.A. Hart*, Der Begriff des Rechts (2009).

404 *Portmann*, Wesen und System der subjektiven Privatrechte, S. 34.

405 *Portmann*, Wesen und System der subjektiven Privatrechte, S. 34.

406 *Windscheid/Kipp*, Lehrbuch des Pandektenrechts, § 37, S. 158, sprechen daher auch nur „vom Willen der Rechtsordnung".

407 *Schmidt*, Aktionsberechtigung und Vermögensberechtigung, S. 18.

schränken kann."[408] Mit *Portmann* könnte man daher das subjektive Recht als „privatrechtliches Privileg" einer Person begreifen, „... wonach sie sich in bestimmter Weise verhalten darf, eine bestimmte Rechtswirkung herbeiführen kann oder (und) wonach ihr ein fremdes Verhalten geschuldet ist."[409] Bedauerlicherweise fasst *Portmann* die absoluten Rechte und auch den Besitz im Anschluss nicht unter das rechtliche Dürfen, sondern unter das Recht auf ein fremdes Verhalten, das sich in einem allgemeinen Verbotsrecht niederschlägt. Somit reduziert sich das Privileg des absoluten Rechts letztlich doch wieder auf die Ausschlussmöglichkeit.[410]

Es erscheint sinnvoller, in diesem Fall auf ein Dürfen abzustellen. Während sich eine rechtstheoretisch-formale Betrachtungsweise mit einer Zuweisungsfunktion als zentralem Axiom des Privatrechts schwer tut, kann diese im Rahmen schuldrechtsdogmatischer Erwägungen als Leitgedanke bezeichnet werden.[411] „Der Kern des subjektiven Rechts liegt in der Zuweisung von Gütern, in der Zuweisung eines dem einzelnen zugehörigen Interessenbereichs."[412] In diesem Kontext darf die Zuweisung als das Innerste des subjektiven Rechts, als sein strukturverleihendes und identitätsstiftendes Zentrum bezeichnet werden.[413]

---

408 *Schmidt*, Aktionsberechtigung und Vermögensberechtigung, S. 18 f. Er orientiert sich bei dieser Aussage strukturell an *Geiger*, Vorstudien zu einer Soziologie des Rechts.

409 *Portmann*, Wesen und System der subjektiven Privatrechte, S. 44.

410 Vgl. *Portmann*, Wesen und System der subjektiven Privatrechte, S. 121 ff. und 149 ff.

411 Vgl. dazu die Ausführungen bei § 823 Abs. 1 BGB u. S. 157 ff.

412 *v. Caemmerer*, in: Festschrift zum hundertjährigen Bestehen des deutschen Juristentages, Bd. II, S. 49 (55).

413 Den Zuweisungsgehalt in diesem Kontext betonen u. a. *Esser*, Einführung in die Grundbegriffe des Rechtes und Staates, § 76, S. 158, der von einem sozialgebundenen „Bestimmungsrecht" spricht; *Larenz*, in: Festgabe für Johannes Sontis, S. 129 (141); *Larenz/Canaris*, Schuldrecht BT, § 76, S. 373 f., 396; *Larenz/Wolf*, Allgemeiner Teil des Bürgerlichen Rechts, 9. Auflage 2004, § 14, Rn. 15 ff.; *v. Caemmerer*, in: Festschrift zum hundertjährigen Bestehen des deutschen Juristentages, Bd. II, S. 49 (55); *ders.*, in: FS Rabel, Bd. I, S. 333 (353 ff., 398 ff.); *Bork*, Allgemeiner Teil des Bürgerlichen Gesetzbuchs, § 9, Rn. 280 ff.; *Müller-Freienfels*, Die Vertretung beim Rechtsgeschäft, S. 86 ff., von „Zuständigkeit" sprechend; *Kasper*, Das subjektive Recht, S. 138; *Kurz*, Der Besitz als möglicher Gegenstand der Eingriffskondiktion, S. 20; vgl. auch die zusammenfassende Darstellung bei *Raiser*, JZ 1961, 465 ff.

4. Teleologisch-dogmatischer versus normativ-rechtstheoretischer Standpunkt

Man setzt sich schnell dem Vorwurf des „unheilvollen Methodensynkretismus“ aus, wenn man versucht, das Dürfen, d. h. den Inhalt, Zweck, kurz: das was übrigbleibt, wenn man den Schutz durch Ansprüche abzieht, zu bestimmen und in eine Definition des subjektiven Rechts einzubinden.[414] Gerade in neuerer, positivistisch geprägter Zeit wird das Augenmerk mehr auf die Normstruktur und die formale Beschaffenheit des Rechts als auf den scheinbar beliebig auswechselbaren Inhalt gelegt. Dies hat zur Folge, dass auch die Frage des Endzwecks, der durch den Normschutz erreicht werden soll, in den Hintergrund getreten ist. Diese Frage wurde geradezu dämonisiert und marginalisiert. Rechtsteleologische Annäherungsversuche an den Forschungsgegenstand wurden durch normative Betrachtungsweisen verdrängt, die tendenziell die Ausschlussmöglichkeit gegenüber Dritten in den Vordergrund stellen. Aber selbst wenn man – in Einklang mit normativen Sichtweisen – den Inhalt des subjektiven Rechts beispielsweise bei dinglichen Rechten auf das abstrakte Privileg des rechtlichen Dürfens reduziert, d. h. gerade nicht auf die rechtlich eingeräumte Möglichkeit, Verbote gegen andere durchzusetzen, bleibt das Dürfen als solches ein leerer Begriff. So schreibt *Florstedt*: „Es ist als hätte der Formaldiskurs seit den 1960er Jahren über die Struktur subjektiver Rechte die Einheit von rechtlicher Theorie und fachbezogener Dogmatik nicht begünstigt, sondern beschädigt …“[415] Dabei wird das eine durch das andere keinesfalls konterkariert, sondern vielmehr bedingen beiden Positionen einander:

> „Bald steht der *Zweck* der absoluten Rechte, nämlich, dem Berechtigten den Genuss einer Sache zu verschaffen, bald das *normative* Element, d. h. die Möglichkeit des Berechtigten, alle übrigen Rechtsgenossen von der Sache auszuschließen, im Vordergrund. Dabei kann doch nicht zweifelhaft sein, daß sich beide Betrachtungsweisen gegenseitig *nicht ausschließen, sondern ergänzen …*“[416]

Zweck und normatives Element sind unentwirrbar miteinander verbunden.

Natürlich möchte keiner die Wesensverschiedenheit von teleologischem Inhalt und normativem Schutz bestreiten, dennoch erscheint eine allzu

---

414 So ausgesprochen durch *Aicher*, Das Eigentum als subjektives Recht, S. 15.
415 *Florstedt*, Recht als Symmetrie, S. 22.
416 *Bucher*, Das subjektive Recht als Normsetzungsbefugnis, S. 152.

strikte Trennung in höchstem Maße artifiziell, besonders bei einer Bestimmung des subjektiven Rechts. Es sollte bedacht werden, dass diese Dichotomie im Fahrwasser einer positivistisch-theoretischen Rechtswissenschaft entstanden ist, die erst zu Beginn des 20 Jahrhunderts populär wurde und deren bedingungsloser Systemwille zumindest in seinen extremen Auswüchsen nicht überzeugen kann.[417] Für das Rechtssystem kann sich eine schädigende Wirkung entfalten, wenn auf die Frage, was ein subjektives Recht sei, zwei Antworten parat stehen: Willensmacht oder Genusszuweisung, je nachdem in welcher rechtlichen Subdisziplin man sich bewegt. Das gilt umso mehr, als dass beide Disziplinen der Systematisierung des gleichen Gegenstandes dienen: dem positiven Recht.

Vorzugswürdig erscheint es, auch beim Begriff des subjektiven Rechts auf die eingangs erörterte Differenzierung von Sinn und Bedeutung zurückzugreifen. Der Sinn des subjektiven Rechts ist der Schutz, der einer irgendwie gearteten Position rechtlich zuerkannt wird. Die Bedeutung des subjektiven Rechts ist der Zuweisungsgehalt, der die geschützte Position mit Inhalt füllt und dadurch überhaupt erst schützenswert macht.

Das vorliegende Kapitel wird sich auf die Bedeutung des subjektiven Rechts konzentrieren, indem es den Zuweisungsgehalt des Besitzes herausarbeitet. Der Zuweisungsgehalt des Besitzes ist sein Inhalt, ist das, was dem Einzelnen durch die Anerkennung der Besitzerstellung rechtlich zugeteilt wird und was als solches das Innerste des Rechts des Besitzes ausmacht. Jedem Recht, sei es relativ oder absolut, liegt eine Zuweisung zugrunde. Die Frage ist, welche Privilegien der Besitzer genießt, welches rechtliche Dürfen ihm gestattet ist, welche „Verhaltensberechtigung“[418] er aus seiner Stellung zieht. Dies ist das Wesen des Besitzes.

5. Genuss als Kern des subjektiven Rechts

Um die Bedeutung des subjektiven Rechts zu bestimmen, bietet sich eine lose Orientierung an der Terminologie *Jherings* an, der zwischen den Begrifflichkeiten Nutzen, Gut, Wert, Genuss und Interesse differenziert.[419] Der Nutzen oder auch Vorteil für den Menschen ist der Inhalt eines jeden

---

417 Auch *Florstedt*, Recht als Symmetrie, S. 24, spricht von einer „ständigen Verkleinerung des Betrachtungsausschnittes“ und einer „... selbst auferlegten Pflicht zur vereinfachenden Schablonisierung der subjektiven Rechte ...“.

418 *Bork*, Allgemeiner Teil des Bürgerlichen Gesetzbuchs, § 9, Rn. 281.

419 *Jhering*, Geist des römischen Rechts, § 60, S. 339.

Rechts, auf dass es seine „Bedürfnisse befriedige“ und seine „Interessen fördere“.[420] Wenn der Nutzen den Inhalt jedes subjektiven Rechts bildet, der Nutzen aber in der Förderung und Sicherung von schutzwürdigen Interessen besteht, scheinen Nutzen und Interesse synonyme Begriffe für die Inhaltsbestimmung des subjektiven Rechts zu sein.[421] Die „tatsächliche Zweckverwendung“ des subjektiven Rechts bezeichnet *Jhering* als seinen Genuss:[422]

> „... die Möglichkeit des Genusses bildet den Endzweck und damit Kriterium eines jeden Rechts. Ein Recht ohne eine damit verbundene Genußmöglichkeit ist ein Unding. Mag der Berechtigte den Genuß verschmähen – das steht ihm frei –, aber ein Recht, dem *in thesi* kein Genuß, d. h. kein Nutzen, dem es dem Berechtigten abwirft, entspricht, ist eine *contradictio in adjecto*. Kein Recht ist seiner selbst wegen oder des Willens wegen da, jedes Recht findet seine Zweckbestimmung und seine Rechtfertigung darin, daß es das Dasein oder Wohlsein fördert, kurz in dem Nutzen in dem oben angegebenen weitesten Sinn.“[423]

Der Genuss ist damit der tatsächliche Inhalt des subjektiven Rechts, wobei seine Abgrenzung zum theoretischen Interesse – dem Nutzen im engen Sinn – nur in Nuancen möglich scheint. Als Beispiel für das theoretische Interesse bedient sich *Jhering* einer Dienstbarkeit aus dem römischen Recht, der *servitus ne prospectui officiatur*.[424] Diese dient dem Interesse an einer schönen Aussicht.[425] Wenn das theoretisch-abstrakte Interesse die schöne Aussicht darstellt, müsste der faktische Genuss der Blick aus dem Fenster oder vom Grundstück aus sein. Wenn das theoretische Interesse des Eigentums darin besteht, dem Eigentümer eine Stellung einzuräumen, bei der er nach Belieben mit der Sache verfahren darf, dann ist der Genuss die tatsächliche Ausübung dieser Stellung. Die zur Verfügung gestellte Möglichkeit ist das Interesse, ihre tatsächliche Ausübung der Genuss. Die

420 *Jhering*, Geist des römischen Rechts, § 60, S. 340.

421 Zur Begriffskonfusion vlg. auch *Florstedt*, Recht als Symmetrie, S. 24.

422 *Jhering*, Geist des römischen Rechts, § 60, S. 345.

423 *Jhering*, Geist des römischen Rechts, § 60, S. 350.

424 „Die *servitus ne prospectui officiatur* ist das Recht, jede Anstalt des Nachbarn, durch welche er uns die freie und angenehmere Aussicht vermindert oder nimmt, zu untersagen“ (*Valett*, Lehrbuch des praktischen Pandecten-Rechtes, § 299, S. 234).

425 *Jhering*, Geist des römischen Rechts, § 60, S. 344.

Genussmöglichkeit ist das Interesse. Daher nennt Jhering den Genuss auch „faktisches Interesse“.[426]

Das theoretische Interesse manifestiert sich im faktischen Interesse und beiden zugrunde liegt das Gut. Das Gut ist der Gegenstand des Rechts, die Sache, auf die sich das Recht bezieht. Nach *Jhering* bildet das „... Gut den Inhalt eines jeden Rechts ...“[427] Wenn aber der Zweck des Rechts das Interesse ist, das sich im Genuss verwirklicht, scheint das Gut nur die Grundlage für die Geltendmachung der Interessen zu sein. Die verwirklichten Interessen selbst sind der Inhalt des Rechts. Versucht man, den Inhalt des Eigentums zu definieren, wird man kaum sagen, der Inhalt sei die Sache, an der der Berechtigte Eigentum erlangt hat. Der Inhalt des Eigentums ist die Möglichkeit der Interessengeltendmachung, die Möglichkeit der Genussausübung.

Schließlich besitzt das subjektive Recht, unabhängig vom Interesse, einen Wert, der sich in der Möglichkeit erschöpft „... seine Abstufungen in Geld auszudrücken ...“[428]

Unter Berücksichtigung dieser Differenzierung scheint der Begriff des Genusses im Sinne *Jherings* dem am nächsten zu kommen, was das subjektive Recht in seiner Bedeutung ausmacht, „... Recht ist die rechtliche Sicherheit des Genusses.“[429] Es gilt nun, herauszufinden, ob der Besitz dem Besitzer einen irgendwie gearteten Genuss ermöglicht. Nur wenn das der Fall ist, kann es sich bei dem Besitz um ein subjektives Recht handeln.

III. Genuss beim Besitzen

1. Theoretische Betrachtung[430]

a. Persönlichkeit

Einige sehen das durch den Besitz geschützte Interesse bzw. den Genuss in einer irgendwie gearteten Form des freien Willens, durch den sich die

426 *Jhering*, Geist des römischen Rechts, § 60, S. 339.
427 *Jhering*, Geist des römischen Rechts, § 60, S. 341.
428 *Jhering*, Geist des römischen Rechts, § 60, S. 342.
429 *Jhering*, Geist des römischen Rechts, § 60, S. 351.
430 Der theoretischen, wissenschaftlichen Betrachtung stellt *Husserl*, Ideen zu einer reinen Phänomenologie und phänomenologischen Philosophie, Hua III/1, S. 60, seine phänomenologische Methode als eine „reine Beschreibung vor aller

menschliche Persönlichkeit in der Natur manifestiert.[431] Sei es das Faktische im Zustand der Person,[432] durch den „... die Persönlichkeit und Freiheit des Menschen zur vollen Anerkennung ...“ gelangt,[433] seien es die „Akzidentien“ ihrer selbst,[434] sei es der besondere in Abgrenzung zum allgemeinen Willen[435] oder ein eigenes Recht, „entlehnt“ von dem Recht der Persönlichkeit.[436] Das Besitzen ist ein Ausfluss individueller Persönlichkeitsentfaltung.

Der Grundgedanke dieser Strömung geht auf *Kant* zurück, der zwischen innerem und äußerem Mein und Dein differenziert.[437]

> „Ich kann einen Gegenstand im Raume (eine körperlich Sache) nicht mein nennen, außer wenn, obgleich ich nicht im physischen Besitz desselben bin, ich dennoch in einem wirklichen (also nicht physischen) Besitz desselben zu sein behaupten darf. – So werde ich einen Apfel nicht darum mein nennen, weil ich ihn in meiner Hand habe (physisch besitze), sondern nur, wenn ich sagen kann: ich besitze ihn, ob ich ihn gleich aus meiner Hand, wohin es auch sei, gelegt habe; imgleichen werde ich von dem Boden, auf den ich mich gelagert habe, nicht sagen können, er sei darum mein; sondern nur, wenn ich behaupten darf, er sei immer noch in meinem Besitz, ob ich gleich diesen Platz verlassen habe. Denn der, welcher mir im ersten Falle (des empirischen Besitzes) den Apfel aus der Hand winden, oder mich von meiner Lagerstätte wegschleppen wollte, würde mich zwar freilich in Ansehung des inneren Meinen (der Freiheit), aber nicht des äußeren lädieren, wenn ich nicht auch ohne Inhabung mich im Besitz des Ge-

‚Theorie‘“ entgegen. Vgl. auch *Waldenfels*, Nachwort in: *Husserl*, Arbeit an den Phänomenen, S. 265.

431 Planck/*Brodmann*, Vor §§ 854 ff., Nr. 6; *Savigny*, Das Recht des Besitzes, § 6, S. 56; *Bruns*, Das Recht des Besitzes, S. 489 ff.; *Gans*, System des römischen Civilrechts, S. 211 ff.; *Puchta*, Pandekten, § 122, S. 186 f.; *Wieling*, Sachenrecht, § 3 II b und in: FS Lübtow, S. 565 ff.; *Eberhard*, Mecklenburgische Zeitung für Rechtspflege, 51 (1935), S. 211 ff.

432 *Savigny*, Das Recht des Besitzes, § 6, S. 56.

433 *Bruns*, Das Recht des Besitzes, S. 491.

434 Planck/*Brodmann*, Vor §§ 854 ff., Nr. 6. Der Begriff des Akzidens geht auf *Aristoteles* zurück. Gemeint ist damit das Sichtbare, das Äußere der Dinge. Die Substanz hingegen, das Kant'sche Ding an sich, ist für den Menschen nicht erkennbar. Die katholische Transsubstantiationslehre baut maßgeblich auf der Unterscheidung Substanz – Akzidens auf.

435 *Gans*, System des römischen Civilrechts, S. 211 f.

436 *Puchta*, Pandekten, § 122, S. 187.

437 *Kant*, Metaphysik der Sitten, AA VI 247 ff.

> genstandes zu sein behaupten könnte; ich könnte also diese Gegenstände (den Apfel und das Lager) auch nicht mein nennen."[438]

Das innere Mein ist somit die Freiheit. „Das äußere Meine ist dasjenige, in dessen Gebrauch mich zu stören Läsion sein würde, ob ich gleich nicht im Besitz desselben (nicht Inhaber des Gegenstandes) bin."[439] Das äußere Mein wird folglich dadurch definiert, dass es losgelöst von dem In-den-Händen-halten der Sache ist. Das Eigentum ist die typische Form des äußeren Mein. Dieser intelligible Besitz[440] geht

> „... nach Absonderung aller Bedingungen des empirischen Besitzes in Raum und Zeit (...) über jene einschränkenden Bedingungen hinaus, und weil er einen Besitz auch ohne Inhabung als notwendig zum Begriffe des äußeren Mein und Dein statuiert, so ist er synthetisch ..."[441]

Bekanntlich differenziert *Kant* zwischen analytischen Erläuterungsurteilen, die sich aus einer Dekonstruktion des Begriffs selbst ergeben („Schimmel haben ein weißes Fell"), und synthetischen Erweiterungsurteilen, die dem Subjekt ein Prädikat hinzufügen, das mit diesem nicht identisch ist und sich nicht aus diesem durch Zergliederung des Begriffs ableiten lassen („Alle Körper sind schwer").[442] Dass Schimmel ein weißes Fell haben, ist bereits im Begriff des Schimmels angelegt, das Wort „Schimmel" steht in einem Repräsentationsverhältnis zu dem bezeichneten Gegenstand, einem weißen Pferd. Dass Körper schwer sind, ergibt sich hingegen nicht aus dem Begriff des Körpers. Dieses Urteil, diese Feststellung muss woanders gesucht werden. Das dort Gefundene wird zu dem Begriff des Körpers hinzuaddiert, weswegen *Kant* von einer Synthese spricht. Während es sich bei dem letzten Beispiel um ein synthetisches Erfahrungsurteil – d. h. *a posteriori* – handelt, der Ort, an dem die Voraussetzungen dieses Urteils gesucht werden müssen, also die Erfahrung ist,[443] sind Rechtssätze allerdings Urteile *a priori*. Apriorische Urteile sind Urteile, die vor jeder empirischen Erfahrung liegen.[444] Der Besitz wird nun von Kant mit dem In-den-Händenhalten (Inhabung) gleichgesetzt: „Der Rechtssatz a priori in Ansehung des

438 *Kant*, Metaphysik der Sitten, AA VI 247 f.
439 *Kant*, Metaphysik der Sitten, AA VI 249.
440 S. zum Begriff auch o. Fn. 61.
441 *Kant*, Metaphysik der Sitten, AA VI 250.
442 *Kant*, Kritik der reinen Vernunft, AA III 33 f.
443 *Kant*, Kritik der reinen Vernunft, AA III 34 f.
444 Vgl auch o. Fn. 61.

empirischen Besitzes ist analytisch."[445] Das bedeutet, dass der empirische Besitz als deskriptives Merkmal nicht über das hinausgeht, was der Besitz im tatsächlichen Leben für *Kant* bedeutet, nämlich dass „ich Inhaber einer Sache (mit ihr also physisch verbunden) bin ..."[446] Er kann daher kein selbstständiges Recht, kein äußeres Mein, sondern lediglich ein Ausfluss der inneren Freiheit sein.

Was für das Eigentum gilt, sollte aber heute auch für den Besitz im juristischen Sinne gelten: Der Besitz im BGB müsste – in Anbetracht der §§ 854 Abs. 2, 855, 857, 868 BGB – ein synthetisches Urteil *a priori* sein. Dem Besitzbegriff des BGB liegt nicht mehr der empirische Besitz im Sinne *Kants* zugrunde, der in der Lebenswirklichkeit ein analytisches Urteil *a posteriori* darstellen mochte. Wie das Eigentum hat sich der juristische Besitz der Fesseln von Raum und Zeit entledigt und zu einem synthetischen Urteil (*a priori*) gewandelt. Dieses synthetische Urteil, das der juristische Besitz fällt, ist losgelöst von dem In-den-Händen-halten, durch das der empirische Besitz für *Kant* als analytisches Urteil *a posteriori* gekennzeichnet war. Der juristische Besitz lässt sich nicht mehr aus einer Zergliederung seines Begriffs erklären, sondern fügt dem analytischen, empirischen Besitzurteil etwas hinzu und ist deshalb synthetisch. Der strukturelle Unterschied zum Begriff des Eigentums besteht allein darin, dass das Eigentum nur als synthetisches Urteil *a priori* existiert und kein empirisches Pendant in der äußeren Natur findet. Diese argumentative Verlagerung von einem analytischen zu einem synthetischen Urteil führt aber dazu, dass der juristische Besitz sein besonderes Alleinstellungsmerkmal, nämlich den bloßen analytischen Zugang, verliert und ohne Weiteres auch als äußeres Mein und somit als selbstständiges Recht gedacht werden kann. Durch den Besitz ist die Persönlichkeit daher nicht stärker geschützt als durch das Eigentum oder andere Rechte. Aus erkenntnistheoretischer Sicht wäre der Besitz dann wie das Eigentum als *a priorischer* Begriff Bedingung für jede Erfahrung. Die sinnlich wahrnehmbare Welt wird durch den Besitz erkannt, er stülpt sich ihr gleichsam über.[447]

In der ideengeschichtlichen Tradition an *Kant* anknüpfend, stellt auch *Wieling* zunächst fest, dass ein Recht Besitz keinerlei Inhalt hätte.[448] Der Besitz könne nur ein Faktum und eine „soziale Tatsache" sein, weil dem Besitzer neben fehlenden Verwertungs- und Nutzungsmöglichkeiten,

---

445 *Kant*, Metaphysik der Sitten, AA VI 249 f.

446 *Kant*, Metaphysik der Sitten, AA VI 250.

447 Zum Besitzen als besonderer Erkenntnismöglichkeit ausführlich u. S. 152 ff.

448 *Wieling*, in: FS Lübtow, S. 565 (574 f.).

nicht einmal das Haben der Sache zustehe, schließlich müsse er die Sache (an den Eigentümer) herausgeben.[449] Des Weiteren wird festgestellt, dass die Besitzverletzung eine Persönlichkeitsverletzung darstelle und der verletzte Teil der Persönlichkeit sich gerade in jenem Willen realisiere, die Sache ungestört zu haben.[450] Aber wenn kein Recht auf das Haben der Sache besteht, wie kann dann der Wille, die Sache zu haben, als unmittelbarster Ausdruck der Persönlichkeit geschützt sein? Der Wille steht niemals für sich allein, sondern er ist begriffsnotwendig intentional auf etwas gerichtet. Das ist zum einen die Herstellung einer Beziehung zu einer Person oder beim Besitz zu der Sache selbst, zum anderen der Genuss, der sich auf der Grundlage dieser Beziehung dem Berechtigten als Möglichkeit bietet. Durch die Betätigung seines Willens kann er von dieser Möglichkeit Gebrauch machen. Dabei bleibt aber festzuhalten, dass nicht der Wille für sich genommen geschützt ist, sondern der Genuss oder das Interesse, auf dessen Verwirklichung der Wille gerichtet ist. Entweder man billigt dem Besitzer das Haben der Sache zu, unabhängig von einer möglichen Herausgabepflicht gegenüber dem Eigentümer, oder es muss auch der Wille, die Sache zu haben, als Teil der geschützten Persönlichkeitsentfaltung verneint werden. Im ersten Fall fiele zwar der Kritikpunkt der Inhaltslosigkeit eines möglichen Rechts aus dem Besitz weg, würde aber die Notwendigkeit einer Anknüpfung an die Persönlichkeit obsolet machen, da ohne Umweg der Genuss des Habens in den Mittelpunkt rücken könnte.

b. Eigentum

Wo die einen den Besitz der Persönlichkeit unterwerfen wollen, leiten andere den Grund des Besitzschutzes aus dem – in der „unendlichen Mehrzahl der Fälle“ dahinter stehenden – Eigentum[451] ab. Ob als fingiertes[452] oder „präsumptives, mögliches, anfangendes“[453] Eigentum, durch Herabsetzung der prozessrechtlichen Beweislast ist der Besitz „praktisch erleichterter Eigentumsschutz“.[454] Verbindet man mit der sog. Persönlichkeitstheorie vor allem den Namen *Kant*, so ist es *Jhering*, der die Herrscher-Die-

449 *Wieling*, Sachenrecht, § 3 I a und § 3 II a.
450 *Wieling*, Sachenrecht, § 3 II b und in: FS Lübtow, S. 565 (577 f.).
451 *Jhering*, JherJb 32 (1893), S. 41 (58).
452 *Tigerström*, Die bonae fidei possessio, S. 35 und *ders.*, AcP 22 (1839), 31 (34).
453 *Jhering*, JherJb 32 (1893), S. 41 (45).
454 *Schwab*, Sachenrecht, § 3, S. 13.

ner-Stellung von Eigentum und Besitz im Rahmen des Besitzschutzes in literarische Perfektion gegossen hat:

> „Der hier entwickelten Auffassung des Besitzschutzes zufolge lässt sich der Besitz als eine Eigenthumsposition, als ein Vorwerk des Eigenthums bezeichnen. Nicht seiner selbst wegen ist derselbe da, sondern um des Eigenthums willen. In dem Besitz vertheidigt sich der Eigenthümer gegen die ersten Angriffsversuche auf sein Recht, es wird auf diesem Terrain keine Entscheidungsschlacht über das Eigenthum geschlagen, sondern es bleibt bei einem bloßen Scharmützel, einem Vorpostengefecht, bei dem, wenn ich den Vergleich durchführen darf, es nicht des schweren Geschützes bedarf, sondern für welche die leichte Waffe ausreicht, – gegen Diebe und Räuber fährt man keine Kanonen auf!“[455]

Dass auch Letzteren der Besitzschutz zugute kommt, obwohl hier definitiv kein schützenwertes Eigentum hinter dem Besitz steht, ist für *Jhering* eine bloße Reflexwirkung, eine „unvermeidliche Konsequenz“.[456]

Die Idee des Besitzschutzes als Eigentumsschutz ist allerdings in der heutigen Rechtsordnung nicht mehr gangbar. Die Pandektenwissenschaft stellte durch die Analyse des römischen Rechts den Eigenbesitz in den Mittelpunkt besitzschutzrechtlicher Fragestellungen. Das BGB hingegen hat sich von der Vormachtstellung des Eigenbesitzes gelöst und schützt schlechthin fast jede Form von Besitz. Zugleich muss die „... dem Eigenthümer zugedachte Beweiserleichterung ...“[457] nicht länger auf den Besitzschutz zurückgreifen, sondern ist in § 1006 BGB positiv verankert worden. Der Eigentumstheorie steht auch § 863 BGB entgegen. Denn wenn der Besitz das Eigentum schützen soll, wie lässt es sich erklären, dass das Eigentum nach dieser Norm gerade nicht geltend gemacht werden kann, um den besitzschutzrechtlichen Anspruch zu Fall zu bringen?[458]

---

455 *Jhering*, Über den Grund des Besitzschutzes, S. 54.
456 *Jhering*, Über den Grund des Besitzschutzes, S. 45 und 54 f.
457 *Jhering*, Über den Grund des Besitzschutzes, S. 45.
458 Ausführliche Kritik auch bei *Hartung*, Besitz und Sachherrschaft, S. 42 f., und *Wieling*, in: FS Lübtow, S. 565 (575).

c. Andere Rechte

Schließlich wird nicht auf ein bestimmtes, sondern ganz allgemein auf mögliche Rechte verwiesen, die hinter dem Besitz stehen können.[459] Besitzen sei die „... Ausübung irgend eines dabei nur denkbaren Rechts ... und dies dabei vorausgesetzte Recht wird im Grunde denn dadurch geschützt, daß man dessen Ausübung, frei von Störung, erhalte."[460] Diese Ansicht kann nicht überzeugen, weil auch sie den Schutz des Diebes als notgedrungene Reflexwirkung erklären muss.[461] Zudem gilt das Einwendungsverbot des § 863 BGB nicht nur für das Eigentum, sondern für alle petitorischen Rechte.

Sieht man den Schutz des Besitzes anderen Göttern dienend als ihm selbst, so führt dies zwangsläufig zu einer Beschneidung und Herabwürdigung dieses Instituts, die es – abgesehen von den bereits vorgebrachten Kritikpunkten – besonders dann nicht verdient, wenn ihm ein eigenständiges Interesse zugrunde liegt. Lässt sich ein derartiges eigenständiges Interesse aufzeigen, so verliert die reduktionistische These, der Besitz sei ein Vorwerk des Eigentums oder anderer dinglicher Rechte ihre Grundlage. Entgegen der Ansicht *Jherings*[462] muss der Genuss des Besitzes daher zunächst in ihm selbst gesucht werden.[463]

d. Frieden

An dieser Stelle ist die von *Heck*[464] herablassend als Friedenstheorie titulierte Lehre[465] anzusprechen, die den Zweck des Besitzschutzes in der allgemeinen Friedenswahrung sieht. „Das Wesen alles Friedens oder rechtli-

459 *Hufeland*, Ueber den eigenthümlichen Geist des Römischen Rechts, S. 43; *Baur/Stürner*, Sachenrecht, § 6, Rn. 1, die aber in § 9, Rn. 9 doch auf das Kontinuitätsinteresse abstellen.

460 *Hufeland*, Ueber den eigenthümlichen Geist des Römischen Rechts, S. 43.

461 Vgl. *Hartung*, Besitz und Sachherrschaft, S. 43.

462 *Jhering*, Über den Grund des Besitzschutzes, S. 55.

463 Vgl. *Müller-Erzbach*, AcP 142 (1978), 5 (13 ff.).

464 *Heck*, Grundriss des Sachenrechts, § 3, S. 12.

465 BGH NJW 1979, 1359 (1360); Erman/*Lorenz*, Vor §§ 854 ff., Rn. 8; MüKo/*Joost*, Vor §§ 854 ff., Rn. 15 f.; *Rosenberg*, Kommentar zum Bürgerlichen Gesetzbuch, Vor § 854, Anm. 4 f.; Protokolle III 3336 (= *Mugdan* III 503) und 3357 (= *Mugdan* III 508 f.); *Wolff/Raiser*, Sachenrecht, § 17, S. 52 f.; *Müller/Gruber*, Sachenrecht, § 11, Rn. 217; Pawlowski, Der Rechtsbesitz, § 10, S. 16; *Schwab/Prütting*, Sachenrecht, § 6, Rn. 48; *Rödig*, Erfüllung des Tatbestandes des § 823 Abs. 1 BGB durch

chen Zustandes besteht darin, daß die bisher erlaubte Eigenmacht aller in die Einigung aufgenommener Einzelner verschwindet vor einer rechtlichen oder gerichtlichen Macht."[466] Der durch Einigung im vertragstheoretischen Sinne begründete Rechtszustand verdrängt grundsätzlich jede Form von Eigenmacht und Faustrecht zugunsten staatlich eingesetzter Gerichte. Wer dieses brüchige Gefüge zerstört, indem er selbstständig gegen den vorgeht, der ihm einen Gegenstand entwendet hat, beeinträchtigt den Rechtsfrieden und begeht damit „formelles Unrecht".[467]

Bereits die Begrifflichkeit des formellen Unrechts zeigt, dass die Friedenswahrung für sich genommen dem Besitz nicht die Qualität eines subjektiven Rechts geben kann.[468] Denn im Umkehrschluss liegt durch die Besitzentziehung gerade kein materielles Unrecht vor. Der Besitz hat danach keinen eigenen materiellen Zuweisungsgehalt. Er beinhaltet keinen Genuss, der dem Individuum zuteil wird, sofern man nicht die abstrakten Interessen des allgemeinen Rechtsfriedens mit den privaten Interessen des Besitzers gleichsetzt.[469] Der Grund seines Schutzes erschöpft sich in der „Verhütung privater Auseinandersetzungen".[470] Natürlich ist es möglich, den Rechtsfrieden nur als einen Zweck unter vielen zu sehen,[471] so dass die Bejahung dieser besitzrechtlichen Zweckmäßigkeit nicht zwangsläufig zur Verneinung des Besitzes als Recht führen muss. Dennoch kann die Friedenstheorie für sich genommen nicht überzeugen. Besonders drei Kritikpunkten kann sie nur mit geringer Gegenwehr begegnen: Zunächst scheint gerade unter der Ägide des BGB die Berufung auf die Friedenswahrung als Grund des Besitzschutzes in höchstem Maße erstaunlich, lassen doch die §§ 859, 860 BGB eher auf das Gegenteil schließen, nämlich auf

Schutzgesetzverstoß, S. 16 f. und S. 26; *Rudorff*, ZGeschRW, Bd. 7, Heft 1, 90 (107 ff.); *Kurz*, Der Besitz als möglicher Gegenstand der Eingriffskondiktion, S. 22 f.

466 *Rudorff*, ZGeschRW, Bd. 7, Heft 1, 90 (111).

467 *Rudorff*, ZGeschRW, Bd. 7, Heft 1, 90 (111 f.).

468 Was freilich nach *Rudorff*, ZGeschRW, Bd. 7, Heft 1, 90 (108), auch nicht beabsichtigt ist: „Hier tritt es nun sogleich deutlich hervor, wie unnöthig die Mühe ist, den Besitz durchaus als ein Recht, vielleicht durchaus als ein Recht an der besessenen Sache, darstellen zu wollen, um das Verbot ungerichtlicher Störung desselben zu erklären.".

469 So *Sokolowski*, Der Besitz, S. 238.

470 *Rödig*, Erfüllung des Tatbestandes des § 823 Abs. 1 BGB durch Schutzgesetzverstoß, S. 26.

471 Staudinger/*Gutzeit*, Vor §§ 854 ff., Rn. 15 ff.; Soergel/*Stadler*, Vor § 854, Rn. 5.; *Westermann/Gursky/Eickmann*, Sachenrecht, § 7, Rn. 6; *Müller-Erzbach*, AcP 142 (1978), 5 (13 f.).

die Möglichkeit der Verteidigung besitzrechtlicher Positionen um jeden Preis.[472] So findet sich auch in den Protokollen die Feststellung, mit dem Einbringen der Selbsthilferechte „... setze man sich gewissermaßen in Widerspruch mit dem Grundgedanken, auf welchem der Besitzschutz beruhe."[473] Deswegen dürften die Selbsthilferechte ihren Weg in das BGB nur aus „überwiegend praktischen Gründen" gefunden haben.[474] Wenn aber die Frage nach dem Grund des Besitzschutzes gestellt wird und dieser im geltenden Recht derart ausgestaltet ist, dass dem Besitzverlustigen ein Faustrecht gegen den Entwender zusteht, tritt die Friedensordnung – und sei es nur aus praktischen Gründen – durch diesen (trotz der §§ 227 ff. BGB) atypischen Rechtsbehelf in den Hintergrund. Die Antwort muss an anderer Stelle gesucht werden.[475]

Des Weiteren ist gegen die Friedenstheorie einzuwenden, dass die Aufrechterhaltung des öffentlichen Friedens primär durch das Polizei-, Ordnungs- und Strafrecht wahrgenommen wird.[476] Sieht man dies hingegen auch als Aufgabe zivilrechtlicher Normen an, so ist sie zumindest kein besitzrechtliches Unikum.[477] Wenn *Kant* das Recht als den Inbegriff der Bedingungen bestimmt, „... unter denen die Willkür des einen mit der Willkür des andern nach einem allgemeinen Gesetze der Freiheit zusammen vereinigt werden kann ...",[478] liegt dieser Betrachtung natürlich die regulierende Wirkung des Rechts zugrunde. Das Recht – egal welcher Couleur – strebt nach der Einrichtung und dem Erhalt gesellschaftlicher Ordnung. Recht ist immer Ordnungsrecht im Sinne eines friedensstiftenden Regelungssystems. Unumstößlicher, finaler und kausaler Endzweck eines jeden

---

472 Vgl. *Wieling*, in: FS Lübtow, S. 565 (576); ebenso *Mittenzwei*, MDR 1987, 883 (885 f.), und *Honsell*, JZ 1983, 531 (532).

473 Protokolle III 3357 (= *Mugdan* III 509).

474 Protokolle III 3357 (= *Mugdan* III 509).

475 Treffend Staudinger/*Gutzeit*, Vor §§ 854 ff., Rn. 17: „Das Gesetz verbietet nicht schlechthin, daß man mit den Fäusten um eine Sache kämpft; es sagt nur, wessen Fausthieb der rechtmäßige ist: der des Besitzers.".

476 *Müller-Erzbach*, AcP 142 (1978), 5 (14), auch wenn *Rudorff*, ZGeschRW, Bd. 7, Heft 1, 90 (114), einwendet, „... daß die possessorischen Interdicte für einen der ersten Anfänge des Verbotes der Selbsthülfe zu halten sind, welches durch die leges *Juliae* und die Constitutionen der christlichen Kaiser nur fortgebildet und durch Strafbestimmungen verstärkt worden ist." Am Anfang war der Besitz, dann erst das Strafrecht.

477 Vgl. *Heck*, Grundriss des Sachenrechts, § 3, S. 13; *Hartung*, Besitz und Sachherrschaft, S. 40.

478 *Kant*, Metaphysik der Sitten, AA VI 230.

Rechtsschutzes ist die Wahrung des Rechtsfriedens.[479] Es handelt sich hierbei nicht um eine Aufgabe allein des Besitzes.

e. Kontinuität

Hat man den Besitz aus der Abhängigkeit anderer Rechte frei- und ihm Gemeinschaftsinteressen als etwas spezifisch-genuines abgesprochen, gelangt man schnell zu der Ansicht, die den Grund des Besitzschutzes und somit das geschützte Recht aus dem Besitz unter dem von *Heck* geprägten Schlagwort der Kontinuität zusammenfasst.[480] Die Idee, der Besitzschutz diene der Wahrung des aktuellen Seins, ist freilich älter und findet bereits in der pandektistischen Literatur Anwendung: Die Absicht hinter dem Besitz sei es, „... den faktischen Zustand zu Sachen zu konservieren."[481] Er diene der „... Sicherheit fortdauernder Benutzung der unserer Verfügung bereitstehenden Sachen ...".[482] der „Unantastbarkeit unserer thatsächlichen Vermögensstellung".[483] Allerdings hat erst *Heck* dieser Idee zu voller wissenschaftlicher Geltung verholfen: Die Kontinuität als Lebenswert, der „Organisationswert des Besitzes", sei „... der historische und zureichende Grund des Besitzschutzes."[484]

Um den Stellenwert der Kontinuität aufzuzeigen, nennt *Heck* zwei Beispiele: Das eine ist der Fabrikant A, der in seinem Betrieb unrechtmäßig Maschinen benutzt, die Eigentum des B sind. Das zweite Beispiel ist das des Staatsbürgers, der in einem Wintermantel bei eisiger Kälte auf der Straße steht. Der Wintermantel ist unter Eigentumsvorbehalt gekauft, die fälligen Raten seit langer Zeit nicht mehr beglichen.[485] Obwohl in den genannten Beispielen kein relatives oder absolutes Recht zum Besitz besteht, darf der Eigentümer B nicht selbstständig auf die Maschinen, der Verkäu-

---

479 *Baur/Stürner*, Sachenrecht, § 9, Rn. 9.

480 *Heck*, Grundriss des Sachenrechts, § 3, S. 13; *Baur/Stürner*, Sachenrecht, § 9, Rn. 9; *Hartung*, Besitz und Sachherrschaft, S. 44 ff.; *Müller-Erzbach*, AcP 142 (1978), 5 (15); *Bund*, in: FS Thieme, S. 363 (371); *Gottwald*, JuS 1979, 247; eine Kombination von Friedens- und Kontinuitätstheorie vertreten *Westermann/Gursky/Eickmann*, Sachenrecht, § 7, Rn. 6, und *Medicus*, AcP 165 (1965), 115 (119).

481 *Stahl*, Die Philosophie des Rechts, § 45, S. 395.

482 *Dernburg*, Lehrbuch des preußischen Privatrechts und der Privatrechtsnormen des Reichs I, § 157, S. 351.

483 *Dernburg*, Lehrbuch des preußischen Privatrechts und der Privatrechtsnormen des Reichs I, § 157, S. 351, und auch *ders.*, § 170, S. 397.

484 *Heck*, Grundriss des Sachenrechts, § 3, S. 13.

485 *Heck*, Grundriss des Sachenrechts, § 3, S. 12 f.

fer nicht auf den Wintermantel zugreifen. Das Verhältnis von A zu den Maschinen und vom Staatbürger zu dem Wintermantel ist als Besitz geschützt. *Heck* führt nun weiter aus:

> „Der Fabrikant, dem eine Spezialmaschine genommen wird, die er benutzte, kann weitere Aufträge nicht mehr ausführen, ja er kann genötigt sein, seine Fabrik stillzulegen. Der Staatsbürger, der in warmen Kleidern auf der Straße steht, würde in die peinlichste Verlegenheit geraten, wenn er auf einmal *stante pede* sich seiner ganzen Kleidung entledigen müßte. Das Schutzbedürfnis ist ganz sicher vorhanden, und die Normen des Besitzschutzes sind ganz sicher geeignet, es zu befriedigen."[486]

In dieser Exemplifizierung der Schutzbedürftigkeit zeigt sich indessen das Dilemma dieser Ansicht, denn *Heck* beschränkt sich nicht auf die bloße Kontinuität des Habens der Sache, sondern auf die reflexhafte Folge dieser Kontinuität: der Nutzung im Sinne eines körperlichen Gebrauchs der Sache. Der Fabrikant ist schutzwürdig, weil der Nutzungsausfall der Maschine einen unverhältnismäßigen Schaden nach sich ziehen würde, der Staatsbürger, weil er wohl erfrieren würde, wenn ihm die Nutzung des Mantels in der beschriebenen Situation versagt bliebe. Der Schaden, der das Schutzbedürfnis legitimiert, ist eine unmittelbare Folge der Nutzung der Sachen. Der „... Organisationswert ist nämlich nur für eine genutzte Sache denkbar, weil die planvolle Eingliederung der Sache in das Vermögen entweder selbst eine Nutzung darstellt oder sie doch wenigstens voraussetzt."[487] Der Besitz gibt aber nach einhelliger Meinung kein Nutzungsrecht im klassischen Sinne des § 100 BGB. Ihm fehlt hierfür der Zuweisungsgehalt. Würde der Besitz ein solches Recht zur Nutzung der Sache geben, wäre die Abgrenzung zum Eigentum und zu anderen dinglichen Nutzungsrechten nur noch unter Mühe zu erkennen. Es liegt auf der Hand, dass die Nutzung der Sache zwangsläufige Folge des Besitzens ist. Das Haben der Sache zieht die Möglichkeit jederzeitigen Gebrauchs so selbstverständlich nach sich, dass eine Trennung dieser beiden Positionen zunächst artifiziell wirken mag. Dennoch muss eine solche Trennung vollzogen werden, und das ist für den Besitz von allerhöchster Wichtigkeit. Der Besitz mag eine Befugnis zum „Haben und Behalten" der Sache ge-

---

486 *Heck*, Grundriss des Sachenrechts, § 3, S. 13.
487 *Medicus*, AcP 165 (1965), 115 (120).

ben,[488] dieses Haben beschränkt sich aber (zunächst) auf die bloße „Bereitschaftslage der Sache“.[489]

2. Phänomenologische Betrachtung

Wenn die Bedeutung des subjektiven Rechts in der Zuweisung einer irgendwie gearteten Genussmöglichkeit besteht und sich diese beim Besitz nicht in der tatsächlichen Nutzung der Sache manifestiert, dann muss die Befugnis, die Sache zu haben, eine andere Form des Genusses bieten, um den Besitz als Quelle eines subjektiven Rechts zu qualifizieren. Wenn das Haben-der-Sache keinem höheren Zweck dient, ist es in der Tat wenig wert. Der Zweck darf aber nicht in einem Akt, der auf das Haben folgt, sondern muss in dem Akt des Habens selbst gesucht werden. Es ist nicht die Nutzung, die das Wesen des Besitzes ausmacht, sondern im Umstand des Habens-der-Sache muss sich ein anderes Interesse verwirklichen, ein Interesse, dass es wert ist, geschützt zu werden und das dem Besitz als rechtlicher Figur Einzigartigkeit verleiht. Dieses Interesse kann mit einer phänomenologischen Betrachtung freigelegt werden. Damit ist nicht gemeint, dass die phänomenologische Erfahrung selbst geschützt ist, sondern dass die Betrachtung des Phänomens des Besitzens den ursprünglichen Kern des Besitzes aufdecken kann. Phänomenologie als solche ist kein Selbstzweck, sondern eine Methode.[490] Möglicherweise lassen sich aber mit phänomenologischer Methodik die Grundstrukturen des Besitzens derart freilegen, dass das geschützte Interesse dahinter zum Vorschein kommt. Da die herkömmlichen Erklärungsansätze das vom Besitz geschützte Interesse als sein Wesen und rechtskonstituierendes Alleinstellungsmerkmal nicht hinreichend herauszuarbeiten vermögen, erscheint eine Veränderung des methodischen Blickwinkels sinnvoll. Eine phänomenologische Betrachtungsweise kann einen unverstellten und klaren Blick darauf geben, was es einer Person bedeutet, im Zustand des Besitzens zu sein. Dabei kann man sich nicht mehr oder weniger dem Vorwurf der Methodensynkretismus aussetzen als bei jedem anderen Versuch, geschütztes Interesse zu bestimmen. Das Normsystem des geltenden Rechts bietet die formellen Bedingungen des Schutzes von Interessen. Welche Interessen das sind und ob man ihre Inhalte als schützenswert ansehen mag, ist eine

488 *Hartung*, Besitz und Sachherrschaft, S. 60.
489 *Heck*, Grundriss des Sachenrechts, § 5, S. 21.
490 *Heidegger*, SuZ, S. 34.

Entscheidung, die ihrerseits auf historische Kontexte, soziologische Forschung sowie anthropologische und moralische Grundannahmen rekurriert. Bei der Frage, welches Interesse sich im einzelnen subjektiven Recht manifestiert, verlässt man den Boden strenger theoretisch-formeller Rechtswissenschaft zugunsten einer interdisziplinären Einbruchsstelle.

Es stellt sich demnach die Frage, wie das Phänomen des Besitzens ausgestaltet ist, d. h., welche Auswirkungen der Besitz auf den Besitzenden hat. Anders formuliert: Wie stellt sich dem Besitzenden der Besitz in seiner reinsten Form, dem Phänomen, dar und welches Erlebnis löst das Momentum des Besitzens bei ihm aus? Um eine für die Phänomenologie typische Erste-Person-Singular Perspektive einzunehmen: Was empfinde ich im Zustand des Besitzens und wie zeigt sich mir der Besitz im Zustand seiner reinsten Anschauung? In dieser Erfahrung muss das schützenswerte Interesse und somit das Wesen des Besitzes liegen. Es ist dort zu suchen, wo das Erlebnis des Besitzens zu kontemplativer Anschauung gebracht wird, um es in dieser Haltung unvoreingenommen beschreiben zu können: in den Erlebnissen meines Bewusstseinsstroms.

a. Besitz als Voraussetzung der ästhetischen Erfahrung des Luxus und das Scheitern dieser Idee an der mangelnden Interesselosigkeit des Besitzenden

Ein origineller Vorschlag für eine besitzgenuine Erfahrung kommt von *Wiesing*: Danach sei der Besitz im juristischen Sinne[491] notwendige Voraussetzung für die Erfahrung und die Fällung eines Luxusurteils.[492] Bei dem Luxusurteil handele es sich um eine ästhetische Erfahrung,[493] die es dem Besitzenden ermögliche, einen anthropologisch fruchtbaren Moment der Selbsterkenntnis zu erleben.[494] In Anlehnung an die Ausführungen *Schillers* zum Spiel und in der Substitution dieser Spielerfahrung durch die Erfahrung des Luxus, soll ebendiese Erfahrung den Menschen in eine Lage versetzen, in der er spürt, ein Mensch zu sein, in der er eine „vollständige Anschauung seiner Menschheit“[495] hat. Bei *Schiller* wurden im Spiel die antagonistischen Kräfte, die den Menschen determinieren – Vernunft und

491 Unter Hinweis auf § 854 BGB *Wiesing*, Luxus, S. 129 f.

492 *Wiesing*, Luxus, S. 132.

493 Grundlegend zur philosophischen Ästhetik *Scheible*, Kritische Ästhetik (2012), und *Solger*, Vorlesungen über Ästhetik (1962). Zur Einführung *Scheer*, Einführung in die philosophische Ästhetik (1997).

494 *Wiesing*, Luxus, S. 71 f.

495 *Schiller*, Über die ästhetische Erziehung des Menschen, 14. Brief, S. 56.

Sinnlichkeit – derart gegeneinander ausgespielt und zu einem Zusammenwirken gebracht, dass dem Menschen in diesen Momenten ein Einblick in das Dasein als Mensch vergönnt war.[496] Im Spiel empfindet der Mensch, was es bedeutet Mensch zu sein, „denn, um es auf einmal herauszusagen, der Mensch spielt nur, wo er in voller Bedeutung des Wortes Mensch ist, und er ist nur da ganz Mensch, wo er spielt."[497]

Wiesing knüpft nun diese Erfahrung an den Besitz von Luxusobjekten. Als Luxus definiert er „... jeden Aufwand, der sowohl über das technisch Notwendige für etwas als auch über das anthropologisch Notwendige für jemanden hinausgeht ...", also als eine doppelte Nichtnotwendigkeit.[498] Ähnlich wie *Kant* dem Schönen – obwohl kein Erkenntnis-, sondern ein reines Geschmacksurteil[499] – einen Anspruch auf Allgemeingültigkeit beimisst,[500] so soll nach *Wiesing* auch das Urteil, ob eine Sache Luxus ist, ein absolutes sein.[501] Zwar sei die Bewertung einer Sache als technisch und menschlich überflüssig stets unter der Berücksichtigung der Variablen von Zeit und (kulturellem) Raum zu treffen und somit kontextabhängig. Innerhalb dieser Variablen aber gelte es, bestimmte Gegenstände unzweideutig als Luxusobjekte qualifizieren zu können.

Damit der Besitz von Gegenständen, denen diese Eigenschaft einer doppelten Nichtnotwendigkeit zu eigen ist, zu der erstrebenswerten Selbsterfahrung des Menschseins führt, bedarf es nach *Wiesing* aber eines qualifizierten Besitzes in Form eines ästhetischen Vollzugs des Besitzens. Ästhetik wird hierbei nicht als *Aisthetik* im Sinne einer allgemeinen Lehre vom menschlichen Wahrnehmungsvermögen verstanden, sondern präziser als ein bestimmter Gebrauch dieser Sinnesfähigkeiten.[502] Diese besondere ästhetische Form der Wahrnehmung zeichnet sich durch eine doppelte Modifikation herkömmlicher Sinnbetätigung aus: Sie ist vollzugsorientiert und selbstbezüglich.

---

496 *Schiller*, Über die ästhetische Erziehung des Menschen, 14. Brief, S. 55 ff.

497 *Schiller*, Über die ästhetische Erziehung des Menschen, 15. Brief, S. 62 f.

498 *Wiesing*, Luxus, S. 98.

499 Grundlegend zur Kritik der ästhetischen Urteilskraft *Pieper*, Geschmacksurteil und ästhetische Einstellung (2001).

500 Für *Kant*, Kritik der Urtheilskraft, AA V 211, resultiert der Absolutheitsanspruch aus der erforderlichen Interesselosigkeit für den als schön erfahrenen Gegenstand: „Denn das, wovon jemand sich bewußt ist, daß das Wohlgefallen an demselben bei ihm selbst ohne alles Interesse sei, das kann derselbe nicht anders als so beurtheilen, daß es einen Grund des Wohlgefallens für jedermann enthalten müsse.".

501 *Wiesing*, Luxus, S. 100 ff.

502 Vgl. *Seel*, in: Bild und Reflexion, S. 17.

> „Vollzugsorientiert sind Wahrnehmungen, bei denen die Wahrnehmungstätigkeit selbst zu einem primären Zweck der Wahrnehmung wird. Man kann auch von selbstzweckhafter Wahrnehmung sprechen. Im Vollzug der entsprechenden Wahrnehmungen geht es um den Vollzug dieser Wahrnehmungen selbst."[503]

Die Selbstbezüglichkeit hingegen

> „... bedeutet eine Mitwahrnehmung der eigenen leiblichen – sinnlichen oder sinnengeleiteten – Wahrnehmungsaktivität. In ästhetischer Wahrnehmung sind wir uns selbst als Wahrnehmende gegenwärtig – nicht lediglich als ihrer selbst bewußte Wesen, sondern als Wesen, die ihr leibliches Sensorium ausdrücklich tätig sein lassen."[504]

Der Ansatz und eigentliche Verdienst *Wiesings* besteht nun darin, das enge Korsett ästhetischer Erfahrung, die allein durch die Modifikation sinnlicher Wahrnehmung möglich erscheint, zu lösen und um den Modus des Besitzens zu erweitern – Besitzen als ästhetische Erfahrung.[505] Komprimiert lässt sich seine These wie folgt darstellen: Wenn ich ein über das technisch und über das anthropologisch Notwendige hinausgehendes Objekt auf vollzugsorientierte und selbstbezogene Weise besitze, mache ich die ästhetische Erfahrung des Luxus, die mir wiederum die Selbsterfahrung des Menschseins ermöglicht. Als Beispiel möge der Besitz einer Schallplattensammlung dienen. Bei Schallplatten handelt es sich um Luxusobjekte, da sie über das technisch und menschlich notwendige Maß hinausgehen. Schließlich gibt es Medien, die das Speichern von Musik praktikabler, günstiger und qualitativ hochwertiger[506] ermöglichen. Zudem erscheint es für den Menschen nicht zwingend notwendig, permanenten Zugriff auf eine eigene Plattensammlung zu haben, er würde wohl auch ohne überleben. Das bloße Besitzen dieser Plattensammlung ermöglicht dem Besitzer aber noch kein Luxusurteil. Hierfür bedarf es vielmehr des vollzugsorientierten und selbstbezüglichen Besitzes, also des Besitzvollzuges nur um des Besitzens willens unter Reflexion der eigenen Person als Besitzer.

In dem Beharren auf dem Besitzen als ästhetischer Erfahrung zeigt sich indessen auch die Schwäche der Luxuskonstruktion, was *Wiesing* freilich

---

503 *Seel*, in: Bild und Reflexion, S. 29.
504 *Seel*, in: Bild und Reflexion, S. 31 f.
505 *Wiesing*, Luxus, S. 17.
506 Umstritten.

selbst eingesteht.[507] Eine ästhetische Erfahrung, definiert als eine besondere Form sinnlicher oder sinnengeleiteter[508] Wahrnehmung, setzt nicht nur eine solche Wahrnehmung voraus, unter die sich das Besitzen nur schwerlich subsumieren lässt. Dieser Einwand ließe sich ggf. noch über die semantische Ungenauigkeit des Begriffs der Wahrnehmung lösen. Dazu kommt aber, dass die vollzugsorientierte und selbstbezügliche Wahrnehmung als für die ästhetische Erfahrung notwendige Form unabänderlich mit dem Status der Interesselosigkeit verbunden ist. Indem *Wiesing* seine Konzeption des Luxus an das ästhetische Geschmacksurteil von *Kant* anlehnt, ist er gezwungen, die nach *Kant* erforderliche Interesselosigkeit zu thematisieren. *Kants* Prämisse lautet wie folgt: Wer eine Sache als schön beurteilt, drückt damit aus, dass die Vorstellung der Sache bei ihm Wohlgefallen auslöst.[509] Um aber die bloße Vorstellung der Sache beurteilen zu können, muss man sich vom Interesse an der Existenz des Gegenstandes freimachen.

> „Nun will man aber, wenn die Frage ist, ob etwas schön sei, nicht wissen, ob uns oder irgend jemand an der Existenz der Sache irgend etwas gelegen sei, oder auch nur gelegen sein könne; sondern, wie wir sie in der bloßen Betrachtung (Anschauung oder Reflexion) beurtheilen."[510]

Die Interesselosigkeit an der Existenz der Sache ist notwendige Voraussetzung für Beurteilung, ob etwas schön ist. In struktureller Angleichung müsste das für das Luxusurteil bedeuten: Dieses Urteil kann nur fällen, wer dem Luxusgegenstand interesselos gegenübersteht. Nur, wer der Existenz eines Gegenstandes mit völliger Interesselosigkeit begegnet, kann die ästhetische Erfahrung von Luxus machen. Wenn aber der Besitz ebenfalls zu einer notwendigen Bedingung dieser Erfahrung wird, dann stehen Besitz und Interesselosigkeit nebeneinander, beides ist notwendig, keines hinreichend. Das führt zu der paradoxen Situation des Erfordernisses eines interesselosen Besitzens. Ein derartiges Besitzen ist aber schon begriffsanalytisch ausgeschlossen: Der Besitz umfasst ein voluntatives Element, den Willen, zu besitzen. Wer aber gewillt ist, etwas zu besitzen, der steht die-

---

507 *Wiesing*, Luxus, S. 134 ff.

508 Sinnengeleitete Wahrnehmung kann etwa vorliegen bei der Lektüre eines spannenden Buches (*Seel*, in: Bild und Reflexion, S. 29).

509 Wobei das Geschmacksurteil bei *Kant*, Kritik der Urtheilskraft, AA V 216 ff., zeitlich vor dem Empfinden von Lust oder Unlust steht: Ich fälle ein Urteil darüber, ob etwas schön ist, und aufgrund dieses Urteils empfinde ich Lust oder Unlust.

510 *Kant*, Kritik der Urtheilskraft, AA V 204.

sem „etwas" niemals interesselos gegenüber. Der elementare Bestandteil des Besitzvorganges ist der Wunsch nach der Existenz und Beständigkeit der Sache, die besessen wird. Wer sich in der Betrachtung eines Bildes in einem Museum verliert und das Betrachten, also das Sehen allein um des Sehens Willens vornimmt, der hat in der Tat kein Interesse an irgendeinem weitergehenden Verhältnis zu dem Bild. Besitz- und Eigentumsverhältnisse an dem Bild sind nicht von Bedeutung für den Betrachtenden. Der Wunsch nach einer ästhetischen Erfahrung mit dem Bild wird geradezu durch die fehlende Option eines anderen Verhältnisses zu ihm genährt. Die fehlende Möglichkeit eines einnehmenderen Zugangs zu dem Bild fernab einer bloßen Rezeption – etwa über Aneignung oder Inbesitznahme – führt gewissermaßen zu einer nicht freiwillig gewählten Interesselosigkeit an der Existenz des Bildes.[511] Nur deswegen kann man sagen, es sei die Vorstellung des Bildes und der dadurch hervorgerufene mentale Zustand, der von Bedeutung ist, nicht seine bloße Existenz.[512] Wenn ich aber eine Sache besitze und dieses Besitzen allein um des Besitzens Willens vornehme, führt dieses vollzugsorientierte Besitzen zwangsläufig und stärker noch als andere – das Haben-der-Sache überlagernde – Formen des Besitzens zu einem Interesse an der besessenen Sache. Der Eigentümer einer Sache wird in vielen Fällen auch ihr Besitzer sein. Wenn er aber nicht nur besitzt, um zu besitzen, sondern vielmehr, um sein Eigentum auszuüben, dann ist zumindest das reine Besitzinteresse an der Sache geringer ausgeprägt als bei einem Besitzen, um zu besitzen. Die Erfahrbarkeit von Luxus im Sinne einer ästhetischen Erfahrung kann somit schon deswegen nicht das zu schützende Interesse hinter dem Besitz sein, da sich die für diese Art von Erfahrung notwendige Interesselosigkeit nicht mit dem Existenzinteresse an der Sache im Moment des Besitzens in Einklang bringen lässt.

Selbst wenn man aber diesem Widerspruch mit Nachsicht begegnen und die Möglichkeit einer ästhetischen Besitzerfahrung bejahen würde, wären dennoch nur die Sachen schützenswert, die sowohl über das technisch Notwendige für ihr eigenes Sein als auch über das anthropologisch Notwendige für den Besitzenden hinausgehen. Die Normen des Besitzschutzes differenzieren aber nicht zwischen verschiedenen Gegenständen,

---

511 Vgl. *Ullrich*, POP. Kultur und Kritik 5 (2014), 121 (123), der auf die Genese des Bildungsbürgertums aus einer defizitären Haltung heraus verweist: „Werke zu interpretieren, sie bewusst zu erleben, sich ergriffen von ihnen zu zeigen, ja über sie zu reflektieren und zu schreiben, stellt die bildungsbürgerliche Kompensation mangelnder Zugangsberechtigung zur Kunst dar.".

512 Zum Verhältnis von Kunst und Ästhetik *Schmücker*, Was ist Kunst? (2014).

sondern schützen den Besitz an jeder Sache. Wurde die Ansicht *Jherings*, den Besitz lediglich als Vorwerk des Eigentums zu schützen, bereits damit kritisiert, dass zwangsläufig auch der Besitz geschützt wird, hinter dem unstreitig kein Eigentum steht, würde die gleiche Argumentation auch hier greifen; sogar in einem stärkeren Maß, da wohl mehr Besitzer auch Eigentümer einer Sache sind als besessene Sachen Luxusgegenstände.

Zudem ist auch die strukturelle Gleichsetzung des Luxusurteils mit dem Geschmacksurteil im Sinne *Kants* fragwürdig. Wohl lassen sich Gegenstände ausmachen, die sich die Qualifizierung als absolut Schönes gefallen lassen müssen. Das liegt aber auch daran, dass sich das Schöne gerade nicht über die Negierung einer Notwendigkeit für jemanden definiert. Sobald jedoch die Notwendigkeit – und sei es in ihrer negativen Ausformung – Teil einer Definition wird, knüpft sie stets an ein Subjekt an, für das die Sache notwendig oder eben auch überflüssig ist. Ein anthropologisch absolutes Nichtnotwendiges zu bestimmen erscheint ein schwieriges Unterfangen. Selbst wenn dies möglich sein sollte, wären diese Gegenstände ein rares Gut. Unterschiedliche Menschen haben unterschiedliche Bedürfnisse und ihren Lebensentwürfen liegen unterschiedliche Notwendigkeiten zugrunde. Das Gesetz schützt aber nicht nur den Besitz an jedem Objekt, sondern auch den Besitz eines jeden Subjekts. Der Genuss, der sich im Besitz seinen Bann bricht, muss diesem allumfassenden Schutz gerecht werden.

Die Überlegungen zu Besitz, Luxus und Ästhetik zeigen aber, dass das Verhältnis vom Menschen zur Sache im Modus des Besitzens von besonderer Bedeutung ist. Auch wenn sich das Besitzen einer – ein enges Verständnis zugrunde gelegt – ästhetischen Erfahrung entzieht, so bedeutet dies nicht, dass sich nicht im Besitz ein besonderes menschliches Weltverhältnis etablieren lässt. Besessen zu werden scheint eine besondere Gegebenheitsweise innerweltlicher Objekte im Verhältnis zu Subjekten zu sein, die es im Folgenden zu ergründen gilt. Um dabei das Spannungsfeld eines subjektivistischen Besitzverständnisses, bei dem jedes Subjekt im Verhältnis zu verschiedenen Objekten seine eigenen unvergleichlichen Erfahrungen macht, zu umgehen, bietet sich ein Rückgriff auf die Arbeitsschritte *Husserls* an, mit deren Hilfe er sich von singulären, empirisch-psychologischen Bewusstseinsakten zu lösen versuchte und den Weg ebnete zu einer transzendentalen Wesenslehre bzw. eidetischen Betrachtung, die das eigentliche Feld phänomenologischer Anschauung und Forschung darstellt. Diese Arbeitsschritte sind die phänomenologische Reduktion und die ideierende Abstraktion.

b. Phänomenologische Reduktion und ideierende Abstraktion

Die Terminologie der phänomenologischen Reduktion und der ideierenden Abstraktion wird in dem Sinne verwendet, in dem *Husserl* sie in seinen *Fünf Vorlesungen* zur *Idee der Phänomenologie* aus dem Jahre 1907 benutzt.[513] Beide Arbeitsschritte heben die Betrachtung auf eine Ebene, auf der die Begriffe als Allgemeinbegriffe, als Wesenheiten, zur Anschauung gebracht werden, um zu einer allgemeingültigen Wesensbestimmung zu gelangen. Dabei soll nur insoweit auf die phänomenologische Ebene vorgedrungen werden, wie dies für die Wesensbestimmung des Besitzes notwendig erscheint. Primär soll das Bewusstsein dafür geschärft werden, dass der Begriff des Besitzes immer schon eingebettet ist in ein Konstrukt aus historischen, anthropologischen und rechtswissenschaftlichen Annahmen, die den Blick auf die zeitlose Essenz des Besitzes versperren. Dabei können *Husserls* Reduktions- und Abstraktionsmechanismen paradigmatisch für den Prozess hin zu einer Sichtweise stehen, die den Besitz in seinem natürlichen Sein antrifft und eine Wesensschau ermöglicht, die anderen wissenschaftlichen Standpunkten wegen ihrer Voreingenommenheit nicht gewährt wird.

Für *Husserl* vollzieht sich die phänomenologische Reduktion in zwei Schritten. Auf der Suche nach den Bedingungen für die Möglichkeiten von Erkenntnis stellt er fest, dass das einzige, dessen wir uns sicher sein dürfen, die Erlebnisse in unserem Bewusstsein sind: „... das Sein der *cogitatio*, des Erlebnisses während des Erlebens und in schlichter Reflexion hierauf, ist unzweifelhaft ...“[514] Was dem Bewusstsein immanent ist, ist unzweifelhaft, wodurch die schauende Erkenntnis der Bewusstseinserlebnisse, der *cogitationes*, ebenfalls unzweifelhaft wird. Die Erkenntnis der objektiven Wissenschaften, etwa der Natur- und Geisteswissenschaften, ist transzendent, weil sie ein Sein zum Gegenstand hat, das nicht im Bewusstsein zu finden ist.[515] Transzendentes ist nicht etwas dem Bewusstsein Selbstgegebenes, sondern „Hinausgemeintes“, und als solches keiner sicheren Er-

513 In der Rezeption und auch von *Husserl* selbst wird die phänomenologische Reduktion teilweise mit dem Begriff der Epoché gleichgesetzt oder die Epoché als Vorstufe der Reduktion betrachtet. Der Übersichtlichkeit halber und mangels eines weiterführenden Erkenntnisgewinns wird an dieser Stelle aber für den gesamten Prozess einheitlich der Begriff der phänomenologischen Reduktion verwendet.

514 Vgl. *Husserl*, Die Idee der Phänomenologie. Fünf Vorlesungen, Hua II, S. 4.

515 *Husserl*, Die Idee der Phänomenologie. Fünf Vorlesungen, Hua II, S. 5.

kenntnis zugänglich.[516] Als Beispiel für etwas Bewusstseinstranszendentes kann beispielsweise die „Thesis von der Existenz des Wahrnehmungsgegenstandes außerhalb der Wahrnehmung selbst“ genannt werden.[517] Weil sich das Transzendente einer absoluten Erkenntnis verschließt, muss es im ersten Schritt der phänomenologischen Reduktion ausgeklammert werden. „Sie besagt: alles Transzendente (mir nicht immanent Gegebene) ist mit dem Index der Nullität zu versehen ...“[518] Das Transzendente wird folglich nicht in seiner Existenz bezweifelt, sondern es wird sich diesbezüglicher Urteile schlicht enthalten und seiner Einflussnahme auf das Erkenntnisverfahren – sei es als determinierender Faktor oder als sein Ziel – verweigert. Auf den Besitz gemünzt bedeutet dies ein Loslassen von aller nur scheinbar sicheren objektiv-wissenschaftlichen Erkenntnis über den Besitz. Das Wesen des Besitzes, das als Kern eines subjektiven Rechts Einzug in das Rechtssystem erhält, muss unabhängig von jeder schon theoretischen Betrachtung als *cogitatio* schauend direkt erfasst werden.

Der zweite Schritt besteht nach *Husserl* im Ausschalten der empirisch-psychologischen Apperzeption, d. h. der Aufnahme und Einordnung des sinnlich Wahrgenommenen in einen Bewusstseinszusammenhang, denn das „... erlebende Ich, das Objekt, der Mensch in der Weltzeit, das Ding unter Dingen etc. ist keine absolute Gegebenheit, also auch nicht das Erlebnis als sein Erlebnis.“[519] Daher muss nicht nur alles Transzendente, sondern weitergehend jeder Bezug zu dem empirisch-psychologischen Moment des Erlebnisses ausgeschaltet werden, um so den Weg zu einem absoluten und nicht psychisch-apperzeptiven Bewusstsein freizumachen.[520] Durch Ausklammern der sog. realen Immanenz im zweiten Schritt der phänomenologischen Reduktion bleibt nur das „reine Phänomen, das reduzierte“ als absolute Gegebenheit zur Anschauung übrig.[521] *Husserl* spricht von der reellen Immanenz, die allein wirklich selbstgegeben und folglich zweifellos ist.[522] Folglich darf auch beim Besitz nur das reine Phänomen, die absolute Gegebenheit des Besitzes betrachtet werden.

---

516 *Husserl*, Die Idee der Phänomenologie. Fünf Vorlesungen, Hua II, S. 6. Die Bedingung der Erkenntnismöglichkeiten von Transzendentem über die objektiven Wissenschaften gilt es nach *Husserl* über eine präzise Beschreibung der Immanenz zu ergründen.
517 So *Möckel*, Einführung in die transzendentale Phänomenologie, S. 80.
518 *Husserl*, Die Idee der Phänomenologie. Fünf Vorlesungen, Hua II, S. 6.
519 *Husserl*, Die Idee der Phänomenologie. Fünf Vorlesungen, Hua II, S. 7.
520 Hier wird *Husserls* fundamentale Kritik am Psychologismus seiner Zeit deutlich.
521 *Husserl*, Die Idee der Phänomenologie. Fünf Vorlesungen, Hua II, S. 7.
522 *Husserl*, Die Idee der Phänomenologie. Fünf Vorlesungen, Hua II, S. 5 und S. 7.

Dieses reine Phänomen, die Erscheinung, die *cogitatio* des Besitzens auf der Ebene der reellen Immanenz, ist von dem Erscheinenden selbst abzugrenzen.[523] Die Unterscheidung, die *Husserl* am Beispiel des Erlebnisses eines Tones verdeutlicht,[524] lässt sich ohne Weiteres auch auf den Besitz übertragen. Der Besitz als das Erscheinende dauert an, er ist eingebettet in eine „... Zeitstrecke mit ihren Zeitphasen, der Jetztphase und den Vergangenheitsphasen ...“[525] Der Besitz hat irgendwann angefangen und auch wieder aufgehört oder dauert noch an. Das alles gehört zu dem Besitz als Erscheinendem dazu. Das Besitzen als Erscheinung, als Phänomen, greift aber nur einen Moment aus dem Zeitraum des Besitzes heraus. In dem Phänomen des Besitzens wird nur ein Punkt der Besitzdauer zur Anschauung gebracht und nur dieser Punkt ist reell immanent. Er ist reell immanent, weil ihn das Erlebnis als Jetztpunkt enthält. Die vergangenen und zukünftigen Phasen des Besitzes, sein Erwerb und sein möglicher Verlust sind dies nicht, weil sie nicht reell im „Jetztpunkt der Erscheinung“[526] enthalten sind.

Ist der Besitz nun von jeglicher Transzendenz befreit, sein reines, reell immanentes Phänomen von der realen Immanenz abgetrennt und auch die reel immanente Erscheinung des Besitzens von dem Erscheinenden unterschieden, bleibt der Besitz in diesem Stadium dennoch ein singuläres Phänomen, nämlich die einzelne Erscheinung im subjektiven Bewusstsein, deren Anschauung keine allgemeingültige Feststellung über das Wesen des Besitzes zulässt. Hierfür bedarf es der ideierenden bzw. eidetischen Abstraktion, die den Aufstieg vom singulären Phänomen zum allgemeinen Wesen, dem Eidos der Erscheinung, vollzieht. Die ideierende Abstraktion ergibt eine „... neue Objektivität als absolute Gegebenheit, die Wesensobjektivität ...“.[527] Das allgemeine Wesen ist Teil der Immanenz, allerdings nicht reell immanent. Als Allgemeines selbst ist es „... kein Singuläres, sondern eben ein Allgemeines, somit im reellen Sinne transzendent.“[528] Es ist nicht das Erlebnis der reellen Immanenz, sodern deren Erfahrung. Im Schauen dieser „reinen, zeitlosen Wesen“[529] ist Evidenz im Sinne reiner Erkenntnis möglich. Hier nun kann der Begriff des Besitzes in Allgemeingültigkeit als ideale Wesenheit schauend erkannt werden.

523 Vgl auch *Möckel*, Einführung in die transzendentale Phänomenologie, S. 18.
524 Vgl. *Husserl*, Die Idee der Phänomenologie. Fünf Vorlesungen, Hua II, S. 11.
525 *Husserl*, Die Idee der Phänomenologie. Fünf Vorlesungen, Hua II, S. 11.
526 *Husserl*, Die Idee der Phänomenologie. Fünf Vorlesungen, Hua II, S. 11.
527 *Husserl*, Die Idee der Phänomenologie. Fünf Vorlesungen, Hua II, S. 8.
528 *Husserl*, Die Idee der Phänomenologie. Fünf Vorlesungen, Hua II, S. 9.
529 *Möckel*, Einführung in die transzendentale Phänomenologie, S. 18.

Bei aller Abstraktionsbereitschaft darf nicht vergessen werden, dass der Startpunkt phänomenologischer Betrachtung die sinnlich-empirische Wahrnehmung ist. „Das reine Bewusstsein soll dargestellt werden in strenger Entgegensetzung zur erfahrbaren Wirklichkeit, aber zugleich doch im Ausgang von dieser."[530] Grundlage aller Erkenntnis bleibt für *Husserl* die natürliche Einstellung unseres „empirisch-apperzeptiven Ichbewusstseins".[531] Die Erkenntnis über den Besitz beginnt demnach bei der Beschreibung der natürlichen, unvoreingenommen, empirischen Erfahrung des Besitzens, bei einer Betrachtung seiner realen Immanenz, um anschließend auf einer abstrakteren Bewusstseinsebene eine allgemeingültige Wesensaussage treffen zu können.

c. Empirisch-psychologisches Phänomen des Besitzens

Die empirische Erfahrung des Besitzens soll am Beispiel einer kurzen Passage aus den *Denkbildern* von *Walter Benjamin* ergründet werden. *Benjamin* beschreibt dort die verallgemeinerbaren Schrullen und Verhaltensweisen eines Büchersammlers:

> „Von den landläufigen Erwerbsarten wäre für Sammler die schicklichste das Ausleihen mit anschließendem Nichtzurückgeben. Der Buchausleiher großen Formats, wie wir ihn hier vor Augen haben, erweist sich als eingefleischter Büchersammler nicht etwa nur durch die Inbrunst, mit der er den zusammengeborgten Schatz behütet und allen Mahnungen aus dem Alltag des Rechtslebens mit Taubheit begegnet, sondern weit mehr dadurch, dass auch er die Bücher nicht liest. Wenn Sie meiner Erfahrung glauben wollen, so geschah es immer noch eher, daß einer mir gelegentlich ein entliehenes Buch zurückbrachte, als daß er es etwa gelesen hätte. Und das – werden Sie fragen – wäre eine Eigenart der Sammler, Bücher nicht zu lesen? Das wäre ja das Neueste. Nein. Sachkundige werden Ihnen bestätigen, daß es das Älteste ist, und ich nenne hier nur die Antwort, die, wiederum France für den Banausen in Bereitschaft hatte, der seine Bibliothek bewunderte, um so dann bei der obligaten Frage zu enden: ‚Und das habe Sie

530 *Natorp*, Logos 1917–18,7 (1918), 224 (232).
531 *Möckel*, Einführung in die transzendentale Phänomenologie, S. 82.

alles gelesen Herr France?' – ‚Nicht ein Zehntel. Oder speisen Sie vielleicht täglich von Ihrem Sèvres?'"[532]

Dieses Zitat beleuchtet verschiedene Facetten des Besitzens, auf die es sich lohnt, näher einzugehen. Für *Benjamins* Sammler scheint die Möglichkeit, nach Belieben über das Buch zu verfahren, nur von untergeordneter Bedeutung. Es geht ihm nicht darum, das Buch zu verwenden, indem er es verschenkt, verleiht oder anderswie benutzt. Gerade das am nächsten liegende Nutzungspotential des Buches wird ausdrücklich negiert: seine Lektüre. Diese Aussage mag überraschen und *Benjamin* trägt sie entsprechend mit ironischer Süffisanz vor, den Kern der Sammlererfahrung trifft er dabei jedoch zweifelsfrei. Es geht um die Verwirklichung des Habenwollens um seiner selbst Willen. Dieser empirisch-psychologische Zustand lässt sich von der anschaulichen Figur des Sammlers lösen und verallgemeinern: Wenn ich etwas besitze nur um zu besitzen, empfinde ich es nicht als notwendig, in irgendeiner – das reine Haben übersteigenden Weise – auf die Sache einzuwirken. Beim Besitzen als verwirklichtem Habenwollen geschieht der Prozess des Habens allein, um zu haben. Etwaige andere Beziehungsmodi zu der Sache treten dabei in den Hintergrund. Vor jedem anderen Verhältnis, das den Menschen an eine Sache binden kann – sei es als Eigentümer, Mieter, Nutznießer etc. – scheint das Besitzen somit ein ursprüngliches, den genannten Verhältnissen vorgelagertes Merkmal des menschlichen Daseins in der Welt zu sein. Dem Besitz wohnt eine natürliche „Selbstverständlichkeit", eine „Einfachheit und Ursprünglichkeit" inne.[533] Wenn ich der Sache in besitzendem Umgang gegenübertrete, verspüre ich die Möglichkeiten, die sich im innerweltlich Seienden vor mir auftun. Im Haben manifestiert sich für mich die Potentialität der Sache, in ihm schlummern die Alternativen, die darauf warten, zur Wirklichkeit zu werden.[534] Im Besitz erlebe ich das erhebende Gefühl, ganz bei der Sache zu sein, ihr in einem Herrschaftsverhältnis zu begegnen, in dem die Sache

532 *Benjamin*, Denkbilder, S. 90 f.

533 Planck/*Brodmann*, Vor §§ 854 ff., Nr. 3.

534 Dabei soll hier keineswegs das Ideal einer konsumorientierten Gesellschaft an die Wand gemalt werden, auch wenn der Konsum bei Weiten nicht so negativ beschaffen ist, wie einen die strenge bildungsbürgerliche Doktrin glauben machen will. Nach *Ullrich*, Habenwollen, S. 180, ist die Konsumkritik „Folge lange eingeübter Denkrituale" und als solche „... ein Erbe aus den Zeiten, in denen Not, Mangel und Entbehrung die Regel waren." Die Frage nach dem Besitz an Sachen greift weiter, als die Diskussion über das Für und Wider konsumistischen Verhaltens in einer Zeit, in der es mehr potentielle Konsumobjekte gibt als jemals zuvor. Zum Konsum verhält sich der Besitz in etwa wie zum Gebrau-

ganz für mich ist. Ich muss die Sache nicht benutzen oder auch nur berühren, allein ich könnte dies tun, und in diesem Wissen um das Mir-Gegebensein[535] der Sache schwingt eine vage Idee, ein nur schwer greifbares Gefühl mit, in Kenntnis dessen zu sein, was mein vorbestimmter Platz in der Welt, mein Sein, das Sein aller Menschen im innerweltlichen Sinnzusammenhang ist.

Dieser empirisch-psychologische Zustand koinzidiert mit dem Rechtsschutz. Der im Sammlerbeispiel beschriebene Erwerbstatbestand – das Ausleihen ohne Rückgabe – ist eine tatbestandliche Unterschlagung, mithin rechtswidrig und keinesfalls dazu geeignet, das Eigentum oder ein sonstiges umfänglicheres Recht als den Besitz an dem Buch zu erwerben. Es ist auf dieser Stufe die reale Immanenz des Besitzens, die geschützt ist, die aber als bloßer empirischer Zustand diesen Schutz nicht zu rechtfertigen vermag. Die reale Immanenz, das empirisch-psychologische Phäno-

---

chen. Jeder Form von Konsum liegt ein Haben zugrunde, und in wenigen Fällen beschränkt sich die Konsumierung des Gegenstandes allein auf dieses bloße Haben. Auch *Benjamins* Büchersammler frönt einer Form des Konsumismus, der auf das Haben der Bücher als Endziel ausgerichtet ist. In den weitaus meisten Fällen des Konsums aber ist das Endziel ein anderes, nämlich der Aufbau eines Verhältnisses zweiter Ordnung zur Sache, die das Haben lediglich als notwendiges Zwischenziel voraussetzt. Die Arten des Konsums sind eben in der Vielzahl der Fälle sowohl objektiv als auch subjektiv ein Mehr zum bloßen Haben bzw. Habenwollen. Es geht darum, die Sache zu gebrauchen und gebrauchen zu wollen, zu benutzen und benutzen zu wollen, aber vor allem auch zu gebrauchen oder zu benutzen, um in überschießender Innentendenz zu beindrucken, einzuschüchtern, sich selbst darzustellen, zu protzen, zu schmeicheln. Würde es sich bei den letztgenannten Formen des Konsums um Sprechakte handeln, dann würde der Schwerpunkt der konsumistischen Äußerung auf dem perlokutionären Akt liegen, d. h. auf dem Erzielen einer Wirkung gegenüber Dritten, die über den Akt der Konsumhandlung als solcher hinausgeht. Der Schwerpunkt verschiebt sich demgemäß wieder von einer Subjekt-Objekt-Relation hin zu einer Subjekt-Subjekt-Beziehung, die sich über das Objekt konstruiert. Der Besitz aber bleibt eine reine Subjekt-Objekt-Relation, dem es nicht um das Erzielen einer Wirkung gegenüber Dritten geht.

535 *Heidegger*, SuZ, S. 69, spricht in einem ganz ähnlichen Kontext von Zuhandenheit. Objekte sind in der Welt immer für jemanden. Die Zuhandenheit ist die natürliche Seinsart von Gegenständen, wobei *Heidegger* allerdings den Begriff des Gegenstandes oder Dings vermeidet, weil hierin bereits eine vorgreifende Charakterisierung stattfände. Stattdessen spricht er von Zeug (S. 68). Wahre Erkenntnis zeigt sich nach *Heidegger* allein im gebrauchenden Umgang mit dem Zeug: Je weniger eine Sache „... nur begafft wird, je zugreifender es gebraucht wird, um so ursprünglicher wird das Verhältnis zu ihm, um so unverhüllter begegnet es als das, was es ist ...“.

men des Besitzens, ist nur der Ausläufer seines absoluten Wesens in der natürlichen Einstellung des Ichbewusstseins. Das absolute Wesen des Besitzens, das alleine einen umfassenden Schutz verdient, ist nicht real immanent und nicht einmal reell immanent. Es ist reine Immanenz und als solche für die reelle Immanenz transzendent. Daher kann es nur in einem absoluten Bewusstsein zur Anschauung gebracht werden.

d. Eidetische Wesensanschauung des Besitzens

Das Besitzen ist die Erscheinung, der Besitz das Erscheinende. Der Besitz als Erscheinendes ist nicht gleichzusetzen mit der Sache selbst, die unser Empfinden affiziert. Er ist auch nicht das Wesen der Sache, die sich uns als Besitz darstellt. Der Besitz hat seine Vergangenheitsphase, seine Jetztphase und seine zukünftigen Zustände. Besitz wird erworben, die tatsächliche Gewalt wird temporär innegehabt und irgendwann aufgegeben. Besitz als das Erscheinende ist nicht reell immanent.

Reell immanent ist hingegen die Erscheinung des Besitzens als singuläres Erlebnis. Da das Wesen des Besitzens aber abstrakt-allgemeiner Natur ist, reicht auch eine Beschreibung dieses singulären Phänomens nicht aus. Das Wesen des Besitzens muss nicht im Erlebnis, sondern im Akt der Erfahrung dieses Erlebnisses ergründet werden. Dort kann es als das beschrieben werden, als was es in dieser Untersuchung qualifiziert werden soll, nämlich als eine besondere Gegebenheitsweise dafür, die Welt zu erkennen.

Die Erfahrung des Besitzens bedarf keiner sinnlichen Wahrnehmung. Ich kann eine Sache besitzen und die Sache, die sich mir als Besitz darstellt, genießen, ohne sie auf irgendeine Weise sinnlich wahrzunehmen. Das Besitzen der Bücher setzt für den Büchersammler nicht voraus, diese zu lesen, zu berühren etc. und dies gilt umso mehr unter Berücksichtigung der Unterscheidung von Erscheinung und Erscheinendem. Mag der Besitz gerade in seiner Begründung unter Umständen eine sinnliche Wahrnehmung voraussetzen, ist dies für das Besitzen als reell immanentem Jetztpunkt der Erscheinung nicht notwendig. Um den Besitz an einem Buch zu begründen, wird der Büchersammler das Buch irgendwann in der Hand gehabt und in einem sinnlichen Verhältnis zu ihm gestanden haben, das Besitzen als Phänomen im Bewusstsein des Sammlers ist hiervon unabhängig. Wenn das Besitzen aber keine sinnliche Wahrnehmung voraussetzt, tritt es gleichberechtigt neben die Wahrnehmung und andere Gegebenheitsweisen von Gegenständen. Ich kann Dinge sehen, hören, fühlen, schmecken, riechen, ich kann sie mir vorstellen, sie fantasieren, mich an sie erinnern – und ich kann sie besitzen.

Der Besitz ist das Erscheinende aus einer Vielzahl von möglichem Erscheinendem – z.B. dem Wahrgenommenem, dem Vorgestellten, dem Fantasierten, dem Erinnerten –, das korrelativ zur Gebenheitsweise des Besitzens ist. Er ist eine von zahlreichen Möglichkeiten, uns einen Gegenstand erfahrbar zu machen. Der Gegenstand, dessen Erscheinendes Besitz und dessen Erscheinung – korrelativ – das Besitzen ist, ist notwendig ein raum-zeitlicher Gegenstand. Die Gegebenheitsweise des Besitzens macht uns allein physische Gegenstände erfahrbar. Gegenstände anderer „regionaler Ontologien“[536] können nicht besessen werden. So kann uns etwa das Recht als Gegenstand der geistigen Welt nicht in der Gegebenheitsweise des Besitzens entgegentreten.

Hier wird auch der Unterschied zum Eigentum deutlich. Das Eigentum ist im Gegensatz zum Besitzen keine eigenständige Gegebenheitsweise von Gegenständen, was sich bereits sprachlich darin offenbart, dass der Umstand, eine Sache zu eigen zu haben, kein eigenes Verb besitzt. Das Eigentum entspringt einer anderen Kategorie. Es ist ein idealer Gegenstand der geistigen Sphäre und somit einer regionalen Ontologie, deren Gegebenheitsweise eine gänzlich andere ist als die Gegebenheitsweisen raum-zeitlicher Gegenstände. Dort ist das Eigentum ein Gegenstand, der uns in einer bestimmten, ihm eigenen Gegebenheitsweise erscheint und nicht wie das Besitzen eine bestimmte Gegebenheitsweise für raum-zeitliche Gegenstände. Das Eigentum hat eine Gegebenheitsweise, das Besitzen ist eine Gegebenheitsweise, nicht aber eine des Eigentums.

Der Unterschied zwischen der sinnlichen Wahrnehmung und anderen Gegebenheitsweisen von Gegenständen zu der Gegebenheitsweise durch Besitzen besteht in der besonderen Struktur des Besitzens. Die sinnliche Wahrnehmung etwa als Gegebenheitsweise eines raum-zeitlichen Gegenstandes zeichnet sich dadurch aus, dass sie „abschattend“ ist.[537] Eine Sache – z. B. der Laptop, auf dem ich schreibe – erscheint mir stets perpektivisch. Ich kann nicht mit absoluter Sicherheit sagen, wie die Rückseite des Laptops aussieht, solange ich ihn nicht herumdrehe und mir dessen Rückseite in der Gegebenheitsweise der sehenden Wahrnehmung erfahrbar mache. Solange ich dies nicht tue, vermeine ich nur zu wissen, wie der Laptop von hinten aussieht. Das Vermeinen ist eine typische Erscheinungsform der In-

---

536 So nennt *Husserl* die verschiedenen Seinssphären von Gegenständen.

537 Vgl. *Husserl*, Ideen zu einer reinen Phänomenologie und phänomenologischen Philosophie, Hua III/1, S. 91.

tentionalität unseres Bewusstseins, ändert aber nichts daran, dass mir der Gegenstand nur abgeschattet und somit in unvolkommener Weise gegenübertritt.[538]

Anders ist dies beim Besitzen. Im Besitzen wird der Gegenstand als das Besessene in seiner Ganzheit erfahrbar. Besitzen ist kein abschattendes Besitzen, sondern immer vollkommene Anschauung des Gegenstandes. Dabei ist die Erfahrung des Besitzens von Interesse geprägt. Zwar sind das Bewusstsein und auch die Wahrnehmung, die Fantasie, die Erinnerung etc. immer intentional auf etwas gerichtet. Ich sehe das Gesehene, fühle das Gefühlte, rieche das Gerochene, höre das Gehörte, schmecke das Geschmeckte, erinnere mich an das Erinnerte, fantasiere das Fantasierte, kurz: erfahre das Erfahrene. Diese Intentionalität ist aber nicht mit dem Interesse gleichzusetzen, das ich einer Sache im Besitzen entgegenzubringen vermag. Dass meine Wahrnehmung notwendigerweise auf einen wahrgenommenen Gegenstand gerichtet ist, bedeutet nicht, dass ich diesem Gegenstand zwangsläufig interessiert gegenüberstehe. Vielmehr ist eine interesselose, vollzugsorientierte Wahrnehmung Voraussetzung für eine ästhetische Erfahrung. Es wurde aber bereits festgestellt, dass ein interesseloses Besitzen im Gegensatz zur sinnlichen Wahrnehmung nicht möglich ist.[539] Besitzen bedeutet immer ein Interesse an der besessenen Sache. Das Interesse gegenüber dem Erkenntnisgegenstand ist beim Besitzen notwendiger Bestandteil des Erscheinungsvorgangs. Das sorgende Interesse für die Sache ist das Alleinstellungsmerkmal des Besitzens und manifestiert sich im Begriff der tatsächlichen Gewalt. In ihrer Lesart als sorgend-vertrauter Umgang mit der Sache beschreibt die tatsächliche Gewalt das Wesen des Besitzes als den Erkenntnisvorgang, der sich von allen anderen Erkenntnismöglichkeiten durch seine besondere, von Interesse getragene Nähe zu der erkannten Sache abgrenzt. Hier schließt sich der sprachtheoretische Graben zwischen Bedeutung und Sinn des Besitzes. Die Bedeutung des Besitzes, die tatsächliche Gewalt in ihrer Ausprägung als sorgend-vertrauter Umgang mit der Sache, liegt auch dem Wesen des Besitzes zugrunde, das seinen Sinn erst auszufüllen vermag. Nur ein Gewaltverständnis, wie es in dieser Untersuchung erarbeitet wurde, wird dem Besitz als besonderer Erkenntnismöglichkeit gerecht.

Im Besitzen erschließt sich dem Menschen das innerweltliche Sein in seiner natürlichen, ihm zugewandten Gegebenheit. Die Dinge sind nicht einfach da, sondern sie sind für jemanden da. Sie geben sich demjenigen

538 *Loidolt*, Einführung in die Rechtsphänomenologie, S. 30 f.

539 S. o. S. 140 ff.

zu erkennen, der sich ihnen im sorgend-vertrauten Umgang des Besitzens zuwendet. Durch den Vorgang des Besitzens wird die Sache als das besessene Objekt, als Besitz, erkannt und somit als ursprüngliche Art des Gegebenseins der Sache für den Menschen. Für ihn ist das Besitzen fundamental. Es ist „... das allertiefste Verhältnis ..., das man zu Dingen überhaupt haben kann."[540] Es ist die natürliche Erkenntnis- und damit auch Seinsweise des Subjekts, das in der Welt ist und dort eine von Nähe geprägte Beziehung zu dem innerweltlich Seienden aufbaut. In seiner ungestörten Ausübung erblüht die menschliche Freiheit. Denn wenn der Mensch von Natur aus frei ist, sein Dasein also freies Dasein ist, und sich ihm dieses freie Dasein als In-der-Welt-sein durch den sorgenden Umgang mit Dingen erschließt, muss dieser sorgende Umgang, der Besitzen genannt wird, die Freiheit bedingen. Der Erkenntnisakt des Besitzens begründet die Freiheit, denn diese kann immer nur als eine innerweltliche, dem weltlichen Sein zugewandte gedacht werden.

Das Besitzen ist demnach eine Gegebenheitsweise von Gegenständen, die sich durch ihr Interesse an dem besessenen Gegenstand auszeichnet. Dieser sorgend-interessierte Umgang mit dem Gegenstand etabliert ein besonderes, ursprüngliches und durch Nähe geprägtes Verhältnis zu ihm. Es ist dies der Genuss im subjektiv-rechtlichen Sinne, das Wesen des Besitzes, den das Besitzen dem Besitzenden verspricht. Es ist die erste Genussmöglichkeit überhaupt, die dem Menschen im Umgang mit den Dingen widerfahren kann, denn erst in ihr erkennt er die Welt, wie sie sich ihm hingibt und sich in ihrer Potentialität vor ihm entfaltet. Dieses Verhältnis ist wahres Erkennen und verdient es, rechtlichen Schutz zu erfahren.

IV. Fazit

Sinn und Bedeutung des subjektiven Rechts sind „die rechtliche Sicherheit des Genusses".[541] Während die passive Seite in Form des Besitzschutzes unproblematisch gegeben ist, kann nun auch die positive Seite, der Genuss bzw. das Interesse, näher bestimmt werden. Das Besitzen ist das wesensbestimmende Merkmal des menschlichen Daseins in der Welt. Es ist eine Gegebenheitsweise von raum-zeitlichen Gegenständen, die sich durch Nähe, Interesse und Sorge um die Sache auszeichnet. Es ist die Urbeziehung zwischen Subjekt und Objekt und als solche bereits schützenswert. Aus dem

540 *Benjamin*, Denkbilder, S. 96.
541 *Jhering*, Geist des römischen Rechts, § 60, S. 351.

Besitz ergibt sich somit ein subjektives Recht. Damit liegt auch das letzte Definitionsmerkmal des Rechtsverhältnisses vor[542] und der Besitz kann als solches qualifiziert werden.

Die Plausibilität der Bestimmung des Besitzes als Quelle eines subjektiven Rechts muss im Weiteren am positiven Normenbestand und ihrer praktischen Auswirkung gemessen werden. Nur wenn die Anwendung des hier entwickelten Rechts des Besitzes bei einer Subsumption unter den konkreten Normenbestand zu vertretbaren Ergebnissen führt, kann eine abschließende Würdigung vorgenommen werden.

---

542 Für die anderen Merkmale vgl. o. S. 73 ff. und S. 83 ff.

Kapitel 4: Subsumption des Besitzes unter die positiven Rechtsnormen

I. Besitz als sonstiges Recht i. S. d. § 823 Abs. 1 BGB

1. Haftungsbegründender Tatbestand

Es wurde festgestellt, dass das Rechtsverhältnis Besitz die Wiege eines subjektiven Rechts ist. Der Frage, ob und wie dieses subjektive Recht über § 823 Abs. 1 BGB geschützt wird, muss eine Begriffseingrenzung des zentralen Merkmals dieser Norm, dem sonstigen Recht, vorgelagert sein. Bei den sonstigen Rechten handelt es sich um absolute Rechte,[543] d. h. um solche Rechte, denen eine Zuweisungs- und Ausschlussfunktion innewohnt, die von jedermann zu beachten ist.[544] Eine solch restriktive Lesart ergibt sich sowohl aus einer normsystematischen Betrachtung des § 823 Abs. 1 BGB, der eine strukturelle Identität der sonstigen Rechte mit den ausdrücklich genannten Rechten – allen voran dem Eigentum – und Rechtsgütern nahelegt,[545] als auch aus einer historisch-subjektiv-teleologischen Auslegung, die die bewusste Entscheidung des Gesetzgebers gegen eine allumfassende, „große" deliktische Generalklausel zugunsten des nuancierten Haftungssystems der §§ 823 Abs. 1, Abs. 2, 826, 824 f., 831 ff.

---

543 Motive II 726 (= *Mugdan* II 405); RGZ 57, 353 (355 f.); BGHZ 192, 204 (210 f.); Staudinger/*Hager*, § 823, Rn. B 124; MüKo/*Wagner*, § 823, Rn. 267 f.; Jauernig/*Teichmann*, § 823, Rn. 12; Palandt/*Sprau*, § 823, Rn. 11; Bamberger/Roth/*Förster*, § 823, Rn. 143; NK-BGB/*Katzenmeier*, § 823, Rn. 62; Soergel/*Spickhoff*, § 823, Rn. 86; *Fikentscher/Heinemann*, Schuldrecht, § 107, Rn. 1568; *Looschelders*, Schuldrecht BT, § 58, Rn. 1215; *Canaris*, in: FS Steffen, S. 85 (90).

544 Motive II 726 (= *Mugdan* II 405); RGZ 57, 353 (355 f.); BGHZ 192, 204 (210 f.); Staudinger/*Hager*, § 823, Rn. B 124; MüKo/*Wagner*, § 823, Rn. 267 f.; Jauernig/*Teichmann*, § 823, Rn. 12; Palandt/*Sprau*, § 823, Rn. 11; Erman/*Wilhelmi*, § 823, Rn. 35; NK-BGB/*Katzenmeier*, § 823, Rn. 62; Soergel/*Spickhoff*, § 823, Rn. 86; *Fikentscher/Heinemann*, Schuldrecht, § 107, Rn. 1568; *Looschelders*, Schuldrecht BT, § 58, Rn. 1215; *Larenz/Canaris*, Schuldrecht BT, § 76, S. 374, 392; *Canaris*, in: FS Steffen, S. 85 (90).

545 Palandt/*Sprau*, § 823, Rn. 11; Erman/*Wilhelmi*, § 823, Rn. 35; *Larenz/Canaris*, Schuldrecht BT, § 75, S. 356; *Looschelders*, Schuldrecht BT, § 58, Rn. 1215; *Sosnitza*, Besitz und Besitzschutz, S. 292.

BGB aufzeigt.[546] Sofern *Canaris* die Absolutheit der rechtlichen Zuordnung um Verfügungs- und Sukzessionsschutz sowie um Konkurs- und Zwangsvollstreckungsfestigkeit ergänzt,[547] mag diese Taillierung des absoluten Rechts für den Problembereich der Verdinglichung obligatorischer Recht bedeutsam sein; für das sonstige Recht im Sinne des § 823 Abs. 1 BGB sind es keine konstitutiven Merkmale.[548]

Zunächst soll nun ein kurzer Abriss über den Diskurs gegeben werden, der zum Besitz im Rahmen des § 823 Abs. 1 BGB geführt wird, bevor das hier entwickelte Besitzverständnis in den Mittelpunkt rückt. Das Feld der Meinungen ist unüberschaubar, vielfältig und immer wieder gezwungen, auf die Grundstrukturen der Besitzidentität zurückzugreifen, weshalb auch der Gesetzgeber in diesem Punkt keine klärende Entscheidung getroffen hat.[549] Wird – abgesehen von den §§ 859 ff. BGB – ein Schutz des Besitzes (jeglicher Färbung) teilweise kategorisch verneint,[550] sehen andere den Schutz des Besitzes über § 823 Abs. 1 BGB als notwendige Erweiterung des Besitzschutzes an.[551] Zwischen diesen Polen oszillierend, treten Positionen

546 Vgl. Protokolle II 2709 ff. (= *Mugdan* II 1027 ff.); *Larenz/Canaris*, Schuldrecht BT, § 75, S. 354 ff.

547 *Canaris*, in: FS Flume, Bd. I, S. 371 (373 f.).

548 MüKo/*Wagner*, § 823, Rn. 267; vgl. auch *Larenz/Canaris*, Schuldrecht BT, § 76, S. 374, 392, und *Canaris*, in: FS Steffen, S. 85 (90).

549 Vgl. Protokolle II 2723 f. (= *Mugdan* II 1077); ebenso MüKo/*Wagner*, § 823, Rn. 287.

550 *Planck*, 1. und 2. Auflage, Vor §§ 854 ff., Nr. 3 und § 823, Nr. 2 a; *Jürgens*, Der Besitzschutz des Mieters nach § 823 Abs. 1 BGB, S. 178 ff.; *Schick*, Besitzschutz nach § 823 BGB?, S. 75 ff.; *Sosnitza*, Besitz und Besitzschutz, S. 292 ff., 309; *Eccius*, Gruchot 53 (1909), 1 (9 ff.).

551 *Oertmann*, Kommentar zum Bürgerlichen Gesetzbuch, § 823, Anm. 3 e; *Brehm/Berger*, Sachenrecht, § 2, Rn. 9 und § 4, Rn. 24; *Enneccerus/Lehmann*, Recht der Schuldverhältnisse, § 234, S. 943; *Enneccerus/Nipperdey*, Allgemeiner Teil des Bürgerlichen Rechts, § 80, S. 468; *Esser*, Schuldrecht, 2. Auflage 1960, § 202, S. 845; *Haase*, § 823 Abs. 1, S. 50 ff.; *Hartung*, Besitz und Sachherrschaft, S. 69; *Heck*, Grundriss des Sachenrechts, § 14, S. 54; *v. Liszt*, Die Deliktsobligationen im System des Bürgerlichen Gesetzbuches, S. 21; *Müller/Gruber*, Sachenrecht, § 15, Rn. 418; *Müller*, Schuldrecht BT, § 3, Rn. 2390; *Spillmann*, Was ist unter dem Ausdrucke „oder ein sonstiges Recht" in dem § 823 Abs. 1 des B.G.B. zu verstehen?, S. 48; *v. Thur*, Der Allgemeine Teil des Bürgerlichen Rechts, § 11, S. 204 ff.; *Wolf*, Lehrbuch des Sachenrechts, § 2, S. 45; *Lopau*, JuS 1980, 501 (506); *Müller-Erzbach*, AcP 142 (1978), 5 (18); auch in den Motiven III 110 (= *Mugdan* III 61) wird darauf hingewiesen, dass die verbotene Eigenmacht eine Haftung nach § 704 Abs. 1 BGB (der heutige § 823 Abs. 1 BGB) nach sich ziehen solle. Dies bedeutet aber, dass grundsätzlich jeder Besitz geschützt ist und nicht allein derjenige, der durch ein Recht zum Besitz angereichert wurde.

ins Licht des § 823 Abs. 1 BGB, die sich von dem Recht aus dem Besitz maßgeblich unterscheiden. Danach sollen das verdinglichte obligatorische Recht zum Besitz,[552] das obligatorische Besitzrecht als relatives Herrschaftsrecht,[553] der befugte[554] oder der berechtigte Besitz[555] geschützt sein.

a. Kein Schutz des Besitzes

Diejenigen, die den Schutz des Besitzes über § 823 Abs. 1 BGB ablehnen, verneinen entweder die Rechtsqualität des Besitzes[556] oder aber den erforderlichen positiven Zuweisungsgehalt, der die Ähnlichkeit mit dem Eigentum garantieren soll.[557] Die vorliegende Untersuchung spricht dem Besitz

---

552 *Canaris*, in: FS Flume, Bd. I, S. 371 ff.; *Dulckeit*, Die Verdinglichung obligatorischer Rechte, S. 15; letzteren rezipierend und auf das Recht zum Besitz abstellend *H. Westermann*, AcP 152 (1952/1953), 93 (95).

553 *Diederichsen*, Das Recht zum Besitz aus Schuldverhältnissen, S. 64 ff., 87 ff.; darauf verweisend *Westermann/Gursky/Eickmann*, Sachenrecht, § 7, Rn. 8 f.

554 *Medicus*, AcP 165 (1965), 115 ff.; *Medicus/Petersen*, Bürgerliches Recht, § 24, Rn. 607; darauf verweisend Erman/*Wilhelmi*, § 823, Rn. 43, und Soergel/*Spickhoff*, § 823, Rn. 98.

555 RGZ 59, 326 (328); 91, 60 (65 f.); BGHZ 66, 277 (282); 73, 355 (361 f.); 79, 232 (235 ff.); BGH NJW 1991, 2420 (2421); MüKo/*Wagner*, § 823, Rn. 289; Bamberger/Roth/*Förster*, § 823, Rn. 156; Palandt/*Sprau*, § 823, Rn. 13; *Baur/Stürner*, Sachenrecht, § 9, Rn. 31 ff.; *Esser/Weyers*, Schuldrecht BT 2, § 55, S. 163; *Fikentscher/Heinemann*, Schuldrecht, § 107, Rn. 1568; *Schwab/Prütting*, Sachenrecht, § 6, Rn. 49; *Wieling*, Sachenrecht, § 5 IV 6 c; *v. Caemmerer*, in: Festschrift zum hundertjährigen Bestehen des deutschen Juristentages, Bd. II, S. 49 (81 f.); *Honsell*, JZ 1983, 531 (532); Lorenz, NJW 2009, 1025 (1026, 1029).

556 *Planck*, 1. und 2. Auflage, Vor §§ 854 ff., Nr. 3 und § 823, Nr. 2 a; *Jürgens*, Der Besitzschutz des Mieters nach § 823 Abs. 1 BGB, S. 178 ff.; *Schick*, Besitzschutz nach § 823 BGB?, S. 75 ff.; *Sosnitza*, Besitz und Besitzschutz, S. 292; im Ergebnis den Schutz einer anderen Besitzposition bejahend, für den bloßen Besitz aber mangels Rechtsqualität ebenfalls verneinend Erman/*Wilhelmi*, § 823, Rn. 43; *Baur/Stürner*, Sachenrecht, § 9, Rn. 31 ff.; *Fikentscher/Heinemann*, Schuldrecht, § 107, Rn. 1568.

557 *Eccius*, Gruchot 53 (1909), 1 (9 ff.); *Jürgens*, Der Besitzschutz des Mieters nach § 823 Abs. 1 BGB, S. 179, sieht die §§ 858 ff. BGB als nicht ausreichend für einen Schutz nach § 823 Abs. 1 BGB an. Im Ergebnis den Schutz einer anderen Besitzposition bejahend, für den bloßen Besitz aber mangels positiven Zuweisungsgehalts ebenfalls verneinend *Larenz/Canaris*, Schuldrecht BT, § 76, S. 396; *Medicus*, AcP 165 (1965), 115 (136), und *Medicus/Petersen*, Bürgerliches Recht, § 24, Rn. 607; *Wieling*, Sachenrecht, § 3 II a und § 5 IV 6 c; *Kollhosser*, JuS 1992, 567 (572); MüKo/*Wagner*, § 823, Rn. 289, sieht eine bloß „faktische Nutzungsmöglichkeit".

aber sowohl die Qualität des subjektiven Rechts als auch einen (rechtskonstituierenden) positiven Zuweisungsgehalt zu.

b. Schutz des Besitzes

Das große Los der Autoren, die den Besitz von § 823 Abs. 1 BGB geschützt wissen wollen, qualifiziert den Besitz als absolutes Recht, zumindest im Sinne des sonstigen Rechts.[558] So richtig dies im Ergebnis auch sein mag, so wenig wird diese Qualifikation unter Berücksichtigung der oben genannten Definition des absoluten Rechts vorgenommen. Vornehmlich wird auf die Ausschlussfunktion der §§ 858 ff. BGB[559] oder im Falle *Müller-Erzbachs*[560] auf die Übertragbarkeit und Vererblichkeit des Besitzes abgestellt. Wie dargestellt, zeichnet sich das absolute Recht aber nicht nur durch die Möglichkeit des Ausschlusses von jedermann aus, sondern auch durch einen korrespondierenden Zuweisungsgehalt. Einen solchen billigen dem Besitz allein *Wolf*, *Hartung* und *Heck* zu. Nach *Wolf* findet sich der Inhalt des Besitzes, seine positive Seite, in der Zuweisung, dass „... für Entscheidungen über Einwirkungen auf die Sache oder auf den Sachteil der Besitzer zuständig ist."[561] Diese Bestimmung des Zuweisungsinhaltes als Entscheidungshoheit über Einwirkungen auf die Sache ist dem Grunde nach allerdings nur eine positiv formulierte Beschreibung der Ausschlussmöglichkeit. *Heck* legt den Fokus bekanntlich auf die hinter dem Besitz

558 *Oertmann*, Kommentar zum Bürgerlichen Gesetzbuch, § 823, Anm. 3 e; *Enneccerus/Lehmann*, Recht der Schuldverhältnisse, § 234, S. 943; *Enneccerus/Nipperdey*, Allgemeiner Teil des Bürgerlichen Rechts, § 80, S. 468; *Haase*, § 823 Abs. 1, S. 53; *Hartung*, Besitz und Sachherrschaft, S. 60, 78; *Heck*, Grundriss des Sachenrechts, § 17, S. 66; *v. Liszt*, Die Deliktsobligationen im System des Bürgerlichen Gesetzbuches, S. 21; *Müller/Gruber*, Sachenrecht, § 15, Rn. 418; *Müller*, Schuldrecht BT, § 3, Rn. 2390; *v. Thur*, Der Allgemeine Teil des Bürgerlichen Rechts, § 11, S. 204 ff.; *Wolf*, Lehrbuch des Sachenrechts, § 2, S. 45; *Müller-Erzbach*, AcP 142 (1978), 5 (18).

559 *Oertmann*, Kommentar zum Bürgerlichen Gesetzbuch, § 823, Anm. 3 e; *Enneccerus/Lehmann*, Recht der Schuldverhältnisse, § 234, S. 943; *Enneccerus/Nipperdey*, Allgemeiner Teil des Bürgerlichen Rechts, § 80, S. 468; Haase, § 823 Abs. 1, S. 53; *v. Liszt*, Die Deliktsobligationen im System des Bürgerlichen Gesetzbuches, S. 21; *Müller/Gruber*, Sachenrecht, § 15, Rn. 418; Müller, Schuldrecht BT, § 3, Rn. 2390; *v. Thur*, Der Allgemeine Teil des Bürgerlichen Rechts, § 11, S. 204 ff.

560 *Müller-Erzbach*, AcP 142 (1978), 5 (18).

561 *Wolf*, Lehrbuch des Sachenrechts, § 2, S. 44.

stehenden Kontinuitätsinteressen, die das Besondere des Rechts aus dem Besitz jedoch nicht hinreichend zu erklären vermögen.[562] *Hartung*[563] dagegen stellt richtigerweise auf das „Behalten“ und „Haben“ der Sache ab, belässt es aber hierbei ohne tiefergehende Analyse der Bedeutung dieses Habens. *Brehm/Berger* schließlich billigen dem Besitz als tatsächlicher Innehabung unter Vergleich mit den ausdrücklich genannten Rechtsgütern den Schutz des § 823 Abs. 1 BGB zu, lassen den Schadensersatzanspruch aber „regelmäßig“ am Schutzzweck der Norm scheitern.[564] Konsequenter erschiene es, dem Wortlaut des § 823 Abs. 1 BGB Rechnung zu tragen, einer Vermischung von Rechtsgütern und sonstigen Rechten vorzubeugen und bereits auf der Ebene der Verletzung eines sonstigen Rechts die Anwendbarkeit der Norm abzulehnen.

c. Schutz des verdinglichten Rechts zum Besitz

Canaris grenzt das Recht zum Besitz sowohl vom Anspruch auf den Besitz als auch vom „(berechtigten) Besitz“ ab.[565] Im Gegensatz zum Besitzübertragungsanspruch erfordere das Recht zum Besitz zunächst die Erlangung der tatsächlichen Sachherrschaft, d. h. den Besitz, und erlösche bei dessen (freiwilliger) Aufgabe. Im Gegensatz zum berechtigten Besitz könne es aber auch trotz unfreiwilligem Verlust bestehen bleiben, was sich aus § 1007 Abs. 2 BGB ergebe.[566] Bedenkt man jedoch, dass § 1007 Abs. 3 BGB den Anspruch im Falle des bösgläubigen früheren Besitzers ausschließt, was wiederum bedeutet, dass auch der gutgläubige Nichtberechtigte einen Anspruch geltend machen kann, dann darf § 1007 BGB nicht auf seine petitorische Rolle bei der Besitzrückverschaffung reduziert werden, sondern kann als Besitzrückübertragungsanspruch gedeutet werden, der mehr an den Besitz selbst als an das Recht zum Besitz anknüpft. Sodann ergeben sich folgende Abstufungen besitzrechtlicher Positionen: der Besitz, der Anspruch auf Besitzübertragung (sei es aus einem Schuldverhältnis oder als Teil des Besitzrechtsschutzes) und das Recht zum Besitz, das entgegen der Kategorisierung von *Canaris* inhaltlich mit dem berechtigten Besitz über-

562 Vgl. o. S. 137 ff.
563 *Hartung*, Besitz und Sachherrschaft, S. 51 ff., 60.
564 *Brehm/Berger*, Sachenrecht, § 2, Rn. 9 und § 4, Rn. 24.
565 *Canaris*, in: FS Flume, Bd. I, S. 371 (392).
566 *Canaris*, in: FS Flume, Bd. I, S. 371 (392).

einstimmt und nur über ein Schuldverhältnis bzw. ein anderes subjektives Recht entstehen kann.

Verschaffen die inhaltliche und begriffliche Eingrenzung des Rechts zum Besitz aus Schuldverhältnissen einen hier verwertbaren Erkenntnisgewinn, ist der Beitrag von *Canaris* für die Frage, ob das Recht zum Besitz ein sonstiges Recht im Sinne des § 823 Abs. 1 BGB darstellt, von untergeordneter Bedeutung. *Canaris* Forschungsinteresse liegt auf der Analyse einzelner obligatorischer Rechte, denen einzelne dingliche Eigenschaften zuerkannt werden.[567] Eine solche Verdinglichung obligatorischer Rechte stellt er auch für das Recht zum Besitz aus Schuldverhältnissen fest, wobei sich die Verdinglichung u. a. aus dem Deliktsschutz über § 823 Abs. 1 BGB ergibt.[568] Bei der Subsumption des Besitzes unter die genannte Norm beruft er sich allerdings lediglich auf die Begründung von *Medicus*.[569]

Bereits der Titel des Festschriftbeitrags, in dem *Canaris* die skizzierte Problematik aufwirft, verweist auf die gleichnamige Schrift von *Dulckeit*, deren Thesen von *Canaris* aufgegriffen und größtenteils verworfen werden. Nach *Dulckeit* ist Schutzobjekt des § 823 Abs. 1 BGB das durch den Besitz „kundbar" gemachte Schuldrecht.[570] Der Besitz genieße nicht deswegen dinglichen bzw. deliktischen Schutz, weil er selbst ein Recht sei, sondern er verwandle „... lediglich ein obligatorisches (Besitz)recht in ein kundbares Recht, das als Recht nunmehr auch wie ein dingliches geschützt werden ..." müsse.[571] Dem zugrunde liegt die Annahme *Dulckeits*, dass das Eigentum bei der Veräußerung körperlicher Sachen bereits durch Schließung des schuldrechtlichen Vertrags relativ übergehe.[572] Die Übergabe habe allein den Zweck, das Eigentumsrecht kundbar zu machen und somit gleichsam in ein „absolutes oder dingliches Recht" zu verwandeln.[573] Der wahre, relative Eigentümer sei durch den schuldrechtlichen Vertrag der Erwerber, allein im Außenverhältnis bleibe der Veräußerer Eigentümer kraft

567 *Canaris*, in: FS Flume, Bd. I, S. 371 (372).
568 *Canaris*, in: FS Flume, Bd. I, S. 371 (392, 401).
569 *Canaris*, in: FS Flume, Bd. I, S. 371 (401); dazu sogleich u. S. 166 ff.
570 *Dulckeit*, Die Verdinglichung obligatorischer Rechte, S. 15.
571 *Dulckeit*, Die Verdinglichung obligatorischer Rechte, S. 15.
572 *Dulckeit*, Die Verdinglichung obligatorischer Rechte, S. 43, 33, nähert sich hier der *Hegelschen* Vertragslehre an. Nach *Hegel*, R § 76, ist der Vertrag „... das negative Moment der Entäußerung einer Sache und das positive der Annahme derselben ..." Hierzu ausführlich *Diederichsen*, Das Recht zum Besitz aus Schuldverhältnissen, S. 78 f.
573 *Dulckeit*, Die Verdinglichung obligatorischer Rechte, S. 43.

Rechtscheins.[574] *Dulckeits* Kritik setzt an dem seiner Einschätzung nach artifiziellen Auseinanderdriften von Schuldrecht und dinglichem Recht sowie an der Existenz des dinglichen Vertrages an, dessen einzige Legitimation seine eigene Abstraktheit sei, die eine erneute Willenseinigung als *causa* für den Sachübergang nötig werden lasse und die ihn dadurch vom schuldrechtlichen Vertrag abhebe.[575] Dies könne jedoch nicht darüber hinwegtäuschen, dass der Grund der rechtlichen und auch moralisch-sittlichen Verbindlichkeit der Leistungspflicht bereits in der schuldrechtlich-vertraglichen Willenseinigung liege und zwar genauer in dem dadurch bewirkten relativen Übergang des versprochenen Eigens. Diesem Zustand idealiter müsse die Wirklichkeit durch Leistung der körperlichen Sache angepasst werden.[576] Daher könne die Leistungspflicht bzw. das Forderungsrecht auch nicht mit dem relativen Eigen identisch sein, vielmehr sei Letzteres Geltungsgrund für Ersteres.[577]

Problematisch an der Lehre *Dulckeits* ist zweifellos ihre völlige Unvereinbarkeit mit dem geltenden Recht aufgrund eines Nonkonformismus doppelter Ausprägung: Zum einen stellt sie einen offensichtlichen Verstoß gegen das Abstraktionsprinzip dar,[578] zum anderen ruht der Geltungsgrund einer Rechtsordnung in einer demokratisch-verfassungsliberalen Gesellschaft im prozedural ordnungsgemäßen Zustande-Kommen von Normen. Solange dies der Fall ist, ziehen Verträge jeder Couleur ihre Verbindlichkeit zuallererst aus sich selbst und aus der normativen Bekenntnis des Gesetzes zu ihrer Existenz.[579] Es bedarf hierfür nicht der Differenzierung von relativem und absolutem Eigen. Zudem konterkariert *Dulckeits* Fixierung auf den Besitz als hinreichender Bedingung für eine Verdinglichung obligatorischer Rechte[580] das Anliegen dieser Untersuchung. Die Publizität mag eine der überschießenden Funktionalitäten des Rechtverhältnisses Besitz sein, sie ist keinesfalls sein vorrangiger Seinsgrund und darf nicht den Blick auf die Eigenständigkeit des Rechts aus dem Besitz versperren.

---

574 *Dulckeit*, Die Verdinglichung obligatorischer Rechte, S. 43.

575 *Dulckeit*, Die Verdinglichung obligatorischer Rechte, S. 30 ff.

576 *Dulckeit*, Die Verdinglichung obligatorischer Rechte, S. 33 f.

577 *Dulckeit*, Die Verdinglichung obligatorischer Rechte, S. 34.

578 Vgl. *Canaris*, in: FS Flume, Bd. I, S. 371 (379 f).

579 Vgl auch *Diederichsen*, Das Recht zum Besitz aus Schuldverhältnissen, S. 78 ff., und *Canaris*, in: FS Flume, Bd. I, S. 371 (380).

580 *Dulckeit*, Die Verdinglichung obligatorischer Rechte, S. 11 ff.

d. Schutz des Rechts zum Besitz als relatives Herrschaftsrecht

In der Auseinandersetzung mit den Lehren *Dulckeits*[581] und *Raisers*[582] stellt auch *Diederichsen* die Frage nach der Verdinglichung des obligatorischen Rechts zum Besitz.[583] Die Dinglichkeit zeichnet sich für ihn einerseits durch die Ausgestaltung des entsprechenden Rechts als Herrschaftsrecht, d. h. durch die „unmittelbare Bindung der Sache an die Person" aus,[584] andererseits durch den absoluten Schutz gegenüber Dritten, wie er beispielhaft dem Eigentum als dem typischen dinglichen Recht zuteil wird.[585] *Diederichsen* kommt zunächst zu dem Schluss, dass das Recht zum Besitz keinen absoluten Schutz besitze.[586] Dies liege zum einen daran, dass die §§ 858 ff., 1007 BGB grundsätzlich an den Besitz anknüpften und daher keine Rückschlüsse auf den Schutz des Rechts zum Besitz zuließen, zum anderen könne auch die Vorschrift des § 823 Abs. 1 BGB nicht weiterhelfen.[587] Das Schadensrecht schaffe über § 823 Abs. 1 BGB keinen absoluten Schutz, da die Vorschrift allein gegen rechtswidrig-schuldhafte Angriffe schütze, also nur einen unvollständigen Schutz liefere.[588] Könne § 823 Abs. 1 BGB zwar keine Dinglichkeit über Absolutheit erschaffen, stehe das fehlende Merkmal der Absolutheit einem deliktischen Schutz aber auch nicht im Weg. Die Frage der Absolutheit liege außerhalb des Scha-

581 Letztlich ablehnend *Diederichsen*, Das Recht zum Besitz aus Schuldverhältnissen, S. 74 ff.

582 Auf die „eigentumsbeschränkende Kraft des Schuldverhältnisses" aufbauend *Diederichsen*, Das Recht zum Besitz aus Schuldverhältnissen, S. 87 ff. Nach *Raiser*, in: FS M. Wolff, S. 123 (137 ff.), ist das Eigentum nicht stets gleichbleibender Natur, sondern ein komplexes, verschiedene Rechte und Pflichten beinhaltendes Gebilde, ein „Organismus" wie *Siber* und *Stoll* es bereits für die vertraglichen Schuldverhältnisse formuliert haben. Den Kern dieses Gebildes bildet das subjektive Recht Eigentum. Dieses bleibt von dem eingegangenen Schuldverhältnis, aus dem sich ein Recht zum Besitz ergibt, unangetastet. Allein die äußere Hülle des Eigentums kann durch ein Schuldverhältnis beschnitten werden, was aber im Ergebnis dennoch zu einer Begrenzung des Eigentums durch einen schuldrechtlichen Vertrag führt. *Diederichsen*, Das Recht zum Besitz aus Schuldverhältnissen, S. 89 f., verlegt den Schwerpunkt von der Eigentumseinschränkung durch schuldrechtlichen Vertrag auf die u. a. durch den Vertrag begründete Position des Rechts zum Besitz.

583 *Diederichsen*, Das Recht zum Besitz aus Schuldverhältnissen, S. 59.

584 *Diederichsen*, Das Recht zum Besitz aus Schuldverhältnissen, S. 40 ff., 94.

585 *Diederichsen*, Das Recht zum Besitz aus Schuldverhältnissen, S. 45 ff., 51 ff., 54.

586 *Diederichsen*, Das Recht zum Besitz aus Schuldverhältnissen, S. 73 f.

587 *Diederichsen*, Das Recht zum Besitz aus Schuldverhältnissen, S. 59 ff.

588 *Diederichsen*, Das Recht zum Besitz aus Schuldverhältnissen, S. 66.

densrechts. § 823 Abs. 1 BGB knüpfe lediglich an den Umstand an, dass ein äußerlich sichtbares, fremdes Recht verletzt werde, unabhängig davon, ob dies absolut oder relativ gelte. Um dem Umstand der äußeren Sichtbarkeit gerecht zu werden, schütze § 823 Abs. 1 BGB nur Herrschaftsrechte.[589] Das Recht zum Besitz sei ein solches Herrschaftsrecht[590] und daher durch § 823 Abs. 1 BGB geschützt.[591] Das Recht zum Besitz als relatives Herrschaftsrecht ergebe sich als Kehrseite der Selbsteinschränkung des Eigentümers, die Besitzbefugnis löse sich aus dem Eigentumsrecht und gehe auf den Besitzberechtigten über.[592]

Wie schon *Dulckeit* und *Canaris* vor ihm, geht es *Diederichsen* weniger um die Frage, welche konkrete Besitzposition über § 823 Abs. 1 BGB geschützt ist, sondern vielmehr darum, das Wesen des obligatorischen Rechts zum Besitz zu ergründen. Dieses Wesen sieht *Diederichsen* in einem neuen Rechtstypus, dem relativen Herrschaftsrecht.[593] Die Prämisse, die er dabei eingeht, ist die des Herrschaftsrechts als strenger „... Subjekt-Objekt-Beziehung, innerhalb derer eine persönliche Bindung ausgeschlossen ist."[594] Es wurde aber bereits auf der Ebene des Rechtsverhältnisses herausgearbeitet, dass rechtliche Beziehungen grundsätzlich zwischen Subjekten bestehen[595] bzw. dass eine phänomenologische Betrachtung die scheinbare Dichotomie Subjekt-Objekt und Subjekt-Subjekt dahingehend auflöst, dass die primäre Seinsart von Objekten in der Verweisung auf andere Subjekte besteht.[596] Der Besitz hingegen wurde als fundamentale Ausnahme zu diesem Prinzip gekennzeichnet.[597] Er wäre demnach das einzige Herrschaftsrecht im *Diederichsen* Sinne. Wenn aber die vorliegende Untersuchung den strukturellen Ausbau dinglicher Rechte als Herrschaftsrechte nicht anerkennt, kann dieses Merkmal hier auch nicht konstituierend für den Schutz nach § 823 Abs. 1 BGB wirken. Vielmehr muss im Rahmen des deliktischen Schutzes auf die Absolutheit des Rechts abgestellt werden.[598] Dieses Merkmal ist das Bindeglied zwischen den ausdrücklich genannten Rechten und Rechtsgütern sowie den sonstigen Rechten des

589 *Diederichsen*, Das Recht zum Besitz aus Schuldverhältnissen, S. 66 f.
590 *Diederichsen*, Das Recht zum Besitz aus Schuldverhältnissen, S. 87 ff., 95.
591 *Diederichsen*, Das Recht zum Besitz aus Schuldverhältnissen, S. 67.
592 *Diederichsen*, Das Recht zum Besitz aus Schuldverhältnissen, S. 92, 95.
593 Eine ausführliche Kritik hierzu bei *Sosnitza*, Besitz und Besitzschutz, S. 88 ff.
594 *Diederichsen*, Das Recht zum Besitz aus Schuldverhältnissen, S. 94.
595 S. o. S. 80 ff.
596 S. o. S. 95 ff.
597 Vgl. o. S. 84 ff.
598 Vgl. o. S. 157 f.

§ 823 Abs. 1 BGB. Zudem führt der Schutz des § 823 Abs. 1 BGB zwar zu keiner absoluten Rechtsstellung, da er nicht gegenüber Schuldlosen greift. Dennoch würde er in einem Maße die Grenzen der Relativität sprengen, dass sich eher von einem beschränkt absoluten Recht sprechen ließe. Somit fände schließlich doch eine Verabsolutierung und folglich Verdinglichung des Rechts zum Besitz über das Deliktsrecht statt.

e. Schutz des befugten Besitzes

Nach *Medicus* kann mangels fehlenden Zuweisungsgehalts „nicht jede Verletzung des bloßen Besitzes schlechthin Schadensersatzansprüche auslösen."[599] Vielmehr müsse der Besitz mit einer Befugnis gekoppelt sein.[600] Sie sei das eigentliche Schutzobjekt des § 823 Abs. 1 BGB.[601] Zur Bestimmung dieser Befugnis argumentiert *Medicus* aus dem Besitzerschaden heraus, indem er das Normsystem des BGB auf seine endgültige Güterzuteilung hin untersucht.[602] Das, was einer bestimmten Form des Besitzes endgültig zugeordnet werde, gehöre für diesen Besitz auch über § 823 Abs. 1 BGB geschützt. Die generelle Zulässigkeit des Besitzschutzes durch § 823 Abs. 1 BGB ergebe sich aus der Verweiskette der §§ 1007 Abs. 3 S. 1, 992 BGB, die die Besitzpositionen des § 1007 BGB unter den Voraussetzungen des § 992 BGB dem Schutz des § 823 Abs. 1 BGB unterstellt.[603] Die Undifferenziertheit der Besitzpositionen des § 1007 BGB, der nicht klassisch zwischen Besitz und Recht zum Besitz unterscheidet, überträgt *Medicus* auf § 823 Abs. 1 BGB.

Im Zusammenspiel mit der unausgesprochenen Notwendigkeit eines Gleichlaufs von Rechtsverletzung und Schaden[604] gelangt *Medicus* dadurch bereits im haftungsbegründenden Tatbestand zu einer aufwendigen Ziselierung verschiedener Besitzpositionen in Abhängigkeit der auf der endgültigen Güterzuordnung beruhenden Schadensposten: Während dem nichtberechtigten unredlichen Besitzer die Nutzungen, die er aus der Sache zieht, nicht zustehen, hat der berechtigte Besitzer ein ebensolches Recht und ist somit bezüglich des Nutzungsschadens geschützt. Dasselbe

599 *Medicus*, AcP 165 (1965), 115 (136).
600 *Medicus*, AcP 165 (1965), 115 (136 f.).
601 *Medicus*, AcP 165 (1965), 115 (137).
602 *Medicus*, AcP 165 (1965), 115 (120 ff.).
603 *Medicus*, AcP 165 (1965), 115 (128 f.); *Medicus/Petersen*, Bürgerliches Recht, § 24, Rn. 607.
604 Ausgesprochen von MüKo/*Wagner*, § 823, Rn. 289.

gilt aber auch für den unberechtigten redlichen Besitzer, der gem. § 955 BGB Eigentum an den Sachfrüchten erlangt und diese selbst gegenüber dem Eigentümer der Muttersache nicht herausgeben muss, solange er nur unverklagt ist (§ 987 BGB) und die Sache weder unentgeltlich (§ 988 BGB) noch deliktisch (§ 992 BGB) erlangt hat, § 993 Abs. 1 BGB. Trifft dagegen einer dieser Einwände zu, findet eine endgültige Güterordnung gem. §§ 987, 988, 992, 823, 249 BGB zugunsten des Eigentümers der Muttersache statt, mit der Folge, dass der verklagte, der unentgeltliche und der deliktische Besitzer in Hinblick auf einen etwaigen Nutzungsausfall nicht geschützt sind.[605] Zerstört ein Dritter die Sache, so dass der Besitzer seiner Pflicht zur Herausgabe gegenüber dem Anspruchsberechtigten nicht mehr nachkommen kann, genießt jeder Besitzer – mit Ausnahme von Mitbesitzern (§ 866 BGB) und Besitzern verschiedener Stufen (§ 869 BGB) untereinander[606] – Schutz in Höhe des Haftungsinteresses.[607] Dasselbe gilt für Ersatz von Verwendungen. Grundsätzlich hat selbst der unredliche Besitzer einen Anspruch auf Ersatz seiner Verwendungen gem. §§ 994 Abs. 2, 683, 670 BGB bzw. §§ 994 Abs. 2, 684 S. 1, 812 ff. (oder 818 ff.) BGB. Voraussetzung dieser Ansprüche ist allerdings die Wiedererlangung der Sache durch den Eigentümer, § 1001 BGB. Wird die Wiedererlangung durch Zerstörung der Sache unmöglich gemacht, wird der Besitzer gleichsam um den Ersatz für die von ihm getätigten Verwendungen gebracht.[608] Eine ähnliche Situation liegt bei Zurückbehaltungs- und Wegnahmerechten vor, solange diese gegenüber dem Eigentümer bestehen.[609] Schließlich bleibt noch das Ersitzungsinteresse des Ersitzungsfähigen, das aber eher theoretischer Natur ist, da zum einen die Frage nach der Vollendung der Ersitzung zu Kausalitäts-, zum anderen ein paralleler Schadensersatzanspruch des Eigentümers zu Konkurrenzproblemen führen kann.[610] Dennoch verdienen grundsätzlich die genannten gesetzlichen Wertungen nach *Medicus* unter dem Dach des befugten Besitzes den Schutz des § 823 Abs. 1 BGB.[611]

Medicus Argumentation ist von bestechender Logik und arbeitet systematisch die gesetzgeberischen Entscheidungen für die Güterordnung heraus. Allerdings könnte man entgegenhalten, dass es sich bei der Konstruk-

605 *Medicus*, AcP 165 (1965), 115 (120 f.).
606 *Medicus*, AcP 165 (1965), 115 (138).
607 *Medicus*, AcP 165 (1965), 115 (122 f.).
608 *Medicus*, AcP 165 (1965), 115 (123 f.).
609 *Medicus*, AcP 165 (1965), 115 (124 f.).
610 *Medicus*, AcP 165 (1965), 115 (125 f.).
611 Zusammenfassend auch *Medicus/Petersen*, Bürgerliches Recht, § 24, Rn. 607.

tion der Befugnis nicht einmal um ein relatives Recht handelt, sondern allein um einen Sammelbegriff für bestimmte gesetzliche Wertungen. Ob diese für eine Subsumption unter den eng verstandenen Begriff des sonstigen Rechts geeignet sind, bleibt fraglich. Zudem weist *Fraenkel* darauf hin, dass die Genese der Voraussetzungen des deliktischen Besitzschutzes aus den ersatzfähigen Schäden eine Durchbrechung der klaren Trennung „… zwischen Haftungsbegründung einerseits und Folgenzurechnung andererseits …“ bedeute.[612] Diese stehe „… im Widerspruch mit dem gesetzlichen System der deliktischen Haftung überhaupt.“[613] In der Tat erscheint eine Konfusion zwischen haftungsbegründender Schutzgutverletzung und haftungsausfüllendem Schaden problematisch. Wenn das Schutzgut anhand des Schadens bestimmt wird, kann dies nicht nur – wie sogleich[614] zu sehen sein wird – zu einer systemwidrigen Erweiterung des angedachten Schutzes führen. Es kann auch, wie im Fall von *Medicus*, zum Ausschluss einer potentiell schützenswerten Position bereits im haftungsbegründenden Tatbestand und weiterhin zur Konstruktion eines Verschuldenserfordernisses in Bezug auf den Schaden durch die Hintertür führen. Denn wenn das Schutzgut vom Schaden aus gedacht wird und die Verletzung des Schutzguts ein Verschulden erfordert, dann greift das Verschuldenmüssen auch auf den Schaden über. Der haftungsausfüllende Tatbestand ist aber bar jeden Schuldvorwurfs.[615]

Schließlich baut das Besitzschutzsystem von *Medicus* darauf auf, dass der Besitz selbst nicht geschützt ist. „Ihm fehlt nämlich schon die für ein Recht nach Art des Eigentums charakteristische Zuweisung bestimmter positiver Befugnisse an den Berechtigten.“[616] Wo dem Besitz aber ein Zuweisungsgehalt zugesprochen wird, kann auf eine komplexe Ausdifferenzierung verschiedener besitzrechtlicher Positionen im haftungsbegründenden Tatbestand zugunsten jenes einheitlichen Begriffs des Besitzes als sonstigem Recht verzichtet werden.

Auch wenn man anstelle des befugten Besitzes jeden Besitz als geschützt anerkennen möchte, gibt der Beitrag von *Medicus* jedoch richtungsweisen-

---

612 *Fraenkel*, Tatbestand und Zurechnung bei § 823 Abs. 1 BGB, S. 184.

613 *Fraenkel*, Tatbestand und Zurechnung bei § 823 Abs. 1 BGB, S. 184.

614 S. u. S. 173 ff.

615 Vgl. auch *Fraenkel*, Tatbestand und Zurechnung bei § 823 Abs. 1 BGB, S. 185. Systematisch richtig erscheint die Lösung von *Honsell*, JZ 1983, 531 (533 ff.), der über die Figur der Vorteilsausgleichung zwischen der Ersatzfähigkeit einzelner Schadensposten unterscheidet.

616 *Medicus*, AcP 165 (1965), 115 (136).

de Aufklärung für die Problematik des Schadens, seiner Berechnung und der Konkurrenzen mit Ansprüchen Dritter.[617]

f. Schutz des berechtigten Besitzes

Ob als Besitz, „... wenn er durch ein Recht zum Besitz eine Verstärkung erfahren hat ...",[618] als das „durch Besitz gefestigte obligatorische Recht"[619] oder das durch Übergabe dem reinen Obligationenrechte entwachsene Recht:[620] Ein Großteil der juristischen Stimmen sieht über § 823 Abs. 1 BGB eine Spielart des berechtigten Besitzes geschützt, wobei die Akzentsetzung mal auf dem Besitz, mal auf dem obligatorischen Recht zum Besitz liegt.[621]

Auch die Rechtsprechung sieht den berechtigten Besitz als geschützt an.[622] Lediglich in einem Fall stellte das Reichsgericht vermeintlich auf den bloßen Besitz ab:

> „Es genügt für die Anwendung des § 823 Abs. 1 BGB ein gegenständlich widerrechtlicher Eingriff in den Besitz des Klägers; der Besitz wird in Ansehung des Rechtschutzes gleich einem Rechte behandelt und fällt deshalb unter die ‚sonstigen Rechte' des § 823 Abs. 1 BGB."[623]

Dem zugrunde lag folgender Sachverhalt: Die beklagte Firma B hatte dem Kläger per Telegramm ein Angebot über den Verkauf einer größeren Menge Drillich gemacht. Dieses Telegramm war dem abwesenden Kläger bereits zugegangen, er hatte von dem Inhalt aber noch keine tatsächliche Kenntnis erlangt. Dazu kam es auch nicht, denn die Firma B überlegte es sich anders und ließ sich über den Telegrafenboten das Telegramm von dem Dienstmädchen des abwesenden Klägers aushändigen. Der Kläger verlangte Schadensersatz, weil er den Drillich gewinnbringend hätte weiterverkaufen können. Durch die Wiederabholung des Telegramms hatte der

---

617 Dazu sogleich u. S. 185 ff.

618 *Baur/Stürner*, Sachenrecht, § 9, Rn. 31 ff.; *Schwab/Prütting*, Sachenrecht, § 6, Rn. 49.

619 *v. Caemmerer*, in: Festschrift zum hundertjährigen Bestehen des deutschen Juristentages, Bd. II, S. 49 (80).

620 RGZ 59, 326 (328).

621 Nur das Recht zum Besitz geschützt sieht *van Venrooy*, JuS 1979, 102 (103).

622 Nachweise in Fn. 555.

623 RGZ 91, 60 (65 f.).

Telegrammbote „... eine widerrechtliche Entziehung des Besitzes an der Telegrammurkunde gegenüber dem Kläger ausgeführt."[624]

Trotz des Wortlauts der Entscheidung darf jedoch bezweifelt werden, dass das Reichsgericht hier von seinem Grundsatz nur des berechtigten Besitzes als Schutzobjekt abgewichen ist. Die ausdrückliche Nennung des Besitzes ist den Umständen des Einzelfalles geschuldet. In einer derartigen Konstellation erscheint es schlechterdings ausgeschlossen, dass der Empfänger einer vergegenständlichten Willenserklärung nicht berechtigten Besitz an ihr innehat. Das Reichsgericht wollte sich nur der Klärung der problematischen Frage entziehen, ob der Kläger bereits Eigentum an dem Telegramm durch Aushändigung an das Dienstmädchen erlangt hatte.[625] Sollte sich eine Besitzberechtigung aber nicht aus der erlangten Eigentümerstellung des Empfängers ergeben, muss zumindest von einer konkludenten Schenkung der verkörperten Willenserklärung ausgegangen werden, die gegenüber dem Versender ein obligatorisches Besitzrecht begründet. Auch in dieser Entscheidung ist also letztlich der berechtigte Besitz geschützt.

Den Ansichten, die den berechtigten Besitz über § 823 Abs. 1 BGB geschützt wissen wollen, müssen die bereits genannten Kritikpunkte entgegengehalten werden. Der berechtigte Besitz kann mit seiner Ankettung an die obligatorische Berechtigung richtigerweise nicht nach § 823 Abs. 1 BGB geschützt sein. Er begründet nicht den erforderlichen absoluten Schutz, sondern wirkt allein *inter partes*.[626]

Den Ansichten,[627] die eine Subsumption des Rechts zum Besitz unter § 823 Abs. 1 BGB an seiner Nichtnotwendigkeit aufgrund anderer dogmatischer Lösungsansätze – allen voran der Drittschadensliquidation – scheitern lassen, kann ebenfalls nicht gefolgt werden. Einer damit einhergehenden Umgehung der präsumptiven Systemfremdheit,[628] die dadurch entsteht, dass das Recht zum Besitz an das sonstige Recht angeglichen wird, bedarf es dann nicht, wenn man den Schwerpunkt auf das Recht des Besitzes legt. Das in dieser Abhandlung erarbeitete Besitzverständnis erlaubt eine Unterordnung unter den Begriff des sonstigen Rechts nach den klassischen Auslegungsregeln und ist durch diese Absicherung der Anknüpfung

---

624 RGZ 91, 60 (66).

625 Vgl. RGZ 91, 60 (65).

626 Vgl. *Jürgens*, Der Besitzschutz des Mieters nach § 823 Abs. 1 BGB; S. 179; *Schick*, Besitzschutz nach § 823 BGB?, S. 76.

627 *Jürgens*, Der Besitzschutz des Mieters nach § 823 Abs. 1 BGB; S. 180; *Sosnitza*, Besitz und Besitzschutz, S. 309.

628 *Sosnitza*, Besitz und Besitzschutz, S. 309.

an den Gesetzestext bereits aus methodischen Gesichtspunkten einer richterlichen Rechtsfortbildung in Form der Drittschadensliquidation vorzuziehen.

g. Schutz des Rechts des Besitzes

Wie in der vorliegenden Untersuchung erarbeitet, ist das subjektive Recht des Besitzes in der Erkenntnismöglichkeit zu sehen, in deren Genuss der Besitzende gelangt und die ihn in besonderer Weise an den Gegenstand seiner Erkenntnis, nämlich an die besessene Sache, bindet. Dieses Recht, das von jedem obligatorisch-relativen Subjektverhältnis losgelöst ist, ist als die von § 823 Abs. 1 BGB geschützte Position anzuerkennen. Nur das subjektive Recht des Besitzes ist mit dem restriktiven Verständnis der sonstigen Rechte in Einklang zu bringen. Ist das Recht des Besitzes zuallererst ein Recht aus dem Rechtsverhältnis Besitz, ist jede Besitzform geschützt, die auf der Grundlage des normativen Begriffs der tatsächlichen Gewalt dieses Rechtverhältnis begründet, also auch der mittelbare Besitz.

Dieser wird von der Rechtsprechung und einem Großteil der Literatur ebenfalls als schützenswert angesehen, allerdings mit der aus § 869 BGB übernommenen Einschränkung, dass ein Schutz nicht im Verhältnis von mittelbarem gegenüber dem unmittelbaren Besitzer stattfinde.[629] Zur Begründung dieser Position liest sich beispielhaft ein Urteil des BGH,[630] das im Wesentlichen auf drei Annahmen fußt: Zunächst sei der mittelbare Besitzer gegenüber dem unmittelbaren Besitzer hinreichend über die zwischen ihnen bestehenden schuldrechtlichen Beziehungen geschützt; weiterhin genieße der unmittelbare Besitzer eine „ungleich nähere Beziehung“ zur Sache, was eine „... Zurückdrängung der Interessen des mittelbaren Besitzers zur Folge ...“ habe; schließlich könne „... auch nicht auf dem Wege über § 823 Abs. 1 BGB ein Schutz des mittelbaren Besitzers gegen den unmittelbaren Besitzer aus jenen Vorschriften hergeleitet werden, die einen solchen Schutz gerade nicht schaffen wollten und nicht geschaf-

---

629 BGHZ 32, 194 (204 ff.); 62, 243 (248 f.); OLG Frankfurt VersR 1983, 141 (142); Soergel/*Spickhoff*, § 823, Rn. 99; NK-BGB/*Katzenmeier*, § 823, Rn. 72; Jauernig/*Teichmann*, § 823, Rn. 16; Palandt/*Sprau*, § 823, Rn. 13; Bamberger/Roth/*Förster*, § 823, Rn. 157; Erman/*Wilhelmi*, § 823, Rn. 43; *Baur/Stürner*, Sachenrecht, § 9, Rn. 36; *Fikentscher/Heinemann*, Schuldrecht, § 107, Rn. 1568; *Westermann/Gursky/Eickmann*, Sachenrecht, § 7, Rn. 9; *Medicus*, AcP 165 (1965), 115 (138 f.); *Kollhosser*, JuS 1992, 567 (572).

630 BGHZ 32, 194.

fen haben ...“[631] Was das erste Argument betrifft,[632] so widerspricht der bestehende schuldrechtliche Vertrag zwischen mittelbarem Besitzer und Besitzmittler zwar in den meisten Fällen der Notwendigkeit eines deliktsrechtlichen Anspruchs des Ersteren gegenüber Letzterem, eine zwingende Ablehnung dieses Anspruchs ergibt sich hieraus jedoch nicht.[633] Wäre das der Fall, müsste der deliktsrechtliche Anspruch in all den Konstellationen ausgeschlossen sein, in denen er in Anspruchskonkurrenz zu einem relativ-obligatorischen Anspruch aus Vertrag stände, was anerkanntermaßen nicht der Fall ist.[634] Sieht man den mittelbaren und den unmittelbaren Besitz als – auf der Grundlage des normativen Begriffs der tatsächlichen Gewalt[635] – gleichberechtigte Besitzformen an, dann wird auch dem zweiten Argument die Angriffsfläche entzogen. Bezüglich des dritten Arguments, das auf die Übertragung der Wertungen des § 869 BGB auf das Deliktsrecht abstellt, muss Folgendes erwidert werden: Der BGH sieht den Besitz zwar nicht als Recht, „... jedoch gleich einem Recht gegenüber jedermann geschützt ...“ an.[636] Wenn der einzige Grund des deliktischen Schutzes in den Wirkungen der §§ 858 ff. BGB zu sehen wäre, müssten diese in der Tat auch mit ihren Ausnahmen auf § 823 Abs. 1 BGB übertragen werden. Erkennt man aber dem Besitz die Qualität eines Rechts an und begründet die Figur des Rechts nicht allein damit, dass das Rechtssystem dem Willen des Einzelnen Entscheidungsmacht über das Verhalten anderer Individuen zu teil werden lässt, sondern über eine positive inhaltliche Zuweisung in Form einer Genussmöglichkeit, dann ist zuallererst diese Genussmöglichkeit der Grund des deliktsrechtlichen Schutzes. Besonderheiten im Rahmen des Besitzschutzes der §§ 858 ff. BGB müssen und dürfen dann nicht eins zu eins in das Deliktsrecht übernommen werden.[637] Somit kann sich auch der mittelbare gegenüber dem unmittelbaren Besitzer auf den deliktsrechtlichen Schutz des § 823 Abs. 1 BGB berufen.

Wenn der Besitz das geschützte Recht ist, muss auch der unberechtigte mittelbare Besitz, d. h. derjenige, der von einem unberechtigten unmittel-

---

631 BGHZ 32, 194 (205).

632 Vlg. auch Denkschrift 111 (= *Mugdan* III 965), aufgegriffen von *Medicus*, AcP 165 (1965), 115 (138).

633 So auch Staudinger/*Hager*, § 823, Rn. B 171.

634 Für den Mitbesitz vgl. auch *Wieser*, JuS 1970, 557 (560 f.).

635 Vgl. o. S. 57 ff.

636 BGHZ 32, 194 (204).

637 Zu dem gleichen Ergebnis kommend *Wieling*, Sachenrecht, § 5 IV 6 c, und wohl auch das Reichsgericht in RGZ 102, 344 (347).

baren Besitzer gemittelt wird, geschützt sein.[638] Die Grenze bildet das Besitzmittlungsverhältnis, dessen Bestandskraft an § 138 BGB zu messen ist.

Das für den mittelbaren Besitz Gesagte gilt im Übrigen auch für das Verhältnis zwischen Mitbesitzern, das im Rahmen des Besitzschutzes über § 866 BGB ebenfalls eine Einschränkung erfährt. Im Gegensatz zum Schutz des mittelbaren Besitzers gegenüber dem unmittelbaren Besitzer ist der uneingeschränkte deliktsrechtliche Schutz im Innenverhältnis von Mitbesitzern konsensfähig, wobei häufig auf das potentielle Fehlen eines anderweitig schutzliefernden Schuldverhältnisses zwischen den Mitbesitzern abgestellt wird.[639]

2. Haftungsausfüllender Tatbestand

a. Recht und Substrat

Sobald der Besitz als sonstiges Recht i. S. des § 823 Abs. 1 BGB qualifiziert ist, stellt sich die Frage, welche Schadensposten ersatzfähig sind. Die Antwort sollte keinesfalls lauten, dass man den Besitz mit dem Recht zum Besitz kreuzt und letztlich allein letzteren Posten, also das obligatorische Besitzrecht, schützt. Vielmehr muss sich auf das Wesen des Besitzes besonnen werden. Der Schaden muss über den Zuweisungsgehalt des Rechts aus dem Besitz ermittelt werden und nicht durch das überlappende, obligatorische Recht zum Besitz. Das Recht aus dem Besitz darf auch nicht mit dem besessenen Gut, d. h. der Sache selbst, gleichgesetzt werden.

Um einem solchen Gleichlauf *a priori* entgegenzutreten, erscheint es sinnvoll, auf die von *Picker* vorgenommene Unterscheidung zwischen Recht und Substrat zurückzugreifen.[640] Am Beispiel des Eigentums weist *Picker* auf, dass in neuerer Zeit eine Konfusion zwischen begrenzten Sub-

---

638 Dass die Figur des unberechtigten mittelbaren Besitzers besteht, zeigt § 986 Abs. 1 S 2 BGB, wobei hier die besondere Konstellation vorliegt, dass ein (nicht so) berechtigter unmittelbarer Besitzer durch das Eingehen eines Besitzmittlungsverhältnisses zu einem unberechtigten mittelbaren Besitzer wird.

639 BGHZ 62, 243 (248 ff.); Staudinger/*Hager*, § 823, Rn. B 172; Soergel/*Spickhoff*, § 823, Rn. 99; Erman/*Wilhelmi*, § 823, Rn. 43; Bamberger/Roth/*Förster*, § 823, Rn. 156; NK-BGB/*Katzenmeier*, § 823, Rn. 72; Jauernig/*Teichmann*, § 823, Rn. 16; Palandt/*Sprau*, § 823, Rn. 13; *Baur/Stürner*, Sachenrecht, § 9, Rn. 36; *Medicus/Petersen*, Bürgerliches Recht, § 24, Rn. 608; *Wieling*, Sachenrecht, § 5 IV 6 c; *Wieser*, JuS 1970, 557 (560 f.); a. A. *Medicus*, AcP 165 (1965), 115 (138 f.).

640 *Picker*, ZfPW 2015, 385 (394 ff.).

stanzrechten einerseits und dem zugrunde liegenden Substrat andererseits stattfindet. Indem vom vorliegenden Schaden auf die Verletzung selbst geschlossen werde, sei nicht länger die Verletzung des begrenzten Eigentumsrechts, sondern das ausufernde Substrat des Eigentums, nämlich die Sache selbst, deliktsrechtlich erfasst. So werde jede Beeinträchtigung der Sache, auch wenn sie von dem Recht des Eigentums gar nicht umfasst ist, zu einem ersatzfähigen Posten.[641] Paradigmatisch verweist *Picker* auf die Rechtsprechung zur Nutzungsbeeinträchtigung rund um den Fleet-Fall.[642] In der Tat könne bei einer Nutzungsbeeinträchtigung ein vermögenswerter Schaden vorliegen. Im Fleet-Fall war ein Schiff aufgrund einer Sperrung des Fleets für mehrere Monate am Verladeplatz eingeschlossen. Der BGH führte eine Eigentumsverletzung darauf zurück, „... daß das Schiff an der Verladestelle der Mühle wegen der Sperrung des Fleets liegen bleiben musste. (...) Es war damit als Transportmittel praktisch ausgeschaltet, seinem bestimmungsgemäßen Gebrauch entzogen."[643] Zwar führte die ausfallende Transportmöglichkeit zu einer Umsatzeinbuße. Vom Schaden, der aus der Nutzungsbeeinträchtigung resultiere, dürfe aber nicht auf die Rechtsverletzung selbst geschlossen werden. Verletzt sei hier allein das Substrat des Eigentums, d. h. die Sache, nicht aber das Substanzrecht selbst.[644] Das Recht des Eigentums umfasse nicht jede Gebrauchsbeeinträchtigung und bleibe in diesem Fall unberührt.[645] Indem ein „Perspektivwechsel von der Rechts- zur Substratverletzung" geschehe, werde die juristische Konzeption des Eigentums unzulässig erweitert.[646]

> „Man betrachtet und behandelt die genannten Verletzungen der Substrate als Synonyme für die vom Gesetz geforderte Verletzung des Rechts. Man legt diese kurz also nicht mehr normativ, sondern deskriptiv aus: Die vom Gesetz vorausgesetzte Verletzung des Eigentums wird als Verletzung der im Eigentum des Betroffenen stehenden Sache gedeutet."[647]

---

641 *Picker*, ZfPW 2015, 385 (396).
642 BGHZ 55, 153; ähnlich BGH NJW 1977, 2264; BGHZ 137, 89; NJW-RR 2005, 673.
643 BGHZ 55, 153 (159).
644 Nach *Picker*, ZfPW 2015, 385 (416), „... erschleichen sich die Richter begrifflich die gewünschte Haftung.".
645 *Picker*, ZfPW 2015, 385 (409 ff.).
646 *Picker*, ZfPW 2015, 385 (396).
647 *Picker*, ZfPW 2015, 385 (396).

Berücksichtigt man diese fehlgeleitete Entwicklung und überträgt sie auf den Besitz, lässt sich die Problematik ersatzfähiger Posten im Rahmen des § 823 Abs. 1 BGB in befriedigender Weise lösen – und dies ohne den unliebsamen Rückgriff auf das Recht zum Besitz oder das zugrunde liegende Gut. Unabhängig von jeder Verletzung des Besitzsubstrats – hier würde wohl wie beim Eigentumssubstrat jede irgendwie geartete Beeinträchtigung genügen – muss danach gefragt werden, ob es sich bei dem Eingriff um eine Beeinträchtigung gerade des Rechts aus dem Besitz handelt. Nicht jeder Schaden ist ersatzfähig, weil der Besitz nicht jede Genussmöglichkeit an der Sache umschließt. Es darf nicht vom Schaden über die Verletzung auf das Wesen des Rechts aus dem Besitz geschlossen werden, sondern es ist das Wesen des Rechts selbst, das in entgegengesetzter Richtung den Schaden determiniert. Der Genuss, den der Besitz dem Besitzenden vermittelt, ist allein in der besonderen Erkenntnismöglichkeit des Besitzens zu finden. Es ist das natürliche Verhältnis zu Dingen, die der sorgend-vertraute Umgang mit sich bringt. Nicht jede Beeinträchtigung der besessenen Sache und nicht jeder materielle Schaden ist auf eine Verletzung eben dieser Substanz des Besitzrechts zurückzuführen. Wenn eine Sache angemietet ist und dem Mieter abhanden kommt, kann dies zu einem materiellen Schaden führen, etwa weil er sich eine Ersatzsache anmieten muss. Dieser Schaden ist aber nicht auf die Erfahrung zurückzuführen, die das Besitzen ermöglicht. Ihm liegt allein die Verletzung des relativen Rechts zum Besitz zugrunde, das es im Rahmen des § 832 BGB auszuklammern gilt. Nur derjenige Schaden darf im haftungsausfüllenden Tatbestand Berücksichtigung finden, der sich auf eine Verletzung der besonderen Erfahrung des Substanzrechts Besitz zurückführen lässt.

b. Ersatzfähige Schadensposten

In Anlehnung zunächst an die von *Medicus* herausgearbeiteten Schadenspositionen kann folgende Einteilung vorgenommen werden: Das Ersitzungsinteresse, welches dem Recht des Besitzes potentiell entspringt, kann wegen der einhergehenden Kausalitätsprobleme – auch aufgrund des zusätzlich notwendigen Merkmals der Gutgläubigkeit – vernachlässigt werden. Nutzungsersatz kann der Besitzer nicht verlangen, denn der Besitz gibt kein Recht zur Nutzung der Sache, zumindest nicht in einem herkömmlich verstandenen Sinn. Ein Nutzungsrecht kann sich nur aus einem obligatorischen oder dinglichen Recht ergeben. Jenes ist überhaupt nicht, Letzteres – bspw. das Eigentum oder ein beschränkt dingliches Recht – eigenständig durch § 823 Abs. 1 BGB geschützt. Dasselbe gilt für den Verwendungsersatz. Wenn der Besitz kein Recht dazu gibt, die Sache zu benutzen, kann auch kein Recht bestehen, Verwendungen auf die Sache zu tätigen. Diese mögen über die sachenrechtlichen Normen des Eigentümer-Besitzer-Verhältnisses erstattungsfähig sein, dem Recht des Besitzes fehlt ein solcher Zuweisungsgehalt. Diesbezüglich muss also eine deliktische Haftung außer Betracht bleiben. Auch der Schaden, der sich aus der Haftung gegenüber dem Berechtigten ergibt, weil ein Dritter die Sache zerstört hat, kann dem Besitzer nicht als ersatzfähig zugesprochen werden. Der Schaden ergibt sich hierbei nicht aus einer Störung des Besitzes, sondern aus dem übergeordneten Verhältnis, das den Besitzer an den Eigentümer bindet. Es ist weniger ein Recht des Besitzers, dem Eigentümer die Sache herausgeben zu müssen, als vielmehr eine der Position des Besitzers gegenläufige, besitzentziehende Verpflichtung aus seiner Beziehung mit dem Eigentümer, sei diese als Diebstahl oder als Leihe ausgestaltet.[648]

Das Recht des Besitzes ist durch die besondere Erkenntniserfahrung gekennzeichnet, die der Besitz dem Besitzenden ermöglicht. Obwohl hierfür ein typisches Benutzen der Sache nicht notwendig ist, setzt bereits der sorgende Umgang mit der Sache eine Unversehrtheit des Besitzsubstrats voraus. So wenig allein von einem (Vermögens-)Schaden auf die Verletzung eines Rechts geschlossen werden kann, so sehr muss das Substrat, das Gut – schlicht: die besessene Sache – für die Verwirklichung des Rechts Berücksichtigung finden. Ist dieses Substrat in seiner Substanz beeinträchtigt, ist auch die Erfahrung, die sich im Umgang mit der Sache machen lässt, getrübt. Der Besitz des Büchersammlers ist erheblich gemindert und die Freude an den Büchern geschmälert, wenn diese, etwa durch Wassereinfluss, unleserlich werden. Das gilt selbst dann, wenn es gar nicht der Intention und auch nicht der rechtlichen Verfügungsbefugnis des Sammlers entspricht, die Bücher je zu lesen, d. h. im engeren Sinne zu benutzen. Das Recht des Besitzes setzt die Unversehrtheit der Sache voraus. Unter Vorbehalt kann daher folgende These in den Raum gestellt werden: Bei einer Beeinträchtigung kann grundsätzlich die Herstellung des ursprünglichen Zustandes bzw. der hierfür erforderliche Geldbetrag, bei einem Entzug der Sache ihre Wiedereinräumung, bei Unmöglichkeit der Naturalrestitution ihr materieller Wert in Geld verlangt werden. Außergerichtliche Rechtsverfolgungskosten – etwa eines Anwalts –, die bei Ausbleiben eines Prozes-

648 A. A. *Medicus*, AcP 165 (1965), 115 (120 ff.).

ses nicht über einen prozessualen Kostenerstattungsanspruch ausgeglichen werden können, sind ebenfalls zu ersetzen.[649]

c. Immaterieller Wert des Besitzes

Es bleibt fraglich, ob dem Besitz daneben ein eigenständiger Vermögenswert zukommt. Die Erfahrung, die der Mensch im Besitzen machen kann, hat ohne Zweifel einen intrinsischen Wert an sich, aber wie sollte dieser in Geld beziffert werden? Schon *Jhering* zweifelte an der Durchführbarkeit dieses Unterfangens: „... ich meinerseits würde freilich nicht wünschen, die ... von Juristen verlangte Schätzung des Werths der *possessio* vornehmen zu müssen."[650] Fest steht nur zweierlei: Erstens müsste der Wert der *possessio* nicht nur dem Besitzer, sondern auch dem besitzenden Eigentümer zugesprochen werden. Der Dieb müsste demnach auch dem Eigentümer den Wert des Besitzens ersetzen, den er aber wiederum von einem Dritten geltend machen könnte, der ihm die Sache entzieht oder beschädigt. Zweitens stellt die Beeinträchtigung oder der Entzug der Erfahrbarkeit des Besitzens einen immateriellen Schaden dar. Es existiert kein Markt für die Erfahrung des Besitzens, anhand dessen das Recht des Besitzes monetär bemessen werden kann.[651] Bei diesem handelt es sich um einen ideellen Wert, dessen Ersatzfähigkeit grundsätzlich nach § 253 Abs. 1 BGB ausgeschlossen ist.

Es wäre zu überlegen, im Wege einer Analogie den immateriellen – in Geld nicht messbaren – Wert des Besitzes einem materiellen – durch Angebot und Nachfrage geformten – Vermögensvorteil gleichzusetzen, wie dies etwa in bestimmten Fällen bei der bloßen Nutzungs(un)möglichkeit geschieht.[652] Für Letztere hatte der große Senat in einer richtungsweisenden Entscheidung beschlossen, dass die vorübergehende Verhinderung der Nutzbarkeit eines sonst vom Eigentümer bewohnten Hauses für diesen – ohne Einberechnung zusätzlicher Kosten oder entgangener Einnahmen –

649 So auch *Sosnitza*, Besitz und Besitzschutz, S. 313 f.

650 *Jhering*, Über den Grund des Besitzschutzes, S. 96, Fn. 101.

651 Für die Markterheblichkeit als zentrales Merkmal zur Abgrenzung von materiell-vermögenswertem zu immateriellem Schaden vgl. BGHZ 63, 98 (102); 92, 85 (90 f.); MüKo/*Oetker*, § 249, Rn. 41 ff.

652 Ausführlich und m.w.N. MüKo/*Oetker*, § 249, Rn. 60 ff.; vgl. auch *Flessner*, JZ 1987, 271 (279).

einen ersatzfähigen Schaden darstelle.[653] Zwar arbeitete der Senat in der genannten Entscheidung nicht mit einer Analogie, sondern sah die Nutzungsmöglichkeit im Wege einer Beschränkung auf „Wirtschaftsgüter von allgemeiner zentraler Bedeutung für die Lebenshaltung" der materialen „Vermögenssphäre" zugeordnet,[654] ein Schritt, der sich logisch nicht völlig erschließt, aber immerhin die Sperrwirkung des § 253 Abs. 1 BGB aushebelte. Dennoch stellte sich auch hier das Folgeproblem der konkreten Schadensberechnung. Sind die einzelnen Faktoren für diese Berechnung umstritten und letztlich der freien richterlichen Schadensermittlung gem. § 287 ZPO überlassen, wird doch häufig angenommen, dass „... der Schadensbemessung Wertmaßstäbe des Verkehrs für eine entgeltliche Gebrauchsüberlassung zugrunde gelegt werden ..."[655] können.[656] Die Überlegungen kreisen demnach um eine hypothetische Benutzung der Sache in Form der Vermietung beim Vermieter oder in Form der Ersatzanmietung der Sache beim Mieter. Die Orientierung an dem Mietpreis einer Sache, sei es die An- oder Vermietung, setzt aber voraus, alle Verfügungsberechtigungen über die Sache zu haben, die eine solche Miete mit sich bringt, also entweder die wie auch immer ausgestaltete Nutzungsmöglichkeit der Sache als Mieter oder das Recht, die Sache zu vermieten, als Vermieter. Eine solche Schadensberechnung ist nur dann gerechtfertigt, wenn derartige Nutzungen überhaupt vom Recht über die Sache erfasst sind. Dies ist beim Besitz nicht der Fall. Die Erfahrung des Besitzens lässt keine Analogie zu einem Sachverhalt zu, in dem dieser Erfahrung ein materiell messbarer Wert zukäme. Die Besitzerfahrung lässt sich nicht ver- oder anmieten. Das Recht des Besitzes bleibt daher in seinem ideellen Gewand gefangen. Es weist in Ermangelung eines existierenden Marktes keinen materiellen Gehalt auf. Eine Analogie würde nicht nur an § 253 Abs. 1 BGB scheitern, sondern bereits an einer vergleichbaren materiellen Interessenlage. Es bleibt somit dabei, dass der intrinsische Wert des Besitzes nicht nach § 823 Abs. 1 BGB ersatzfähig ist.

Wenn die besessene Sache aber ihre Bestimmung allein in der ideellen Besitzerfahrung findet, hat dies auch notwendige Auswirkungen auf die Ersatzfähigkeit der Sache selbst. Ist die Sache beschädigt worden,

---

653 Grundsätzlich unter Relativierung der alten Rechtsprechung BGHZ 98, 212 ff.; Besprechung bei *Schiemann*, JuS 1988, 20 ff.

654 BGHZ 98, 212 (223).

655 BGHZ 98, 212 (225).

656 Vlg. MüKo/*Oetker*, § 249, Rn. 79; Palandt/*Grüneberg*, § 249, Rn. 52; Soergel/*Ekkenga/Kuntz*, Vor § 249, Rn. 108; *Brinkmann*, BB 1987, 1828 (1832); *Flessner*, JZ 1987, 271 (279).

so kann entweder Wiederherstellung des ursprünglichen Zustandes (§ 249 Abs. 1 BGB) oder aber der hierfür erforderliche Geldbetrag verlangt werden (§ 249 Abs. 2 BGB). In Hinblick auf den erforderlichen Geldbetrag genießt der Anspruchsberechtigte grundsätzlich Dispositionsfreiheit, er kann das Geld für die Reparatur der Sache ausgeben, muss dies aber nicht tun.[657] Dies liegt daran, dass die Vermögensminderung bereits im Moment der Beschädigung der Sache eintritt. Der BGH führt dazu aus:

> „Lässt er [der Anspruchsberechtigte] die Sache reparieren, wird er mit den hierfür erforderlichen Kosten belastet. Veräußert er die Sache unrepariert, so wird er einen entsprechend niedrigeren Verkaufserlös erzielen. Auch wenn er die Sache unrepariert weiter benutzt, bleibt sein Vermögen insofern belastet, als der Wert der beschädigten Sache geringer ist als der unbeschädigten. Mit der Zahlung der erforderlichen Reparaturkosten ist der Vermögensstand des Geschädigten wiederhergestellt."[658]

Bei der ideellen Besitzerfahrung ist die Situation aber eine andere, die strukturell eher mit der der Gesundheit zu vergleichen ist. Zwar ist die Gesundheit nicht als subjektives Recht, sondern als Rechtsgut anerkannt. Auch das Rechtsgut zeichnet sich aber durch eine positive Zuweisung aus, weshalb das Aufdecken einer strukturellen Parallele nicht ausgeschlossen erscheint. Bei der Gesundheit handelt es sich um ein immaterielles Gut,[659] deren Beeinträchtigung erst dann zu einer Materialisierung führt, wenn für die Naturalrestitution eine ärztliche Heilmöglichkeit und somit ein Markt besteht.[660] Die Gesundheit hat keinen Vermögenswert an sich, sondern die Vermögensminderung entsteht erst im Moment des ärztlichen Eingriffs. Deshalb setzt die Naturalrestitution in Geld gem. § 249 Abs. 2 BGB voraus, dass die ärztliche Behandlung auch tatsächlich vorgenommen wurde oder zumindest beabsichtigt ist; es besteht insofern keine Dispositionsbefugnis.[661] Nichts anderes meint der BGH, wenn er

---

657 Für materielle Schäden: BGHZ 63, 182 (184); 66, 239 (241); 97, 14 (18); MüKo/*Oetker*, § 249, Rn. 377 ff.; Soergel/*Ekkenga/Kuntz*, § 249, Rn. 70; Palandt/*Grüneberg*, § 249, Rn. 6.

658 BGHZ 97, 14 (18).

659 BGHZ 97, 14 (18 f.); MüKo/*Oetker*, § 249, Rn. 44; Palandt/*Grüneberg*, § 249, Rn. 6.

660 Vgl. dazu MüKo/*Oetker*, § 249, Rn. 44.

661 BGHZ 97, 14 (18 ff.); MüKo/*Oetker*, § 249, Rn. 381; Soergel/*Ekkenga/Kuntz*, § 249, Rn. 74; Palandt/*Grüneberg*, § 249, Rn. 6; grundlegend *Karakatsanes*, AcP 189 (1989), 19 (33 ff.).

feststellt, die Entscheidung des Verletzten „... mit der unbehandelten Verletzung weiterzuleben ...", betreffe „... eine andere Ebene als die Vermögensdisposition mit dem Geldbetrag des § 249 Abs. 2 BGB ..."[662]

Die Parallele zum Besitz ist nun wie folgt zu ziehen: Der ideellen Besitzerfahrung zugrunde liegt das materielle Gut, die Sache. Wird die Sache beschädigt, stellt dies zwangsläufig und ohne die Notwendigkeit einer getätigten oder künftigen Reparatur eine messbare Vermögensminderung da, weil die Sache weniger wert ist. Aber: Der Wert der Sache war nie dem Vermögen des Besitzers zugeordnet. Dies ist der Unterschied zwischen Recht und Substrat. Das Recht des Besitzes, die Besitzerfahrung, setzt die tatsächliche Gewalt über die Sache voraus, der Vermögenswert der Sache ist aber keine notwendige Bedingung für diese Erfahrung und ist auch nicht mit der Erfahrung selbst gleichzusetzen. Der Schaden bemisst sich im Herstellungsinteresse, d. h. im Interesse, die Sache für die Besitzerfahrung wieder uneingeschränkt verfügbar zu machen. Das Wert- oder Summeninteresse des § 251 BGB, „... die in Geld berechnete Wertminderung des Vermögens des Geschädigten durch das Schadensereignis ...",[663] könnte sich nur auf die Besitzerfahrung selbst beziehen. Der intrinsische, ideelle Wert des Besitzes ist aber – wie bereits festgestellt – nicht messbar. Dem Besitzer gebührt das Besitzen der Sache. Ist das Besitzen beeinträchtigt, so kann er Wiederherstellung auch in Form des dafür notwendigen Geldbetrags verlangen. Da ihm aber der Vermögenswert der Sache als solcher nicht zusteht, liegt zunächst auch keine Minderung seines Vermögens vor. Ein seiner Vermögenssphäre zurechenbarer Schaden entsteht erst im Moment der getätigten oder beabsichtigten Reparatur. Wenn eine Wiederherstellung aber nicht möglich – etwa weil die Sache ein Einzelstück und komplett zerstört ist – oder eine Wiederherstellung vom Besitzer gar nicht beabsichtigt ist, liegt kein zurechenbarer Vermögensschaden vor. Wie bei dem immateriellen Gut der Gesundheit entsteht die Materialisierung bei der immateriellen Besitzerfahrung erst durch die (beabsichtigte) vermögensbeeinträchtigende Wiederherstellung des ursprünglichen Zustandes. Bei der Gesundheit liegt dies daran, dass es schlicht keinen Markt für „die Gesundheit" gibt, bei der Besitzerfahrung daran, dass es zwar einen den Vermögenswert der Sache definierenden Markt gibt, dieser Vermögenswert dem Besitzer aber nicht zusteht. Die oben getätigte Aussage, der Besitzer könne bei einer Beeinträchtigung grundsätzlich die Herstellung des ursprünglichen Zustandes bzw. den hierfür erforderlichen Geldbetrag sowie

662 BGHZ 97, 14 (19).
663 *Karakatsanes*, AcP 189 (1989), 19.

bei Unmöglichkeit der Naturalrestitution ihren materiellen Wert in Geld verlangen, ist daher wie folgt einzugrenzen: Den erforderlichen Geldbetrag im Sinne des § 249 Abs. 2 S. 1 BGB kann der Besitzer nur verlangen, wenn er den Betrag auch tatsächlich für die Reparatur bzw. einen Neukauf verwendet. Ist die zerstörte Sache hingegen ein Einzelstück, kann kein Wertersatz über § 251 Abs. 1 BGB gefordert werden, da der hierdurch allein ersetzbare materielle Vermögenswert der Sache nicht vom Substanzrecht Besitz gedeckt ist. Im Ergebnis ist somit nur eine sehr begrenzte Reihe von Schadensposten ersatzfähig. Nur dieses restriktive Verständnis wird dem Recht aus dem Besitz und dem Postulat gerecht, den Schaden aus der Substanz des Rechts heraus zu bestimmen und nicht umgekehrt.

II. § 858 BGB als Schutzgesetz i. S. d. § 823 Abs. 2 BGB

Im Anschluss stellt sich die Frage, ob dem Besitz auch der Schutz des § 823 Abs. 2 BGB zuteil wird. Dies ist maßgeblich davon abhängig, ob man § 858 BGB als Schutzgesetz im Sinne jener Norm qualifiziert. Die Gesetzesmaterialien weisen mehrfach auf eine solche Einordnung hin.[664] Mit der im Ergebnis richtigen Begründung, das Rechtsgebot des *vim ne facias possidenti* diene dem Schutz des Besitzers, gelangte auch das Reichsgericht zu einem besitzrechtlichen Anspruch aus § 823 Abs. 2 BGB, freilich ohne tiefergehendes Problembewusstsein für die dogmatische Konstruktion und immer in Fällen eines berechtigten Besitzers.[665] Der BGH übernahm zunächst pauschal die Sichtweise des Reichsgerichts,[666] um später wie folgt zu differenzieren: § 858 BGB sei ein Schutzgesetz im Sinne von § 823 Abs. 2 BGB zugunsten des unmittelbaren Besitzers,[667] allerdings könne der zur Nutzung nicht berechtigte – der unberechtigte – Besitzer gegenüber dem zum Besitz berechtigten Eigentümer, der sich verbotener Eigenmacht bediene, keinen Nutzungsersatz verlangen, da ihm diese Nutzungen ohnehin nicht zugestanden hätten.[668] Ohne es auszusprechen, scheint der BGH somit eine durchaus wünschenswerte Trennung von Tatbestand

664 Motive II 748 (= *Mugdan* II 417); Protokolle II 2723 (= *Mugdan* II 1077); Motive III 110 (= *Mugdan* III 61); Denkschrift III 107 (= *Mugdan* III 963).

665 RGZ 59, 326 (328); RG Gruchot 51 (1907), 985 (986); RG JW 1931, 2904 (2906); RGZ 170, 1 (6).

666 BGHZ 20, 169 (171); darauf verweisend *Müller*, Schuldrecht BT, § 4, Rn. 2462.

667 Wortwörtlich BGHZ 114, 305 (314); 181, 233 (238); vgl. auch BGH NJW 2012, 528; 2014, 3727.

668 BGHZ 73, 355 (362); 79, 232 (237); 114, 305 (314).

und Schaden vorzunehmen. Dabei legt er aber aus Sicht dieser Untersuchung eine falsche besitzrechtliche Prämisse zugrunde, nämlich dass der Zuweisungsgehalt des Besitzes innerhalb des Schadens über das Recht zum Besitz und nicht über das Recht aus dem Besitz bestimmt werden muss. Das Gleiche gilt für die Kommentarliteratur[669], die ohne nähere Ausführungen auf die Rechtsprechung verweist.

Im Übrigen ist die Rechtswissenschaft gespalten. Gemäß dem Wortlaut des § 823 Abs. 2 S. 1 BGB macht sich derjenige schadensersatzpflichtig, der gegen ein den Schutz eines anderen bezweckenden Gesetzes verstößt. Neben anderen – in ihrer Existenz und Reichweite umstrittenen – Bedingungen für das Vorliegen eines Schutzgesetzes, lässt sich danach seine Essenz als ein dem Einzelnen individuell zukommender Schutz bestimmen, der nicht ausschließlicher Zweck der Norm sein, jedoch über die reflexhafte subjektive Begünstigung eines primär objektiven Ordnungsrechts hinausgehen muss.[670] Diejenigen nun, die den Besitz als dem Individuum verliehene Interessensphäre und die §§ 858 ff. BGB final dieser Subjektbegünstigung dienend betrachten, neigen dazu, das Gebot der *vim ne facias possidenti* als Schutzgesetz im Sinne des § 823 Abs. 2 BGB zu qualifizieren.[671] Auf der anderen Seite finden sich die Stimmen wieder, die einen Besitz-

---

669 Staudinger/*Hager*, § 823, Rn. G 41; MüKo/*Wagner*, § 823, Rn. 524; Palandt/*Sprau*, § 823, Rn. 65; Bamberger/Roth/*Förster*, § 823, Rn. 290; Erman/*Wilhelmi*, § 823, Rn. 161, zudem auf *Medicus* verweisend; NK-BGB/*Katzenmeier*, § 823, Rn. 537; ebenso *Emmerich*, Schuldrecht BT, § 24, Rn. 7.

670 Vgl. BGHZ 12, 146 (148); 40, 306; 84, 312 (314); 66, 388 (390); 100, 13 (14 f.); 106, 204 (206 f.); 176, 281 (297); 192, 90 (98 f.); BGH NJW 2004, 1949; 2005, 2923 (2924); Staudinger/*Hager*, § 823, Rn. G 19 ff.; MüKo/*Wagner*, § 823, Rn. 498; Soergel/*Spickhoff*, § 823, Rn. 195; NK-BGB/*Katzenmeier*, § 823, Rn. 528; Bamberger/Roth/*Förster*, § 823, Rn. 275; Erman/*Wilhelmi*, § 823, Rn. 157; Palandt/*Sprau*, § 823, Rn. 58; *Larenz/Canaris*, Schuldrecht BT, § 77, S. 433; *Sosnitza*, Besitz und Besitzschutz, S. 311; *Bistritzki*, Voraussetzungen für die Qualifikation einer Norm als Schutzgesetz im Sinne des § 823 Abs. 2 BGB, S. 23 ff.; *Knöpfle*, NJW 1967, 697 (700); *Honsell*, JA 1983, 101 (103 f.); *Taupitz*, in: FS Steffen, S. 489 (499).

671 Soergel/*Spickhoff*, § 823, Rn. 236, 222, der aber – wie *Medicus* bei § 823 Abs. 1 BGB – eine Einschränkung des Schutzbereichs auf den rechtmäßigen sowie auf den entgeltlichen redlichen Besitzer vor Rechtshängigkeit fordert. Zum Individualschutz durch den Besitz vgl. Soergel/*Stadler*, Vor § 854, Rn. 2; *Larenz/Canaris*, Schuldrecht BT, § 77, S. 440, verweisen zudem auf die Gesetzesmaterialien und stellen die Gleichgültigkeit des § 858 BGB gegenüber der Berechtigung hinter dem Besitz heraus; *Hartung*, Besitz und Sachherrschaft, S. 69 f.; *Fraenkel*, Tatbestand und Zurechnung bei § 823 Abs. 1 BGB, S. 178, differenziert zwischen Zweck des Besitzschutzes und dessen Durchsetzung. Möge der Zweck auch der allgemeine Rechtsfrieden sein, sei das Mittel der Durchsetzung dennoch die

schutz über § 823 Abs. 2 BGB mit verschiedenen Begründungen vehement ablehnen. Einige treten als Antipoden zu denen auf, die dem Besitz einen eigenen Zuweisungsgehalt zusprechen, und verweisen darauf, dass die lediglich reflexhafte Begünstigung des Besitzers für die Qualifizierung des § 858 BGB als Schutzgesetz nicht ausreichend sei.[672] In der Tat kann aus einer negativen Abwehrbefugnis allein keine positive Begünstigung hergeleitet werden. Wenn man dem Besitz aber einen positiven Zuweisungsgehalt zuspricht, fällt es schwer, den §§ 858 ff. BGB eine andere Existenzberechtigung zuzuschreiben, als die des Schutzes der Besitzposition und des Besitzrechts. Andere führen aus, der nicht eben konzise Schutzbereich der §§ 858 ff. BGB führe bei einer Subsumption unter § 823 Abs. 2 BGB zu dem untragbaren und bei § 823 Abs. 1 BGB über die Kopplung mit dem Recht zum Besitz erfolgreich umgangenen Ergebnis, dass auch der Dieb

---

„Erhaltung des individuellen Besitzstandes". Das Mittel wäre letztlich in seiner Zweckdienlichkeit ebenfalls bezweckt, weshalb § 858 BGB Schutzgesetzcharakter entfalte. Eine Einschränkung des Schutzes könne allein bei der Schadenszurechnung vorgenommen werden, vgl. dazu auch o. S. 167 f.; letzteren Gedanken macht sich auch *Honsell*, JZ 1983, 531 ff., zu eigen, der über die Figur der Vorteilsanrechnung in der Haftungsausfüllung zu demselben Ergebnis kommt wie *Medicus* für § 823 Abs. 1 BGB; *Müller/Gruber*, Sachenrecht, § 15, Rn. 423 f. differenzieren ebenfalls bei der Erstattungsfähigkeit der Schäden; ebenso *Schick*, Besitzschutz nach § 823 BGB?, S. 81 ff.; nach *Sosnitza*, Besitz und Besitzschutz, S. 313, könne die Verbindung von § 858 BGB und § 823 Abs. 1 BGB nur dort gebilligt werden, wo sich das Interesse des Besitzers mit dem allgemeinen Interesse am Rechtsfrieden überschneidet. Die gewünschte Kongruenz bestehe nur bei den Ansprüchen auf Naturalrestitution gem. § 249 S. 1 BGB und auf Ersatz außergerichtlicher Rechtsverfolgungskosten; *Dulckeit*, Die Verdinglichung obligatorischer Rechte, S. 18; *Mittenzwei*, MDR 1987, 883 (886); *Pieper*, in: FS OLG Zweibrücken, S. 231 (240, 247 f., 249 ff., 253 f.), verneint eine Eingrenzung des erstattungsfähigen Schadens aufgrund fehlenden Rechtwidrigkeitszusammenhangs oder wegen einer Kausalitätsstörung durch hypothetisches rechtmäßiges Alternativerhalten, nimmt aber eine Einschränkung bei Vorliegen von eigenem missbilligtem Verhalten vor; ohne nähere Begründung *Haase*, § 823 Abs. 1, S. 52 f.

672 *Brehm/Berger*, Sachenrecht, § 4, Rn. 24, lassen den Anspruch wie auch bei § 823 Abs. 1 BGB am fehlenden Schutzzweck der Norm scheitern; *Medicus*, AcP 165 (1965), 115 (118 f.); *Rödig*, Erfüllung des Tatbestandes des § 823 Abs. 1 BGB durch Schutzgesetzverstoß, S. 16 f.; *Eccius*, Gruchot 53 (1909), 1 (10); *Haase*, JR 1981, 287; wohl auch *Schwab/Prütting*, Sachenrecht, § 14, Rn. 128 iVm. § 6, Rn. 49; auch die Rechtsprechung scheint – mit anderem Ergebnis – einem eigenen besitzrechtlichen Zuweisungsgehalt skeptisch gegenüber zu stehen, wenn sie in BGHZ 73, 355 (362); 79, 232 (237), ausführt, die Besitzschutzvorschriften sollten nur verhindern, „… daß der Berechtigte den Zustand, auf den er Anspruch hat, *eigenmächtig* herbeiführt …".

oder ein sonstwie Unberechtigter Schadensersatz verlangen könne.[673] Darauf ist zu antworten, dass nun einmal auch der Dieb die Erkenntnismöglichkeit des Besitzens wahrnehmen kann. Im Rahmen dieser Besitzerfahrung ist auch der Dieb schützenswert. Eine Form der Begrenzung findet aber bereits über die Trennung von Recht und Substrat statt, die für den gesamten § 823 BGB gelten muss und die von vorneherein verhindert, dass bestimmte Schadenspositionen, wie etwa der Nutzungsschaden, dem Besitz zugeordnet werden. Der „Eigenmachtsschaden"[674] ist dann mit den Schadensposten aus § 823 Abs. 1 BGB identisch. Dem zurückbleibenden Gerechtigkeitsgefälle zwischen rechtlicher und sozialer Wirklichkeit kann im Rahmen der Anspruchsrichtung Rechnung getragen werden.[675]

Schließlich verneint *Wieling* den Schutzgesetzcharakter des § 858 Abs. 1 BGB, da im Besitz die Persönlichkeit und der Wille des Besitzenden geschützt seien, diese Positionen aber keinen ersatzfähigen Vermögenswert darstellen würden.[676] Dem muss entgegengehalten werden, dass Persönlichkeit und Wille ebenso wie die Erfahrung des Besitzens zwar der ideellen Sphäre des Geistes angehören, der Besitz aber ihre materielle nach außen gekehrte Grundlage bildet, die als solche einer Vermögensmessung durchaus zugänglich ist.[677]

Im Ergebnis ist daher die Schutzgesetzqualität des § 858 Abs. 1 BGB zu bejahen. Dabei schützt § 858 Abs. 1 BGB allerdings nur den unmittelbaren, nicht aber den mittelbaren Besitzer. Gegen ihn kann ausweislich des Wortlauts des § 869 BGB keine verbotene Eigenmacht ausgeübt werden. Mit dieser Entscheidung ist der Gesetzgeber der Notwendigkeit nachgekommen, denjenigen Merkmalen,[678] die die tatsächliche Gewalt und somit den Besitz neben dem sorgend-vertrauten Umgang mit der Sache ausmachen, im Rahmen der verbotenen Eigenmacht hinreichend zu berücksichtigen. Es kann eben nur gegen denjenigen verbotene Eigenmacht ausgeübt werden, der nicht nur in Sorge um die Sache ist, sondern der auch durch die sekundären Merkmale der tatsächlichen Gewalt als der Sache am

---

673 *Siber*, Schuldrecht, § 76, S. 453 f.; *Westermann/Gursky/Eickmann*, Sachenrecht, § 7, Rn. 8; *Schreiber*, Sachenrecht, Rn. 118; *Medicus*, AcP 165 (1965), 115 (119); nach *Gursky*, JZ 1997, 1094 (1095), würde jede Einbeziehung des § 858 BGB unter § 823 Abs. 2 BGB die Eingrenzung des Besitzschutzes im Rahmen des § 823 Abs. 1 BGB sinnlos erscheinen lassen; ähnlich *van Venrooy*, JuS 1979, 102 (103).

674 *Medicus*, AcP 165 (1965), 115 (119).

675 Dazu sogleich u. S. 185 ff.

676 *Wieling*, Sachenrecht, § 5 IV 6 a.

677 Vgl dazu bereits o. S. 175 ff.

678 Vlg. o. S. 54 ff.

nächsten stehend qualifiziert wird. Der mittelbare Besitzer ist daher bereits kein „anderer" im Sinne des § 823 Abs. 2 BGB.

Bei der potentiellen Exklusivität des Besitzschutzes nach §§ 859 ff. BGB, samt seiner Einschränkungen nach §§ 858 Abs. 2, 861 Abs. 2, 862 Abs. 2, 864 BGB im Verhältnis zum Deliktsrecht,[679] handelt es sich primär um konkurrenzrechtliche Fragen, die es sogleich an dafür vorgesehener Stelle zu beantworten gilt.

III. Anspruchsrichtung und Konkurrenzen

1. Kumulierende besitzrechtliche Ansprüche

Die Anerkennung besitzrechtlicher Ansprüche aus beiden Absätzen des § 823 BGB führt zur Notwendigkeit, die Ansprüche einerseits untereinander, andererseits im Verhältnis zu den §§ 861 ff. BGB zu koordinieren. Was das Verhältnis der Ansprüche aus Abs. 1 und Abs. 2 des § 823 BGB untereinander betrifft, kann die Sorge, dass jede Einbeziehung des § 858 BGB unter § 823 Abs. 2 BGB die Eingrenzung des Besitzschutzes im Rahmen des § 823 Abs. 1 BGB *ad absurdum* führe,[680] nicht geteilt werden. Durch eine Rückbesinnung auf den Zuweisungsgehalt des Rechts aus dem Besitz und das besessene Gut als seine materielle Grundlage sind die Schadensposten der beiden Absätze wie bereits angemerkt – mit Ausnahme des mittelbaren Besitzers – identisch. Umgekehrt darf die Qualifizierung des Besitzes als sonstiges Recht nicht dazu führen, den Anspruch aus § 823 Abs. 2 BGB als „dogmatischen Ballast" abzutun.[681] Beide Ansprüche haben ihre dogmatische Existenzberechtigung und sind daher im Wege klassischer Anspruchskonkurrenz geltend zu machen.

Dasselbe gilt auch für das Verhältnis der Ansprüche aus § 823 BGB zu denen aus §§ 861 Abs. 1, 862 Abs. 1 BGB. Letztere unterliegen zwar den zeitlichen und inhaltlichen Grenzen der §§ 861 Abs. 2, 862 Abs. 2, 864 BGB – die Naturalrestitution nach § 249 BGB ist gerade im Bereich der Besitzstörung wohl weitergehend als bei den sog. possessorischen Ansprü-

---

679 Gegen den Schutzgesetzcharakter von § 858 Abs. 1 BGB zu Felde geführt von *Rödig*, Erfüllung des Tatbestandes des § 823 Abs. 1 BGB durch Schutzgesetzverstoß, S. 13 ff.; *Siber*, Schuldrecht, § 76, S. 454; *Eccius*, Gruchot 53 (1909), 1 (9 f.); *v. Caemmerer*, in: Festschrift zum hundertjährigen Bestehen des deutschen Juristentages, Bd. II, S. 49 (83).

680 So *Gursky*, JZ 1997, 1094 (1095); *van Venrooy*, JuS 1979, 102 (103).

681 So *Dörner*, JuS 1978, 666 (668 Fn. 12).

chen[682] –, dafür setzen die deliktsrechtlichen Ansprüche ein Verschulden voraus. Der Tatbestand der einträglicheren Ansprüche des Deliktsrechts ist also über das Verschuldenserfordernis auch schwerer zu verwirklichen.[683] Darüber hinaus gibt es aber keinen Grund, die Einschränkungen des possessorischen Besitzschutzes für die deliktischen Ansprüche fruchtbar zu machen. Die Präklusionsfrist des § 864 Abs. 1 BGB, das Erlöschen der Besitzansprüche nach § 864 Abs. 2 BGB sowie die Anspruchsausschlüsse der §§ 861 Abs. 2, 862 Abs. 2 BGB müssen im Zusammenspiel mit dem Verbot petitorischer Einwendungen gem. § 863 BGB betrachtet werden. Erstens beschränkt sich die durch die zuletzt genannte Norm begrenzte Prozesserkenntnis bei der gerichtlichen Geltendmachung der possessorischen Ansprüche auf die Beeinträchtigung des Besitzes durch verbotene Eigenmacht. Hierbei handelt es sich um einen Vorgang, der einer „baldigen Verdunkelung“ unterliegt und daher eine kurze Präklusionsfrist fordert.[684] Zweitens wird durch das begünstigte Erlöschen bzw. den Ausschluss der Besitzansprüche die mangelnde Möglichkeit der innerprozessualen Einwendung eines dominierenden, stärkeren Rechts kompensiert.[685] Da diese Möglichkeit jedoch bei den deliktischen Ansprüchen ohne Weiteres besteht, bedarf es keiner Eingrenzung, um ein vermeintliches Gleichgewicht wiederherzustellen.

Die Ansprüche aus § 823 BGB stehen neben den Ansprüchen aus §§ 861 f. BGB. Tatbestandsmerkmale und Reichweite mögen unterschiedlich sein, das bedeutet jedoch nicht, dass sie nicht dem „das BGB beherrschenden Grundsatz der Anspruchskonkurrenz“[686] unterliegen sollten. Dieser Grundsatz gilt selbst dann, wenn aus dem Zweipersonen- ein Dreipersonenverhältnis wird und das Interesse des Dritten eine Umlenkung der deliktsrechtlichen Anspruchsrichtung erfordert.

2. Besitzer und Eigentümer

Bei der Verschlechterung, der Zerstörung oder dem Entzug der Sache kann potentiell mit dem Anspruch des Besitzers ein inhaltsgleicher Anspruch des Eigentümers kollidieren. Wenn ein Dritter die Fensterscheibe

---

682 Eine entsprechende Diskussion findet bei § 1004 BGB und § 823 BGB statt.
683 Vgl. *Honsell*, JZ 1983, 531 (532).
684 Motive III 133 (= *Mugdan* III 74).
685 Vgl. *Fraenkel*, Tatbestand und Zurechnung bei § 823 Abs. 1 BGB, S. 182 f.
686 Vgl. *Honsell*, JZ 1983, 531 (533).

der Mietwohnung zerstört, haben Besitzer und Eigentümer zunächst einen identischen Schaden, den sie über § 823 BGB geltend machen können. Wird Dieb 1 die Sache, die er dem Eigentümer entwendet hat, wiederum von Dieb 2 gestohlen, dann haben der Eigentümer und Dieb 1 grundsätzlich einen inhaltsgleichen Anspruch auf Wiedereinräumung des Besitzes an der Sache. Sinnvoller und in vielen Fällen für eine der Parteien schlicht erträglicher als die Feststellung einer Gesamt- oder Mitgläubigerschaft auf Konkurrenzebene, könnte eine Harmonisierung der beiden Ansprüche im Rahmen der Anspruchsrichtung ausfallen. Die Frage der Anspruchsrichtung ist – wie der Umfang des Anspruchs – zwar letztlich auf der Ebene des Anspruchsinhalts zu verorten, die Probleme, die über eine Justierung der Anspruchsrichtung gelöst werden können, sind aber solche, die sich ansonsten im Rahmen der Konkurrenzen stellen würden. Daher erscheint es sinnvoll, diese Frage losgelöst vom Umfang des Anspruchs an dieser Stelle zu erörtern.

Bereits *Medicus* gelangt zu der Annahme, dass in vielen Fällen durch eine analoge Anwendung des § 986 Abs. 1 S. 2 BGB eine Besserstellung des Besitzberechtigen im Verhältnis zum Eigentümer und somit eine angemessene Befriedung der beiden Ansprüche erreicht werde, indem dieser Leistung nur an jenen verlangen könne.[687] Die Grenze dieser Zuteilung stelle das dem Fremdbesitzer mit der Besitzüberlassung vom Eigentümer gewährte Vertrauen dar.[688] Zerstört der Dritte nicht nur die Fensterscheibe, sondern brennt stattdessen das ganze Haus nieder, so „... wäre es absurd, wenn der Brandstifter den Wert des abgebrannten Miethauses an den Mieter zahlen sollte."[689]

Aufbauend auf *Medicus* und unter Berücksichtigung der These, dass nicht nur der befugte, sondern schlechthin jeder Besitz über § 823 Abs. 1 BGB geschützt ist, bietet sich folgende Lösung für das Problem an: Unter Anwendung des allgemeinen Rechtsgedankens der §§ 869 S. 2, 986 Abs. 1 S. 2, 1282 Abs. 1 S. 1 BGB, dass die Forderung einer Leistung allein an einen Dritten in gewissen Fällen aus Gerechtigkeitsgesichtspunkten unausweichlich erscheint, kann in den Fällen, in denen sich der Schädiger inhaltsgleicher Ansprüche des Eigentümers und des Besitzers aus § 823 Abs. 1 BGB ausgesetzt sieht, entweder der Eigentümer nur Leistung an den Besitzer oder aber der Besitzer nur Leistung an den Eigentümer verlangen. Wer tatsächlich in den Genuss der Leistung kommt, bestimmt sich

687 *Medicus*, AcP 165 (1965), 115 (143).
688 *Medicus*, AcP 165 (1965), 115 (144).
689 *Medicus*, AcP 165 (1965), 115 (144).

nach dem Innenverhältnis zwischen Besitzer und Eigentümer, d. h. nach der Berechtigung des Besitzers. Der Besitz ist als absolutes Recht über § 823 Abs. 1 BGB geschützt, die Anspruchsrichtung, genauer die Leistungsrichtung, bestimmt sich bei kollidierenden Ansprüchen des Eigentümers nach der konkreten Ausgestaltung der Besitzberechtigung. Fehlt eine solche, wie etwa bei Dieb 1, so kann dieser von Dieb 2 nur Herausgabe der Sache an den Eigentümer verlangen. Bei den Mietfällen, bei denen eine Besitzberechtigung besteht, muss das Innenverhältnis zwischen Eigentümer und Besitzer daraufhin untersucht werden, wer den Schaden an der Sache abschließend zu tragen hat. Ist der Besitzer nach dem Innenverhältnis verpflichtet, die Sache wieder instand zu setzen, dann gebührt ihm auch die Leistung aus einem entsprechenden Schadensersatzanspruch. Trägt umgekehrt der Eigentümer das Risiko der Reparatur, wie es wohl im Fall des ausgebrannten Hauses sein wird, verdient er die Leistung aus dem deliktischen Anspruch.

Eine solche Auslagerung der Konkurrenzproblematik auf die Ebene der Leistungsrichtung und die Wahl des Destinatärs aufgrund der Berechtigung im Innenverhältnis zwischen den beiden Fordernden zollt dem Besitz als schützenswertem Recht Tribut, ohne weitere, teils widerstreitende rechtliche Wertungsgesichtspunkte zu vernachlässigen. Dass die Leistungsrichtung im Verhältnis zu den Ansprüchen aus §§ 861 f. BGB differieren kann, ist aus konkurrenzrechtlicher Sicht nicht weiter problematisch. Sollten die verschiedenen Ansprüche – abgesehen von der Anspruchsrichtung – tatsächlich einmal völlig inhaltsgleich vorliegen – man denke an Dieb 2, der noch im Besitz der Sache ist und sie daher auch nach § 249 Abs. 1 BGB in Natura herausgeben müsste –, dann besteht für Dieb 1 eine Wahlmöglichkeit, die er zweifellos zu seinen Gunsten auf Herausgabe an ihn selbst auf der Grundlage des § 861 Abs. 1 BGB treffen wird. Hat Dieb 2 die Sache hingegen zerstört, dann bleibt Dieb 1 ohnehin nur die deliktsrechtliche Geltendmachung einer Wertersatzforderung, die er dann aber an den Eigentümer fordern muss.

IV. Besitz im Bereicherungsrecht

Das Bereicherungsrecht rund um den schillernden Begriff der Leistung[690] in seiner ganzen Komplexität auch nur im Ansatz nachzuzeichnen, würde die Grenzen dieser Untersuchung sprengen und ist im Übrigen für ihren

690 Monographisch *Thomale*, Leistung als Freiheit (2012).

gewünschten Erkenntnisgewinn auch gar nicht nötig. Es soll nur dargestellt werden, dass das hier erarbeitete Verständnis des Besitzes zumindest der vollendeten Einordnung in einen bereicherungsrechtlichen Kontext, wenn auch nicht in formell-struktureller, so doch seiner materiellen Wesensart nach entgegensteht.

Es wird nicht verkannt, dass der Besitz in bestimmten Fällen Objekt einer bereicherungsrechtlichen Kondiktion sein kann. Bei der Leistungskondiktion ist dies konsensfähig.[691] Im Bereich der Nichtleistungskondiktion ist dies schon weniger eindeutig und untrennbar mit der Frage des Zuweisungsgehalts verbunden,[692]sofern man diesem bereicherungsrechtlichen Pendant zur Theorie des subjektiven Rechts[693] folgen möchte. Ein Zuweisungsgehalt des Besitzes wäre in diesem Fall nach der hier vertretenen Ansicht zu bejahen.

In den typischen Fallkonstellationen ist der Besitz allerdings nur ein Recht unter vielen Rechten, die einem übergeordneten Rechtsverhältnis entspringen und deren Bündel das eigentliche Objekt der Kondiktion darstellt. Bei der Leistungskondiktion wird der Besitz mitsamt anderen Rechten aus dem zugrunde liegenden Rechtsverhältnis übertragen. Dabei kann nur dasjenige kondiziert werden, was auch geleistet wurde und was zwar nicht notwendiger-, aber üblicherweise dem entspricht, was dem Leistenden selbst rechtlich zugewiesen ist. Auch der Nichteigentümer kann über die §§ 929, 932 ff. BGB das Eigentum leisten, ansonsten aber leistet der Eigentümer das Eigentum oder Teile daraus, der berechtigte Mieter untervermietet an einen Dritten und leistet in Folge Besitz und Nutzungsberechtigung.[694] Letztere kann der Mieter aber nur leisten, weil er selber diese Berechtigung innehat, denn es gibt keine Norm, die den Erwerb der reinen

---

691 Vgl. etwa RGZ 129, 307 (311); BGH NJW 1953, 58 f.; Staudinger/*Lorenz*, § 812, Rn. 73; Soergel/*Schmidt-Kessel/Hadding*, § 812, Rn. 7; Bamberger/Roth/*Wendehorst*, § 812, Rn. 42; Erman/*Puck-Heeb*, § 812, Rn. 7; NK-BGB/*v. Sachsen Gessaphe*, § 812, Rn. 7.

692 Vgl. Soergel/*Schmidt-Kessel/Hadding*, § 812, Rn. 44.

693 Grundlegend zum Zuweisungsgehalt von Rechten bei der Eingriffskondiktion *Wilburg*, Die Lehre von der ungerechtfertigten Bereicherung, S. 27 ff., und *v. Caemmerer*, in: FS Rabel, Bd. I, S. 333 (353, 353 ff.); im Anschluss daran BGHZ 82, 299 (306); 99, 385 (387); 107, 117 (120 f.); Müko/*Lieb*, 4. Auflage 2004, § 812, Rn. 234 ff.; *Larenz/Canaris*, Schuldrecht BT, § 69, S. 169 ff.; *Reuter/Martinek*, Ungerechtfertigte Bereicherung, 1. Auflage 1983, § 7, S. 234 ff.; *Medicus/Petersen*, Bürgerliches Recht, § 28, Rn. 704 ff.

694 Nach BGH NJW 2013, 2021 (2023), kann der Wert der reinen Nutzungsmöglichkeit nicht zurückverlangt werden, weil sich die Kondiktion auf das erstrecke, was tatsächlich erlangt wurde. Damit sagt der BGH aber gleichzeitig, dass

Nutzungsberechtigung vom Nichtnutzungsberechtigten zur Rechtsfolge hätte.

Ebenso kann im Rahmen einer Nichtleistungskondiktion nur dasjenige herausverlangt werden, dessen Gehalt dem Bereicherungsgläubiger von Rechts wegen zugewiesen ist; in sein Recht muss ohne Rechtsgrund eingegriffen worden sein. Das Erlangte ist in diesem Fall zwar nicht die Rechtsposition selbst – der Dieb etwa wird nicht durch den Diebstahl Eigentümer –, aber dafür die faktischen Vorzüge, die der Besitz der Sache verschafft und die rechtlich einer anderen Person zugewiesen sind. Verweigert man dem Besitz jeglichen Zuweisungsgehalt, kann er damit zwangsläufig nur als Objekt einer Nichtleistungskondiktion gedacht werden, sofern er mit einem Recht zum Besitz gekoppelt wird, da ansonsten nicht in ihn eingegriffen werden kann.[695] Es geht dabei nicht darum, dass dem Vermögensvorteil beim Bereicherungsschuldner ein Vermögensnachteil auf Seiten des Bereicherungsgläubigers korrespondieren muss,[696] sondern gemeint ist, dass – mit Ausnahme entgegenstehender positiver Regelungen – nur geleistet werden kann, was des Leistenden ist, und nur genommen werden kann, was jemandem zugewiesen ist. Für einen Herausgabeanspruch, der in seinem Umfang über das (Zurück-)Haben der Sache hinausgeht, bedarf es daher einer den Besitz übersteigenden Rechtsposition, die vom Bereicherungsgläubiger geleistet oder deren Ausübung dem Subjekt der Zuweisung ohne rechtlichen Grund genommen wurde.

---

die Nutzungsmöglichkeit als solche nicht geleistet wurde. Die vorzugswürdige, von *Lieb*, Die Ehegattenmitarbeit im Spannungsfeld zwischen Rechtsgeschäft, Bereicherungsausgleich und gesetzlichem Güterstand, S. 96 f., begründetet Ansicht betrachtet neben dem Besitz auch die Gebrauchsmöglichkeit als erlangtes Etwas gem. § 812 Abs. 1 S. 1, 1 Alt. BGB. Vgl. auch Müko/*Lieb*, 4. Auflage 2004, § 812, Rn. 357 ff.; ihm folgend Staudinger/*Lorenz*, § 818, Rn. 13; Bamberger/Roth/*Wendehorst*, § 818, Rn. 15; NK-BGB/*v. Sachsen Gessaphe*, § 812, Rn. 12; *Reuter/Martinek*, Ungerechtfertigte Bereicherung, § 6, S. 228 ff.

695 So BGH NJW 1987, 771 (772); 2006, 2323 (2325); Staudinger/*Lorenz*, § 812, Rn. 26; Bamberger/Roth/*Wendehorst*, § 812, Rn. 127; NK-BGB/*v. Sachsen Gessaphe*, § 812, Rn. 84; Soergel/*Schmidt-Kessel/Hadding*, § 812, Rn. 44; *Reuter/Martinek*, Ungerechtfertigte Bereicherung, 1. Auflage 1983, § 7, S. 250 ff.; *Larenz/Canaris*, Schuldrecht BT, § 69, S. 174; nach *Kurz*, Der Besitz als möglicher Gegenstand der Eingriffskondiktion, S. 48 ff., 64, kann sich die für den Anspruch notwendige Rechtswidrigkeit nur aus einem Verstoß gegen die subjektiv-rechtliche Befugniszuteilung ergeben, welche dem Besitz ohne dahinterstehendes Recht zum Besitz fehlt; krit. Erman/*Puck-Heeb*, § 812, Rn. 7.

696 „*Be*reicherungsrecht ist die Materie, nicht *En*treicherungsrecht" (*Esser/Weyers*, Schuldrecht BT 2, § 50, S. 79).

Was bedeutet das nun für den isolierten Besitz, der – losgelöst von jedem weitergehenden Recht an der Sache – geleistet oder auf sonstige Weise erlangt wird? Kann der unberechtigte Besitzer, der den Besitz leistet oder auf dessen Kosten der Besitz erlangt wird, Herausgabe der Sache verlangen? Dass sich der Anspruch des unberechtigten Besitzers neben den in § 818 Abs. 1 BGB genannten Posten ohnehin nur auf die Herausgabe der Sache beschränkt, steht außer Frage, da der bloße Besitzer nicht mehr zu leisten hat und ihm rechtlich nicht mehr zusteht.[697] Aber selbst die Herausgabe bedarf im Fall des nicht über den Besitz weitergehend Berechtigten einer Einschränkung. Der Grund dafür ist in der Struktur des Rechts des Besitzes zu finden. Wird allein der Besitz geleistet oder steht nur der Zuweisungsgehalt des Besitzes in Abrede, dann ist das Objekt der Kondiktion die Möglichkeit der Besitzerfahrung auf der Grundlage der Sache. Die Besitzerfahrung ist aber allein ideeller Natur, sie stellt für sich betrachtet keinen Vermögenswert dar, um den das Vermögen materiell bereichert werden kann. Für eine Bereicherung bleibt nur das Gut, das der Erfahrung zugrunde liegt. Bei der Leistungskondiktion wird jedoch nur die Sache für die damit verbundene Erfahrung geleistet, der in der Sache verkörperte Vermögenswert steht dem unberechtigten Besitzer nicht zu. Der potentielle Bereicherungsschuldner der Leistungskondiktion hat – abhängig davon, ob man einen vermögensorientierten[698] oder einen gegenständlichen[699] Standpunkt vertritt[700] – entweder bereits keinen vermögenswerten Vorteil erlangt oder ist zumindest nicht um diesen bereichert. Bei der Nichtleistungskondiktion findet kein materiell-messbarer Eingriff in den Zuweisungsgehalt eines fremden Rechts statt.

Zwar sind die Anknüpfungspunkte verschieden, dennoch lässt sich über beide Kondiktionsarten besonders in Hinblick auf die Inhaltsgleichheit der Rechtsfolgen übergreifend feststellen, dass sich der Besitz nur schwer mit der Idee einer vermögenswerten Bereicherung in Einklang bringen lässt. Dies liegt daran, dass das Substrat des Besitzes, die Sache, als Bedingung für die Besitzerfahrung zwar durchaus einen materiellen Gehalt aufweist und diesbezüglich materiell bereichernd sein kann, dieser materielle Gehalt aber nicht sinnvoll von dem reinen Vermögenswert der Sache ge-

697 Daher ergeben sich in Hinblick auf die spezielleren Regelungen des Eigentümer-Besitzerverhältnisses auch keine Konkurrenzprobleme (vgl. § 993 Abs. 1, 2. Hs. BGB).

698 Vor allem *Flume*, in: FS Niedermeyer, S. 103 (148 ff.); *ders.*, in: Festgabe 50 Jahre BGH, S. 525 (528 ff.); vgl. auch BGHZ 55, 128 (131).

699 So die h. M. Vgl. m.w.N. MüKo/*Schwab*, § 812, Rn. 1.

700 Vermittelnd *Lieb*, AcP 209 (2009), 164 (167 ff.).

trennt werden kann, die der Besitz nicht umfasst. Das Bereicherungsrecht kennt nicht die Unterscheidung zwischen Herstellungs- und Summeninteresse. Daher ist zwar die Herausgabe der erlangten Sache in Natura möglich, denn um die an die Sache gekoppelte Besitzerfahrung ist der Bereicherungsschuldner in der Tat bereichert. Im Gegensatz dazu würde aber der Anspruch auf Wertersatz nach § 818 Abs. 2 BGB zu dem Paradoxon führen, dass dieser nicht auf der Grundlage des bereicherungsrechtlich nicht erfassten Wertes der Integrität der Sache für die Besitzerfahrung, sondern durch die Differenz des eigentlich nicht in die Bereicherung einfließenden Sachwertes vor und nach der Beschädigung berechnet würde. Im Deliktsrecht war diese Differenzierung unproblematisch, weil die Reparatur oder Neubeschaffung der Sache den Besitz als Bedingung der Besitzerfahrung gleichsam materialisiert und somit einer Schadensbemessung zugänglich gemacht hat. Im Bereicherungsrecht geht es aber gerade nicht um eine Schadenskompensation, sondern um die Abschöpfung eines ungerechtfertigten Vorteils. Der Vorteil beim Besitz ist aber nicht der am Markt orientierte Sachwert, sondern nur die Sache als Vehikel für die Besitzerfahrung und daher mit der Idee eines Wertersatzanspruchs nicht vereinbar. Somit ist der Besitz im Bereicherungsrecht als Objekt einer Kondiktion aus § 812 BGB zwar prinzipiell geeignet, im Falle einer (teilweisen) Unmöglichkeit der Herausgabe in Natura aber keiner monetären Substitution nach § 818 Abs. 2 BGB zugänglich.

Peroratio

1. Ziel dieser Arbeit ist es, zu ergründen, was den Begriff des Besitzes im Innersten ausmacht, und zu den bekannten Streitpunkten der Rechtsnatur und des Inhalts des Besitzes Stellung zu beziehen.

   Hierfür werden gleich zu Beginn der Arbeit zwei Ebenen voneinander unterschieden: zum einen seine inhaltliche Ausgestaltung, zum anderen seine Rechtsnatur. Der Inhalt des Besitzes ist es, die tatsächliche Gewalt über die Sache auszuüben, seine Rechtsnatur hingegen die eines Rechtsverhältnisses oder anders formuliert: Der Besitz ist ein Rechtsverhältnis mit dem Inhalt, die tatsächliche Gewalt über die Sache auszuüben.
   Für das Begriffspaar Inhalt/Rechtsnatur werden in der vorliegenden Untersuchung die auf *Gottlob Frege* zurückgehenden Begriffe Bedeutung und Sinn synonym verwendet. Für *Frege* ist die Bedeutung eines Wortes der Gegenstand, auf den es sich bezieht, die Bedeutung des Besitzes also die tatsächliche Gewalt. Der Sinn eines Wortes hingegen ist die besondere „Art seines Gegebenseins“. Der Sinn des Besitzes ist es, ein Rechtsverhältnis zu sein.

2. Es ist legitim, sich diese Frage auch nach Inkrafttreten des BGB zu stellen, weil der Gesetzgeber es ausweislich der Gesetzesmaterialien Wissenschaft und Rechtsprechung überlassen hat, den Begriff des Besitzes näher zu ergründen.

   Wie der Inhalt des Besitzes – die tatsächliche Gewalt – und seine Rechtsnatur zu bestimmen sind, darüber wird seit jeher gestritten. Es wurden diesbezüglich so viele unversöhnliche Standpunkte und Thesen vertreten, so viel Grundlegendes und Ideologisches in die Waagschale des Diskurses geworfen, dass der Gesetzgeber nicht das Zünglein an der Waage sein wollte und bewusst keiner der widerstreitenden Ansichten zu ihrem Sieg verholfen hat. Vielmehr hat der Gesetzgeber, wie sich an verschiedenen Stellen aus den Gesetzgebungsmaterialien entnehmen lässt, bewusst auf eine genaue Einordnung des Besitzes verzichtet und dies Wissenschaft und Rechtsprechung überlassen. Eine Einigung darüber, was unter tatsächlicher Gewalt zu verstehen ist, oder auch nur, mit welcher Herangehensweise (Verkehrsanschauung oder Interessenabwägung) man in bestimmten Situationen ihr Vorliegen bejahen oder verneinen kann, hat bis jetzt genauso wenig stattgefunden wie eine Einigung über die Rechtsnatur des Besitzes. Auch die Rechtsprechung ist diesbezüglich der Handlungsaufforderung des Gesetzgebers nicht nachgekommen, sondern entscheidet von Fall zu Fall oder umgeht die Problematik mit Hilfskonstruktionen wie etwa im Rahmen des § 823 Abs. 1 BGB, wo sie den Besitz mit einem relativen Recht zum Besitz kreuzt, obwohl § 823 Abs. 1 BGB nach vorzugswürdiger h. M. nur absolute Rechte schützt.

3. Der rechtlich relevante Fortschritt, den die Erkenntnis darüber, was Besitz ist, mit sich bringt, ist in der Vereinfachung des geltenden Rechts sowie – gleichsam als ihre Folge – in der besseren Subsumierbarkeit des Besitzbegriffs unter den positiven Normenbestand zu sehen.

Von der juristischen Konstruktion *Jherings* bis hin zu den abstrakten systemischen Erwägungen *Luhmanns* zieht sich die Idee der Notwendigkeit, das Recht zu vereinfachen. Die Vereinfachung, Vereinheitlichung und Systematisierung des geltenden Rechts führt im Ergebnis zu einem schlüssigeren und gerechteren Rechtssystem und sollte daher das primäre Ziel jeder Form von Rechtsdogmatik sein. Sie findet über eine Rückführung auf die zentralen Begriffe des Rechts und deren Analyse statt. Indem die Untersuchung Stellung dazu nimmt, was Rechtsverhältnisse, subjektive Rechte und selbstverständlich der Besitz ihrem Wesen nach ausmachen und diese Begriffe in Bezug zueinander setzt, möchte sie einen bescheidenen Beitrag zu einem besseren Verständnis des positiven Rechts leisten. Daneben haben die angestellten Überlegungen aber auch einen konkreten praktischen Nutzen: Durch die genaue Beschreibung des Besitzes wird eine einheitliche Subsumierbarkeit des Begriffs unter die verschiedenen Rechtsvorschriften des BGB – allen voran § 823 BGB – gewährleistet.

4. Bei der vorliegenden Untersuchung handelt es sich um eine rechtsdogmatische Arbeit, die sich dem Forschungsgegenstand einerseits mit deduktiver, andererseits mit induktiver Methode annähert.

   Rechtsdogmatik wird als Arbeit an dem positiven Normenbestand in ihrer durch die Rechtsprechung konkretisierten Form verstanden, mit dem Ziel, die dahinterstehenden abstrakt-allgemeinen Prinzipien und Begriffe zu finden und zu analysieren.
   Ihre Methode ist dabei zunächst deduktiv, da sich die Struktur von Rechtsverhältnissen und subjektiven Rechten aus den Begriffen selbst ergibt und nicht aus den Einzelfällen, in deren mannigfaltiges Chaos sie ja erst Ordnung bringen sollen. Ob die Bedeutung des subjektiven Rechts in einer rechtlich erteilten Willensmacht oder in einem positiven Zuweisungsgehalt liegt, lässt sich nur aus dem Begriff unter Berücksichtigung der wechselseitigen Beeinflussung des positiven Rechts bestimmen.
   Unter die so erschlossenen dogmatischen Figuren soll der Besitz subsumiert werden. Dies ist aber nur möglich, wenn der Besitz selbst seinem Wesen nach bereits erschlossen ist. Man kann nicht verifizieren, ob der Besitz ein Rechtsverhältnis oder ein subjektives Recht ist, ohne vorab dasjenige erkannt zu haben, was inhaltlich mit dem deduzierten Verständnis des Rechtsverhältnisses oder des subjektiven Rechts potentiell in Einklang gebracht werden kann. In dieser Arbeit wird ein irgendwie gearteter Zuweisungsgehalt als konstitutiv für den Begriff des subjektiven Rechts herausgearbeitet. Sollte der Besitz seinem Sinn nach ein subjektives Recht sein bzw. als Rechtsverhältnis ein subjektives Recht enthalten, so muss er im Rahmen einer Subsumption zunächst auf einen solchen Zuweisungsgehalt hin untersucht werden. Dieser Zuweisungsgehalt ist das Wesen des Besitzes, das als eigenständige Kategorie neben Sinn und Bedeutung tritt. Das Wesen des Besitzes ist die Essenz seines Daseins und ermöglicht überhaupt erst eine Einordnung in einen bestimmten rechtlichen Sinnkontext. Bei der Bestimmung des Wesens des Besitzes kann aber nicht deduktiv, sondern muss induktiv vorgegangen werden. Was den Besitz ausmacht, erschließt sich allein aus einer Betrachtung der Lebenswirklichkeit. Das Wesen des Besitzes ist etwas Vor-Positives. Nur diese Sichtweise wird dem deskriptiven, dem tatsächlichen Moment des Besitzes gerecht, hierin unterscheidet er sich von anderen Begriffen.
   Das Gleiche gilt auch für die Bedeutungsbestimmung des Besitzes. Eine Aussage darüber, was Besitz als Tatbestandsmerkmal in einer Rechts-

norm bedeutet, kann nur in kritischer Auseinandersetzung mit den Ideen, die über die Bedeutung des Besitzes in der Lebenswirklichkeit vorherrschen, getroffen werden.

5. Die induktive Methode ist phänomenologisch.

Die Lebenswirklichkeit ist verworren und undurchdringlich. Um tatsächlich zum Wesen des Besitzes durchzudringen, bedarf es daher einer besonderen Technik, welche die Phänomenologie ist. Der österreichisch-deutsche Philosoph und Mathematiker *Edmund Husserl* entwickelte diese philosophische Disziplin zu Beginn des 20. Jahrhunderts als Antwort auf die von ihm konstatierte Krise in den europäischen Wissenschaften, die dem Bedürfnis nach sicherer Erkenntnis aus seiner Sicht nicht mehr gerecht wurden. Er propagierte eine Rückbesinnung auf die Beschreibung des einzigen Gegenstandes, dessen Präsenz unstreitig ist: des Phänomens. In der Gestalt von Phänomenen, also den Erscheinungen von Dingen, legt sich die Welt dem Menschen offen. Was hinter den Phänomenen steht, ist für ihn nicht erkennbar und entzieht sich daher einer gesicherten Erkenntnis. Die Phänomene der Dinge müssen dort gesucht und analysiert werden, wo sie auftreten, nämlich als Zustände im menschlichen Bewusstsein.
Beim Besitz ist die Situation anders gelagert, denn der Besitz ist kein weltliches, körperliches Ding. Vielmehr ist der Besitz etwas, womit diese Dinge überzogen werden, ihnen wird das Prädikat Besitz verpasst. Das Besitzen als Bewusstseinsakt stellt eine besondere Gegebenheitsweise physischer Gegenstände dar und wird damit selber zu einer qualifizierten Möglichkeit, sich Dingen erfahrbar zu machen. Indem ich eine Sache besitze, nehme ich sie auf eine bestimmte Art und Weise war.
Wenn das Besitzen eine besondere Verbindung zu den Dingen herstellt, die Phänomene der Dinge also über das Phänomen des Besitzens qualifiziert wahrgenommen werden können, dann ist die Analyse des Besitzens eine Analyse der Voraussetzung, wie Dinge erkannt werden können. Es geht um den Besitz als Bedingung von Erkenntnis.

6. Seiner Bedeutung nach ist der Besitz ein normatives Tatbestandsmerkmal, dessen primäres Merkmal der sorgend-vertraute Umgang mit einer Sache ist.

Im Recht ist ein Begriff seiner Bedeutung nach ein deskriptives Tatbestandsmerkmal, wenn er als Bestandteil eines Gesetzestextes eine tatsächliche Situation in der Lebenswirklichkeit schlicht abbilden und in passiver Weise repräsentieren soll. Wenn ein Begriff hingegen – eingebettet in die Satzstruktur eines Normtextes – eine besondere Bedeutung erlangt, soll in Abgrenzung zu einem deskriptiven von einem normativen Tatbestandsmerkmal die Rede sein. Ein deskriptives Tatbestandmerkmal setzt voraus, dass im Allgemeinbewusstsein eine gemeinsame Übereinkunft über den Inhalt des Wortes besteht, der nur in das Recht übernommen zu werden braucht. Dies mag beim Besitz noch insoweit funktionieren, als dass er auch im Allgemeinbewusstsein inhaltlich mit dem Begriff der tatsächlichen Gewalt gleichgesetzt wird, über den Inhalt der tatsächlichen Gewalt gibt es allerdings keine einheitliche Vorstellung. DIE Verkehrsanschauung, auf die die h. M. zur Bestimmung der tatsächlichen Gewalt verweist, existiert nicht. Stattdessen gibt es unendlich viele verschiedene Verkehrsanschauungen, die unter Anwendung unterschiedlicher Kriterien in der gleichen Situation zu unterschiedlichen Ergebnissen gelangen. Seiner Bedeutung, d. h. seiner inhaltlichen Ausgestaltung nach, ist der Besitz daher ein normatives Tatbestandsmerkmal, weil er auf den Begriff der tatsächlichen Gewalt verweist, der wiederum normativ ist, weil von ihm kein einheitliches Verständnis im Allgemeinbewusstsein bzw. keine einheitliche Verkehrsanschauung existiert.
Um zu einer Bedeutungsbestimmung der tatsächlichen Gewalt zu gelangen, darf die Lebenswirklichkeit dennoch nicht außer Betracht gelassen werden, sondern muss durch das Brennglas einer phänomenologischen Betrachtung Einzug in das Recht halten. Die Phänomenologie ermöglicht einen vorurteilsfreien Blick auf das Phänomen der tatsächlichen Gewalt und bestimmt – in loser Anlehnung an die Phänomenologie *Heideggers* – als deren primäres Merkmal den sorgend-vertrauten Umgang mit einer Sache. Der sorgend-vertraute Umgang mit der Sache ist das Merkmal, was jeder (phänomenologisch arbeitenden) Verkehrsanschauung zugrunde liegt. Er tritt an die Stelle des Raumverhältnisses in seinem gewöhnlichen Verständnis als geographische Nähe. Die räumliche Nähe zu einer Sache wird über den sorgend-vertrauten Umgang mit ihr erzeugt. Sorge kann somit als Bedeutung der tatsächlichen

Gewalt und mithin als Fundament des unmittelbaren, des mittelbaren und des durch einen Besitzdiener vermittelten Besitzes gedacht werden. Daneben treten sekundäre Merkmale, z.B. die tatsächliche Zugriffsmöglichkeit auf die Sache, die geographische Nähe, rechtliche Wertungen aus anderen Normen etc., die gerade in Konkurrenzsituationen helfen können, die tatsächliche Gewalt einer Person zuzuordnen. Durch eine Konkurrenzsituation zeichnen sich auch die Figuren des mittelbaren Besitzes und der Besitzdienerschaft aus. Daher wird die tatsächliche Gewalt hier durch ein positiv normiertes sekundäres Merkmal ergänzt: Bei der Besitzdienerschaft tritt kompensatorisch eine soziale tatsächliche Gewalt über den Besitzdiener, beim mittelbaren Besitz ein Besitzmittlungsverhältnis in Form eines Rechtsverhältnisses hinzu. Das semantische Repräsentationsverhältnis des Besitzes lautet dann wie folgt:

Besitz = tatsächliche Gewalt = räumliches Verhältnis = Nähe durch Sorge (+ sekundäre Merkmale)

7. Seinem Sinn nach ist der Besitz ein Rechtsverhältnis.

Das Rechtsverhältnis ist grundsätzlich eine rechtlich geregelte Beziehung zwischen Personen. Die Begriffe (z.B. Eigentum, Verträge), die darunter subsumiert werden, zeichnen sich durch einen Willenskonsens über bestimmte Positionen (z.B. Verfügungsgewalt, Forderungen) aus.

Der Besitz bildet dabei eine Ausnahme; er ist das einzige Rechtsverhältnis, das ein Subjekt unmittelbar und losgelöst vom Willen Dritter an ein Objekt bindet. Beispielhaft ist die Position des Diebes zu nennen. Die §§ 859 ff. BGB schützen auch ihn in seinem Besitz und damit eine Position, die im allgemeinen Verständnis jeglicher Legitimität entbehrt und die frei von der spontanen Achtung durch Dritte ist.

Der Besitzwille ist aufgrund seiner Unabhängigkeit von der Achtung Dritter von zentraler Bedeutung für den Sinn des Besitzes, ein Rechtsverhältnis zu sein. Wer in Sorge um eine Sache ist, kann die tatsächliche Gewalt über diese ausüben. Zum Rechtsverhältnis des Besitzes wird die Beziehung jedoch erst durch Vorliegen des Besitzwillens heraufgestuft. Dies ist auch der tiefere Grund dafür, dass der Besitzdiener selber kein Besitzer ist: Zwar übt er die tatsächliche Gewalt über die Sache aus, allerdings fehlt ihm der Besitzwille.

Aus einem Rechtsverhältnis ergeben sich Rechte, Pflichten und überschießende Funktionen. So ergibt sich bspw. aus dem Rechtsverhältnis Eigentum das subjektive Recht, mit der Sache nach Belieben zu verfahren. Das Besitzrechtsverhältnis beinhaltet verschiedene Pflichten (z.B. Verkehrssicherungspflichten §§ 836, 837 BGB oder die Pflicht aus § 867 S. 1 BGB), überschießende Funktionen (z.B. seine Rolle beim Eigentumserwerb oder seine Vermutungswirkung § 1006 BGB) und ein subjektives Recht, das Recht aus dem Besitz.

8. Der Zuweisungsgehalt des subjektiven Rechts aus dem Besitzrechtsverhältnis liegt in der Gegebenheitsweise des Besitzens, die uns physische Gegenstände auf eine besondere Art und Weise erfahrbar macht.

   Das subjektive Recht zeichnet sich – in Anlehnung an *Jhering* – durch die Zuweisung einer irgendwie gearteten, rechtlich geschützten Genussmöglichkeit aus. Der rechtliche Schutz des Besitzes ist über §§ 859 ff. BGB unproblematisch gegeben. Die Genussmöglichkeit bereitet hingegen Kopfzerbrechen und wird seit jeher unter der Frage nach dem Grund des Besitzschutzes kontrovers diskutiert. Der Ausspruch, der Besitz könne kein Recht sein, weise er doch nicht mehr als das bloße Haben der Sache zu, bringt dabei das zentrale Anliegen der vorliegenden Untersuchung auf den Punkt. Sie versucht, das Haben der Sache zu analysieren, um darin den hinreichenden Grund des Besitzschutzes und den Zuweisungsgehalt eines subjektiven Rechtes zu finden. Im Haben der Sache versteckt sich das Wesen des Besitzes, das für sich genommen bereits schützenswert ist.
   Um zum Wesen des Besitzes durchzudringen, wird wiederum eine phänomenologische Betrachtungsweise gewählt. Durch verschiedene Abstraktionsschritte (Phänomenologische Reduktion und ideierende Abstraktion), die der Phänomenologie *Husserls* entliehen sind, wird der Zustand des Besitzens auf eine transzendentale Ebene gehoben und dort als eine Gegebenheitsweise von Dingen analysiert. Der Genuss, den das Besitzen für den Besitzer bereithält, ist sein besonderer Erkenntnismodus. Durch das sorgende Interesse an der Sache hebt es sich von der sinnlichen Wahrnehmung im klassischen Sinne (Hören, Sehen, Fühlen, Riechen und Schmecken) sowie von anderen Gegebenheitsweisen (etwa Fantasie, Vorstellung, Erinnerung) ab, die zwar intentional auf etwas gerichtet, aber nicht notwendig interessiert sind. Dadurch entsteht im Zustand des Besitzens eine besondere Nähe zu den Dingen,

ein ursprüngliches und tiefes Verhältnis, das als solches für eine Erkenntnismöglichkeit bzw. Gegebenheitsweise einzigartig ist. Die Welt erscheint uns in erster Linie durch das Besitzen. Es ist der Modus, wodurch der Mensch sich seine Welt überhaupt erst erschließt, und somit auch als Bedingung der menschlichen Freiheit zu verstehen, die das menschliche In-der-Welt-Sein auszeichnet.

9. Das subjektive Recht aus dem Besitzrechtsverhältnis ist über § 823 BGB geschützt, wobei einer Ausuferung der ersatzfähigen Schadensposten über die Konzentration auf den immateriellen Zuweisungsgehalt des Besitzes vorgebeugt wird.

Aufgrund seines Zuweisungsgehalts und seiner Ausschlussfunktion gem. §§ 859 ff. BGB ist das Recht, das sich aus dem Rechtsverhältnis Besitz ergibt, als absolutes i. S. des § 823 Abs. 1 BGB zu qualifizieren. Unter einer Rückbesinnung auf die Substanz dieses Rechts, die sich nicht über den Schaden, sondern über den Zuweisungsgehalt selbst definiert, sind nur solche Schadenspositionen ersatzfähig, die unmittelbar auf einen Eingriff in ebendiesen Zuweisungsgehalt zurückzuführen sind. Der intrinsische Wert der Besitzerfahrung ist zwar immaterieller Natur, kann aber durch einen Eingriff in sein Substrat, die Sache, gleichsam materialisiert werden. Da die besessene Sache notwendige Bedingung für die Besitzerfahrung ist, kann der Besitzer im Falle eines Entzugs der Sache ihre Wiedereinräumung und im Falle einer Beschädigung oder Zerstörung ihre Wiederherstellung oder Neubeschaffung (§ 249 Abs. 1 BGB) bzw. den hierfür erforderlichen Geldbetrag (§ 249 Abs. 2 BGB) verlangen. Handelt es sich bei der zerstörten Sache um ein Einzelstück oder will der Besitzer gar keine Reparatur vornehmen, steht ihm hingegen kein Anspruch aus § 823 Abs. 1 BGB zu, da seine Gewährung zu einer Verlagerung von der Unversehrtheit der Sache als notwendiger Bedingung für die Besitzerfahrung hin zu einem Ersatz des bloßen Vermögenswertes der Sache führen würde. Letzterer ist vom Zuweisungsgehalt des Besitzes aber nicht gedeckt.
Mit Ausnahme des mittelbaren Besitzes sind diese Schadenspositionen auch über § 823 Abs. 2 BGB ersatzfähig, da § 858 Abs. 1 BGB als Schutzgesetz i. S. des § 823 Abs. 2 BGB zu qualifizieren ist.
Die beiden Ansprüche stehen in Anspruchskonkurrenz zueinander und zu den Ansprüchen aus §§ 861 Abs. 1, 862 Abs. 1 BGB. Das Konkurrenzverhältnis zu Ansprüchen Dritter wird über die Anspruchsrichtung

reguliert; entscheidend ist hierbei die Ausgestaltung des Innenverhältnisses zwischen den Gläubigern.

10. Als Kondiktionsobjekt im Rahmen des §§ 812, 818 BGB ist der Besitz nur eingeschränkt tauglich.

    Im Bereicherungsrecht ist der Besitz als Objekt einer Kondiktion aus § 812 BGB zwar prinzipiell geeignet, im Falle einer Unmöglichkeit der Herausgabe in Natura aber wegen seines eingeschränkten Zuweisungsgehalts keiner monetären Substitution nach § 818 Abs. 2 BGB zugänglich.

Literaturverzeichnis

Aicher, Josef: Das Eigentum als subjektives Recht – Zugleich ein Beitrag zur Theorie des subjektiven Rechts, Berlin 1975.

Alexy, Robert: Theorie der juristischen Argumentation. Die Theorie des rationalen Diskurses als Theorie der juristischen Begründung, 8. Auflage, Frankfurt a. M. 2015.

Aravantinos, P.J.: Die Anfechtbarkeit der Besitzübertragung im deutschen bürgerlichen Recht, in: Regelsberger, Ferdinand / Ehrenberg, Victor (Hrsg.), Jherings Jahrbücher für die Dogmatik des bürgerlichen Rechts, 48. Bd., Jena 1904, S. 101 ff.

Auer, Marietta: Eigentum, Familie, Erbrecht – Drei Lehrstücke zur Bedeutung der Rechtsphilosophie im Privatrecht, in: Archiv für civilistische Praxis (AcP), 216. Bd. (2016), S. 239 ff.

Austin, John Langshaw: Zur Theorie der Sprechakte, Reclam-Ausgabe, – Bibliographisch ergänzte Ausgabe 2002 der englischen Ausgaben von 1962 und 1975 – Stuttgart 2014.

Bamberger, Heinz Georg / Roth, Herbert / Hau, Wolfgang / Poseck, Roman (Hrsg.): Kommentar zum Bürgerlichen Gesetzbuch. Band 3 (§§ 705-1017), 4. Auflage, München 2019, zitiert als: Bamberger/Roth/*Bearbeiter*.

Bamm, Peter: Anarchie mit Liebe, Stuttgart 1962.

Bartels, Eduard: Ausführungen zur Besitzlehre des BGB, in: Beiträge zur Erläuterung des deutschen Rechts, begründet von Gruchot, 42. Jahrgang (1898), S. 645 ff.

Baumann, Jürgen: Einführung in die Rechtswissenschaft. Rechtssystem und Rechtstechnik, 8. Auflage, München 1989.

Baur, Jürgen / Stürner, Rolf: Sachenrecht, 18. Auflage, München 2009

Bekker, Ernst Immanuel: Der Besitz beweglicher Sachen, in: Regelsberger, Ferdinand / Ehrenberg, Victor (Hrsg.), Jherings Jahrbücher für die Dogmatik des bürgerlichen Rechts, 34. Bd., Jena 1895, S. 1 ff.

Bekker, Ernst Immanuel: Aphorismen zur Besitzlehre, in: Bernhöft, Franz / Binder, Julius (Hrsg.), Beiträge zur Auslegung des Bürgerlichen Gesetzbuches, Leipzig 1902, S. 15 ff.

Benjamin, Walter: Denkbilder, Frankfurt a. M. 1994.

Berg, Hans: Anmerkung zu BGH, Urteil vom 14.11.1977 – VIII ZR 66/76, in: Juristische Rundschau (JR), Jahrgang 1978, S. 242 f.

Bertram, Georg W.: Sprachphilosophie zur Einführung, 2. Auflage, Dresden 2014.

Biermann, Johannes: Kommentar zum Bürgerlichen Gesetzbuch und seinen Nebengesetzen. 3. Buch. Sachenrecht, 3. Auflage, Berlin 1914.

Binder, Julius: Philosophie des Rechts, Berlin 1925.

Bistritzki, Walter: Voraussetzungen für die Qualifikation einer Norm als Schutzgesetz im Sinne des § 823 Abs. 2 BGB, München 1981.

Bork, Reinhard: Allgemeiner Teil des Bürgerlichen Gesetzbuchs, 4. Auflage, Tübingen 2016.

Brehm, Wolfgang / Berger, Christian: Sachenrecht, 3. Auflage, Tübingen 2014.

Brem, Ursula: Der Nebenbesitz – Versuch einer Lösung auf Grund der Entwicklung des Besitzbegriffs seit Friedrich Carl von Savigny, Marburg 1976.

Brinkmann, Thomas: Die pauschale Entschädigung beeinträchtigter Nutzungen, in: Betriebs-Berater, 42. Jahrgang 1987, S. 1828 ff.

Bruns, Karl Georg: Das Recht des Besitzes im Mittelalter und in der Gegenwart, Tübingen 1848.

Bruns, Viktor: Besitzerwerb durch Interessenvertreter, Tübingen 1910.

Bucher, Eugen: Traditionale und analytische Betrachtungsweise im Privatrecht, in: Rechtstheorie – Zeitschrift für Logik, Methodenlehre, Kybernetik und Soziologie des Rechts, 1. Band (1970), S. 23 ff.

Bucher, Eugen: Das subjektive Recht als Normsetzungsbefugnis, Tübingen 1965.

Bumke, Christian: Rechtsdogmatik, in: Juristenzeitung (JZ), 69. Jahrgang (2014), S. 641 ff.

Bund, Elmar: Beiträge der Interessenjurisprudenz zur Besitzlehre, in: Karl Kroeschell (Hrsg.), Festschrift für Hans Thieme zum 80. Geburtstag, Sigmaringen 1986, S. 363 ff.

Caemmerer, Ernst v.: Bereicherung und unerlaubte Handlung, in: Dölle, Hans / Rheinstein, Max / Zweigert, Konrad (Hrsg.), Festschrift für Ernst Rabel. Band I – Rechtsvergleichung und internationales Privatrecht, Tübingen 1954, S. 333 ff.

Caemmerer, Ernst v.: Wandlungen des Deliktsrechts, in: Caemmerer, Ernst v. / Friesenhahn, Ernst / Lange, Richard (Hrsg.), Hundert Jahre deutsches Rechtsleben. Festschrift zum hundertjährigen Bestehen des deutschen Juristentages 1860-1960. Band II, Karlsruhe 1960, S. 49 ff.

Canaris, Claus-Wilhelm: Der Schutz obligatorischer Forderungen nach § 823 I BGB, in: Deutsch, Erwin / Klingmüller, Ernst / Kullmann, Hans Josef (Hrsg.), Festschrift für Erich Steffen zum 65 Geburtstag – Der Schadensersatz und seine Deckung, Berlin New York 1995, S. 85 ff.

Canaris, Claus-Wilhelm: Die Verdinglichung obligatorischer Rechte, in: Jakobs, Horst Heinrich / Knobbe-Keuk, Brigitte / Picker, Eduard / Wilhelm, Jan (Hrsg.), Festschrift für Werner Flume zum 70. Geburtstag, Band I, Köln 1978, S. 371 ff.

Carnap, Rudolf: Bedeutung und Notwendigkeit, Wien New York 1972.

Creifelds, Carl / Weber Claus: Rechtswörterbuch, 20. neubearb. Auflage, München 2011.

Crome, Carl: System des Deutschen Bürgerlichen Rechts. Dritter Band. Rechte an Sachen und an Rechten, Tübingen 1905.

Darmstaedter, Friedrich: Der Eigentumsbegriff des Bürgerlichen Gesetzbuches, in: Archiv für civilistische Praxis (AcP), 151. Bd. (1950/1951), S. 311 ff.

Dauner-Lieb, Barbara / Heidel, Thomas / Ring, Gerhard (Hrsg.): Nomos Kommentar zum BGB, zitiert als: NK-BGB/*Bearbeiter*

– Band 2: Schuldrecht (§§ 611-853), 3 Auflage, Baden-Baden 2016.

– Band 3: Sachenrecht (§§ 854-1296), 4. Auflage, Baden-Baden 2016.

Dernburg, Heinrich: Pandekten. Erster Band: Allgemeiner Theil und Sachenrecht, 7. Auflage, Berlin 1902.

Dernburg, Heinrich: Lehrbuch des preußischen Privatrechts und der Privatrechtsnormen des Reichs. Erster Band. Die Allgemeinen Lehren und das Sachenrecht des Privatrechts Preußens und des Reichs, 5. Auflage, Halle a. S. 1894.

Derrida, Jaques: Randgänge der Philosophie, 2. Auflage, Wien 1999.

Diederichsen, Uwe: Das Recht zum Besitz aus Schuldverhältnissen, Kiel 1965.

Dölle, Hans: Anmerkung zu RG, Urteil vom 17. 6. 1932 – 220/31 VII., in: Juristische Wochenschrift (JW), 61. Jahrgang (1932), S. 3763.

Dölle, Hans: Anmerkung zu RG, Urteil vom 5. 2. 1932 – 219/31 VII., in: Juristische Wochenschrift (JW), 61. Jahrgang (1932), S. 1212 ff.

Dörner, Heinrich: Zivilrechtliche Folgen des Parkens vor Grundstückszufahrten – AG Heidelberg, NJW 1977, 1541 und AG Karlsruhe, NJW 1977, 1926, in: Juristische Schulung. Zeitschrift für Studium und Ausbildung (JuS), 18. Jahrgang 1978, S. 666 ff.

Dulckeit, Gerhard: Die Verdinglichung obligatorischer Rechte, Tübingen 1951.

Eberhard, Raimund: Wesen des Besitzes und Grund des Besitzschutzes, in: Mecklenburgische Zeitung für Rechtspflege, 51. Bd. (1935), S. 211 ff.

Eccius, Max Ernst: Kurze Erörterungen, in: Beiträge zur Erläuterung des deutschen Rechts, begründet von Gruchot, 53. Jahrgang (1909), S. 1 ff.

Eckhardt, Walter/ Schmidt, Ludwig: Einführung in die Rechtswissenschaft (Schaeffers Grundriss des Rechts und der Wirtschaft), ergänzte Auflage, Opladen 1971.

Ehrhardt, Guido: Was ist Normativität?, Würzburg 2014.

Eichler, Hermann: Institutionen des Sachenrechts. Ein Lehrbuch. Zweiter Band / Erster Halbband. Eigentum und Besitz, Berlin 1957, zitiert als: *Eichler*, Institutionen des Sachenrechts II.

Eichler, Hermann: Institutionen des Sachenrechts. Ein Lehrbuch. Erster Band: Allgemeiner Teil. Grundlagen des Sachenrechts, Berlin 1954, zitiert als: *Eichler*, Institutionen des Sachenrechts I.

Emmerich, Volker: BGB – Schuldrecht. Besonderer Teil, 14. Auflage, 2015 Heidelberg.

Engisch, Karl: Einführung in das juristische Denken, Würtenberger, Thomas / Otto, Dirk (Hrsg.), 11. Auflage, Stuttgart Berlin u. a. 2010.

Enneccerus, Ludwig / Lehmann, Heinrich: Lehrbuch des Bürgerlichen Rechts. Zweiter Band: Recht der Schuldverhältnisse, 15. Auflage, Tübingen 1958.

Enneccerus, Ludwig / Nipperdey, Hans Carl: Lehrbuch des Bürgerlichen Rechts. Erster Band: Allgemeiner Teil des Bürgerlichen Rechts. Erster Halbband: Allgemeine Lehren, Personen, Rechtsobjekte, 15. Auflage, Tübingen 1959.

Erman, Walter Alexander (Begr.) / Westermann, Harm Peter / Grunewald, Barbara / Maier-Reimer, Georg (Hrsg.): Handkommentar zum Bürgerlichen Gesetzbuch. Band I: §§ 759-2385, ProdHaftG, ErbbauRG, VersAusglG, VBVG, LPartG, WEG, EGBGB, 15. Auflage, Köln 2017, zitiert als: Erman/*Bearbeiter*

Ernst, Wolfgang: Eigenbesitz und Mobiliarerwerb, Tübingen 1992.

Esser, Josef: Schuldrecht. Allgemeiner und Besonderer Teil, 2. Auflage, Karlsruhe 1960.

Esser, Josef: Einführung in die Grundbegriffe des Rechtes und Staates. Eine Einführung in die Rechtswissenschaft und in die Rechtsphilosophie, Wien 1949.

Esser, Josef: Möglichkeiten und Grenzen des dogmatischen Denkens im modernen Zivilrecht, in: Archiv für civilistische Praxis (AcP), 172. Bd. (1972), S. 97 ff.

Esser, Josef / Weyers, Hans-Leo: Schuldrecht. Band II. Besonderer Teil. Teilband 2: Gesetzliche Schuldverhältnisse, 8. Auflage, Heidelberg 2000.

Fasching, Wolfgang: Phänomenologische Reduktion und Mushin. Edmund Husserls Bewusstseinstheorie und der Zen-Buddhismus, Freiburg München 2003.

Fezer, Karl-Heinz: Teilhabe und Verantwortung – Die personale Funktionsweise des subjektiven Privatrechts, München 1986.

Fikentscher, Wolfgang / Heinemann, Andreas: Schuldrecht, 10 Auflage, Berlin 2006.

Fischer, Otto Christian: Die Verletzung des Gläubigerrechts als unerlaubte Handlung nach dem Bürgerlichen Gesetzbuch für das Deutsche Reich, Jena 1905.

Flessner, Axel: Geldersatz für Gebrauchsentgang, in: Juristenzeitung (JZ), 42. Jahrgang (1987), S. 271 ff.

Florstedt, Tim: Recht als Symmetrie – Ein Beitrag zur Theorie des subjektiven Privatrechts, Tübingen 2015.

Flume, Werner: Der Wegfall der Bereicherung in der Entwicklung vom römischen zum geltenden Recht, in: Festschrift für Hans Niedermeyer zu, 70. Geburtstag, Göttingen 1953, S. 103 ff.

Foucault, Michel: Die Ordnung der Dinge, Frankfurt a. M. 1971.

Fraenkel, Michael: Tatbestand und Zurechnung bei § 823 Abs. 1 BGB, Berlin 1979.

Frege, Gottlob: Über Sinn und Bedeutung, in: Zeitschrift für Philosophie und philosophische Kritik, N. F., Band. 100/1 (1892), S. 25 ff.

Gans, Eduard: System des römischen Civilrechts im Grundrisse nebst einer Abhandlung über Studium und System des römischen Rechts, Berlin 1827.

Geiger, Theodor: Vorstudien zu einer Soziologie des Rechts, Maus, Heinz / Fürstenberg, Friedrich (Hrsg.), Neuwied am Rhein Berlin 1964.

Gerhardt, Walter: Mobiliarsachenrecht. Besitz – Eigentum – Pfandrecht, 5. Auflage, München 2000.

Gierke, Julius v.: Das Sachenrecht des bürgerlichen Rechts, 4. Auflage, Berlin Frankfurt a. M. 1959.

Gierke, Otto v.: Deutsches Privatrecht. Zweiter Band. Sachenrecht, Leipzig 1905.

Goldschmidt, Levin: Studien zum Besitzrecht, in: Festgabe für Rudolf von Gneist zum Doktorjubiläum am 20. November 1888 – Neudruck der Ausgabe Berlin 1888 – Aalen 1974, S. 61 ff.

Goldschmidt, Levin: Vermischte Schriften, 1. Band, Berlin 1901.

Göschner, Rolf: Dialog der Rechtverhältnisse, in: Brugger, Winfried / Neumann, Ulfrid / Kirste, Stephan (Hrsg.), Rechtsphilosophie im 21. Jahrhundert, Frankfurt a. M. 2008, S. 90 ff.

Gottwald, Peter: Der gefundene Autobus – Entscheidungsrezension zu OLG Hamm, Urteil vom 5.10.1978 – 5 U 75/78, in: Juristische Schulung. Zeitschrift für Studium und Ausbildung (JuS), 19. Jahrgang 1979, S. 247 ff.

Gursky, Karl-Heinz: Die neuere höchstrichterliche Rechtsprechung zum Mobiliarsachenrecht – Teil 1, in: Juristenzeitung (JZ), 52. Jahrgang (1997), S. 1094 ff.

Haase, Otto: § 823, Abs. I. B.G.B. mit besonderer Berücksichtigung der Frage: Fällt die Obligation unter ein „sonstiges Recht"?, Bonn 1906.

Haase, R.: Anmerkung zu BGH, Urteil vom 21.1.1981 – VIII ZR 41/80, in: Juristische Rundschau (JR), Jahrgang 1981, S. 287.

Habersack, Mathias: Examens-Repetitorium Sachenrecht, 8. Auflage, München 2016.

Hadding, Walther: Rechtsverhältnis zwischen Person und Sache?, in: Juristenzeitung (JZ), 41. Jahrgang (1986), S. 641 ff.

Hart, H.L.A.: Der Begriff des Rechts, Berlin 2009.

Hartung, Frank: Besitz und Sachherrschaft, Berlin 2001.

Heck, Philipp: Grundriß des Sachenrechts – 2. Neudruck der Ausgabe Tübingen 1930 –, Aalen 1970.

Hedemann, Justus Wilhelm: Sachenrecht des Bürgerlichen Gesetzbuches, 1. Auflage, Berlin 1924.

Hedemann, Justus Wilhelm: Sachenrecht des Bürgerlichen Gesetzbuches, 3. Auflage, Berlin 1960.

Hedinger, Martin P.: System des Besitzrechts, Bern 1985.

Hegel, Georg Wilhelm Friedrich: Werke in zwanzig Bänden. Band 7. Grundlinien der Philosophie des Rechts – Auf der Grundlage der Werke von 1832-1845 neu editierte Auflage, urspr. Berlin 1821 – Theorie Werkausgabe, Redaktion: Moldenhauer, Eva / Michel, Karl Markus, Frankfurt a. M. 1970, zitiert als: *Hegel* R.

Hegel, Georg Wilhelm Friedrich: Werke in zwanzig Bänden. Band 18. Vorlesungen über die Geschichte der Philosophie I – Auf der Grundlage der Werke von 1832-1845 neu editierte Auflage – Theorie Werkausgabe, Redaktion: Moldenhauer, Eva / Michel, Karl Markus, Frankfurt a. M. 1971, zitiert als: *Hegel* GP I.

Heidegger, Martin: Sein und Zeit, 19. Auflage, Tübingen 2006, zitiert als: *Heidegger*, SuZ.

Heidegger, Martin: Identität und Differenz, 12. Auflage, Stuttgart 2002.

Henke, Horst-Eberhard: Der Vorbehaltskäufer – doppelter Besitzmittler?, in: Juristenzeitung (JZ), 14. Jahrgang (1959), S. 202 ff.

Herberger, Maximilian: Dogmatik. Zur Geschichte von Begriff und Methode in der Medizin und Jurisprudenz, Frankfurt a. M. 1981.

Honsell, Thomas: Der Verstoß gegen ein Schutzgesetz im Sinne des § 823 Abs. 2 BGB, in: Juristische Arbeitsblätter (JA), 15. Jahrgang (1983), S. 101 ff.

Honsell, Thomas: Schadensersatz nach verbotener Besitzentziehung, in Juristenzeitung (JZ), 38. Jahrgang (1983), S. 531 ff.

Hufeland, Gottlieb: Ueber den eigenthümlichen Geist des Römischen Rechts im Allgemeinen und im Einzelnen mit Vergleichungen neuer Gesetzgebungen, Band II, 1. Teil, Gießen 1816.

Husserl, Edmund: Husserliana – Edmund Husserl. Gesammelte Werke. Band II. Die Idee der Phänomenologie. Fünf Vorlesungen, 2. Auflage, Den Haag 1958, zitiert als: *Husserl*, Die Idee der Phänomenologie. Fünf Vorlesungen, Hua II.

Husserl, Edmund: Husserliana – Edmund Husserl. Gesammelte Werke. Band III/1. Ideen zu einer reinen Phänomenologie und phänomenologischen Philosophie, Text der 1.-3. Auflage, Den Haag 1976, zitiert als: *Husserl*, Ideen zu einer reinen Phänomenologie und phänomenologischen Philosophie, Hua III/1.

Husserl, Edmund: Husserliana – Edmund Husserl. Gesammelte Werke. Band VI. Die Krisis der Europäischen Wissenschaften und die transzendentale Phänomenologie, 2. Auflage, Den Haag 1962, zitiert als: *Husserl*, Die Krisis der Europäischen Wissenschaften, Hua VI.

Jansen, Nils: Dogmatik, Erkenntnis und Theorie im europäischen Privatrecht, in: Zeitschrift für Europäisches Privatrecht (ZEuP), 13. Jahrgang, 2005, S. 750 ff.

Jauernig, Othmar: Kommentar zum Bürgerlichen Gesetzbuch, Stürner, Rolf (Hrsg.), 17. Auflage, München 2018, zitiert als: Jauernig/*Bearbeiter*.

Jhering, Rudolf v.: Der Besitz, in: Regelsberger, Ferdinand / Ehrenberg, Victor (Hrsg.), Jherings Jahrbücher für die Dogmatik des bürgerlichen Rechts, 32. Bd., Jena 1893, S. 41 ff.

Jhering, Rudolf v.: Über den Grund des Besitzschutzes. Eine Revision der Lehre vom Besitz – Neudruck der 2. Auflage, Jena 1869 –, Aalen 1968.

Jhering, Rudolf v.: Geist des römischen Rechts auf den verschiedenen Stufen seiner Entwicklung. Dritter Teil. Erste Abteilung – Neudruck der 8. Auflage 1888 –, Basel 1954.

Jhering, Rudolf v.: Der Besitzwille. Zugleich eine Kritik der herrschenden juristischen Methode – Neudruck der Ausgabe Jena 1889 –, Aalen 1968.

Jhering, Rudolf v.: Scherz und Ernst in der Jurisprudenz: Eine Weihnachtsgabe für das juristische Publikum – Neudruck der 13. Auflage, Leipzig 1924 –, Darmstadt 1980.

Jhering, Rudolf v.: Unsere Aufgabe, in: Regelsberger, Ferdinand / Ehrenberg, Victor (Hrsg.), Jherings Jahrbücher für die Dogmatik des bürgerlichen Rechts, 1. Bd., Jena 1857, S. 1 ff.

Joost, Detlev: Besitzbegriff und tatsächliche Sachherrschaft – Zur dogmatischen Einordnung des § 854 Abs. 2 BGB –, in: Jahr, Günther (Hrsg.), Gedächtnisschrift für Dieter Schultz, Köln Berlin u. a. 1987, S. 167 ff.

Jürgens, Peter: Der Besitzschutz des Mieters nach § 823 Abs. 1 BGB, Köln 1988.

Kant, Immanuel: Kritik der Urtheilskraft, Akademie-Textausgabe, Band V – Neudruck des Textes der von der Preußischen Akademie der Wissenschaften 1902 begonnenen Ausgabe von Kants gesammelten Werken –, Berlin 1968, zitiert als *Kant*, Kritik der Urtheilskraft, AA V.

Kant, Immanuel : Die Metaphysik der Sitten, Akademie-Textausgabe, Band VI – Neudruck des Textes der von der Preußischen Akademie der Wissenschaften 1902 begonnenen Ausgabe von Kants gesammelten Werken –, Berlin 1968, zitiert als *Kant*, Metaphysik der Sitten, AA VI.

Kant, Immanuel: Kritik der reinen Vernunft, Akademie-Textausgabe, Band III, – Neudruck des Textes der von der Preußischen Akademie der Wissenschaften 1902 begonnenen Ausgabe von Kants gesammelten Werken, 2. Auflage 1787 – Berlin 1968, zitiert als *Kant*, Kritik der reinen Vernunft, AA III.

Karakatsanes, Johannes: Zur Zweckgebundenheit des Anspruchs aus § 249 S. 2 BGB bei noch nicht durchgeführter Herstellung, in: Archiv für civilistische Praxis (AcP), 189. Bd. (1989), S. 19 ff.

Kaser, Max: Das Römische Zivilprozessrecht (Handbuch der Altertumswissenschaft: Abt. 10, Rechtsgeschichte des Altertums; T. 3, Bd. 4), 1. Auflage, München 1966.

Kaser, Max: Das Römische Privatrecht (Handbuch der Altertumswissenschaft: Abt. 10, Rechtsgeschichte des Altertums; T. 3, Bd. 3), Abschnitt. 2: Die nachklassischen Entwicklungen, 2. Auflage, München 1975, zitiert als: *Kaser*, Das römische Privatrecht II.

Kaser, Max: Das Römische Privatrecht (Handbuch der Altertumswissenschaft: Abt. 10, Rechtsgeschichte des Altertums; T. 3, Bd. 3), Abschnitt. 1: Das altrömische, das vorklassische und das klassische Recht, München 1971, zitiert als: *Kaser*, Das römische Privatrecht I.

Kaser, Max / Hackl, Karl: Das Römische Zivilprozessrecht (Handbuch der Altertumswissenschaft: Abt. 10, Rechtsgeschichte des Altertums; T. 3, Bd. 4), 2. Auflage, München 1996.

Kasper, Franz: Das subjektive Recht – Begriffsbildung und Bedeutungsmehrheit, Karlsruhe 1967.

Katz, Jerrold J.: The Philosophy of Language, London New York 1966.

Kaufmann, Arthur: Rechtsphilosophie, 2. Auflage, München 1997.

Kegel, Gerhard: Von wilden Tieren, zerstreuten Leuten und versunkenen Schiffen. Zum Verhältnis von Besitz und Eigentum beweglicher Sachen, in: Hans Claudius Ficker (Hrsg.), Festschrift für Ernst v. Caemmerer zum 70. Geburtstag, Tübingen 1979, S. 149 ff.

Kelsen, Hans: Hautprobleme der Staatsrechtslehre entwickelt aus der Lehre vom Rechtssatze – Neudruck der 2. Auflage, Tübingen 1923 –, Aalen 1960.

Kelsen, Hans: Reine Rechtslehre. Einleitung in die rechtswissenschaftliche Problematik, 1. Auflage, Leipzig Wien 1934.

Kelsen, Hans: Reine Rechtslehre, 2. Auflage, Wien 1960.

Kemp, Gary: What is this thing called philosophy of language, London New York 2013.

Kniep, Ferdinand: Der Besitz des Bürgerlichen Gesetzbuches gegenübergestellt dem römischen und gemeinen Recht, Jena 1900.

Knöpfle, Robert: Zur Problematik der Beurteilung einer Norm als Schutzgesetz im Sinne des § 823 Abs. 2 BGB, in: Neue Juristische Wochenschrift (NJW), 20. Jahrgang (1967), S. 697 ff.

Kollhosser, Helmut: Grundfälle zu Besitz und Besitzschutz, in: Juristische Schulung. Zeitschrift für Studium und Ausbildung (JuS), 32. Jahrgang 1992, S. 215 ff., 567 ff.

Kreß, Hugo: Besitz und Recht: Eine civilrechtliche Abhandlung, Nürnberg 1909.

Kreutz, Peter: Das Objekt und seine Zuordnung, Baden-Baden 2017.

Krückmann, Paul: Sachbesitz, Rechtsbesitz, Rechtsschein in der Theorie des gemeinen Rechts, in: Archiv für civilistische Praxis (AcP), 108. Bd. (1912), S. 179 ff.

Kühl, Kristian / Reichold, Hermann / Ronellenfitsch, Michael: Einführung in die Rechtswissenschaft. Ein Studienbuch, 2. Auflage, München 2015.

Kurz, Isolde: Der Besitz als möglicher Gegenstand der Eingriffskondiktion, Tübingen 1969.

Lange, Heinrich: Sachenrecht des BGB, Stuttgart Berlin u. a. 1967.

Lange, Hermann: Eigentumserwerb im Falle des § 934 Halbs. 1 BGB – Anmerkung zu BGH, Urteil vom 27.3.1968 – VIII ZR 11/66, in: Juristische Schulung. Zeitschrift für Studium und Ausbildung (JuS), 9. Jahrgang 1969, S. 162 ff.

Larenz, Karl: Zur Struktur „subjektiver Rechte“, in: Baur, Fritz / Larenz, Karl / Wieacker, Franz (Hrsg.), Beiträge zur europäischen Rechtsgeschichte und zum geltenden Zivilrecht. Festgabe für Johannes Sontis, München 1977, S. 129 ff.

Larenz, Karl / Canaris, Claus-Wilhelm: Lehrbuch des Schuldrechts – Zweiter Band, Besonderer Teil, 2. Halbband, 13. Auflage, München 1994.

Larenz, Karl / Canaris, Claus-Wilhelm: Methodenlehre der Rechtswissenschaft, 3. Auflage, Berlin Heidelberg 1995.

Larenz, Karl / Wolf, Manfred: Allgemeiner Teil des Bürgerlichen Rechts, 9. Auflage, München 2004.

Leiss, Elisabeth: Sprachphilosophie, 2. Auflage, Berlin Boston 2012.

Lembeck, Karl-Heinz: Einführung in die phänomenologische Philosophie, Darmstadt 1994.

Lévinas, Emmanuel: Le temps et l’autre, Paris 1979.

Lévinas, Emmanuel: Die Zeit und der Andere, Übersetzung von Ludwig Wenzler, Hamburg 1984.

Lieb, Manfred: Werner Flume und das Bereicherungsrecht, in: Archiv für civilistische Praxis (AcP), 209. Bd. (2009), S. 164 ff.

Lieb, Manfred: Die Ehegattenmitarbeit im Spannungsfeld zwischen Rechtsgeschäft, Bereicherungsausgleich und gesetzlichem Güterstand, Tübingen 1970.

Liszt, Franz v.: Die Deliktsobligationen im System des Bürgerlichen Gesetzbuches – Kritische und dogmatische Randbemerkungen, Berlin 1898.

Locke, John: Versuch über den menschlichen Verstand, in vier Büchern, Band 2: Buch III und IV – unveränderter Nachdruck – Hamburg 1988.

Locke, John: Zwei Abhandlungen über die Regierung, Euchner Walter (Hrsg.), Frankfurt a.M. 1977.

Loidolt, Sophie: Einführung in die Rechtsphänomenologie, Tübingen 2011.

Looschelders, Dirk: Schuldrecht Besonderer Teil, 12. Auflage, München 2017.

Lopau, Eberhard: Der Rechtschutz des Besitzes, in: Juristische Schulung. Zeitschrift für Studium und Ausbildung (JuS), 20. Jahrgang 1980, S. 501 ff.

Lorenz, Stephan: Privates Abschleppen – Besitzschutz oder „Abzocke"?, in: Neue Juristische Wochenschrift (NJW), 62. Jahrgang (1956), S. 1025 ff.

Luhmann, Niklas: Social Systems, Stanford 1995.

Luhmann, Niklas: Soziale Systeme. Grundriss einer allgemeinen Theorie, 16. Auflage, Frankfurt a. M. 2015.

Luhmann, Niklas: Das Recht der Gesellschaft, 6. Auflage, Frankfurt a. M. 2013.

Lüke, Wolfgang: Sachenrecht, 3. Auflage, München 2014.

Manigk, Alfred: Anmerkung zu RG, Urteil vom 29. 11. 1927 – 351/27 [VII] VI., in: Juristische Wochenschrift (JW), 57. Jahrgang (1928), S. 398 f.

Medicus, Dieter: Gedanken zum Nebenbesitz, in: Baumgärtel, Gottfried / Becker, Hans-Jürgen / Klingmüller, Hans / Wacke, Andreas (Hrsg.), Festschrift für Heinz Hübner zum 70. Geburtstag am 7. November 1984, Berlin New York 1984, S. 611 ff.

Medicus, Dieter: Besitzschutz durch Ansprüche auf Schadensersatz, in: Archiv für civilistische Praxis (AcP), 165. Bd. (1965), S. 115 ff.

Medicus, Dieter / Petersen, Jens: Allgemeiner Teil des BGB, 11. Auflage, Heidelberg 2016.

Medicus, Dieter / Petersen, Jens: Bürgerliches Recht. Eine nach Anspruchsgrundlagen geordnete Darstellung zur Examensvorbereitung, 25. Auflage, München 2015.

Meischeider, Emil: Besitz und Besitzschutz. Studien über alte Probleme., Berlin 1876.

Mengelkoch, Carl: Welche Beziehungen bestehen zwischen der Gültigkeit des Rechtsverhältnisses und dem Entstehen mittelbaren Besitzes nach § 868 BGB.?, in: Schultze, Alfred / Siber, Heinrich (Hrsg.), Jherings Jahrbücher für die Dogmatik des bürgerlichen Rechts, 76. Bd., Jena 1926, S. 53 ff.

Menke, Christoph: Kritik der Rechte, Berlin 2018.

Merleau-Ponty, Maurice: Zeichen, Bermes, Christian (Hrsg.), Übersetzung von Barbara Schmitz, Hans Werner Arndt, Bernhard Waldenfels, Hamburg 2007.

Merleau-Ponty, Maurice: Signes, Paris 1960.

Merleau-Ponty, Maurice: Phänomenologie der Wahrnehmung, Übersetzung von Rudolf Boehm, Berlin 1966.

Michalski, Lutz: Versuch einer Korrektur der Inkongruenz von § 933 und § 934 BGB, in Archiv für civilistische Praxis (AcP), 181. Bd. (1981), S. 384 ff.

Mittenzwei, Ingo: Fundbesitz als Gegenstand des Deliktsschutzes und der Eingriffskondiktion, in: Monatsschrift für deutsches Recht (MDR), 41. Jahrgang (1987), S. 883 ff.

Möckel, Christian: Einführung in die transzendentale Phänomenologie, München 1998.

Möller, Cosima: Die juristische Konstruktion im Werk Rudolf von Jherings – vom universellen Rechtsalphabet bis zur juristischen Schönheit, in: Juristenzeitung (JZ), 72. Jahrgang (2017), S. 770 ff.

Mugdan, Benno (Hrsg.): Die gesammelten Materialien zum Bürgerlichen Gesetzbuch für das Deutsche Reich. V. Band: Erbrecht, Berlin 1899.

Mugdan, Benno (Hrsg.): Die gesammelten Materialien zum Bürgerlichen Gesetzbuch für das Deutsche Reich. II. Band: Recht der Schuldverhältnisse, Berlin 1899.

Mugdan, Benno (Hrsg.): Die gesammelten Materialien zum Bürgerlichen Gesetzbuch für das Deutsche Reich. I. Band: Einführungsgesetz und Allgemeiner Theil, Berlin 1899.

Mugdan, Benno (Hrsg.): Die gesammelten Materialien zum Bürgerlichen Gesetzbuch für das Deutsche Reich. III. Band: Sachenrecht, Berlin 1899.

Müller, Klaus: Schuldrecht. Besonderer Teil, Heidelberg 1990.

Müller, Klaus / Gruber, Urs Peter: Sachenrecht, München 2016.

Müller, Therese: Besitzschutz in Europa, Tübingen 2010.

Müller-Erzbach, Rudolf: Das Recht des Besitzes aus der vom Gesetz vorausgesetzten Interessen- und Herrschaftslage entwickelt, in: Archiv für civilistische Praxis (AcP), 142. Bd. (1978), S. 5 ff.

Müller-Erzbach, Rudolf: Der Durchbruch des Interessenrechts durch allgemeine Rechtsprinzipien, in: Regelsberger, Ferdinand / Ehrenberg, Victor (Hrsg.), Jherings Jahrbücher für die Dogmatik des bürgerlichen Rechts, 53. Bd., Jena 1908, S. 331 ff.

Müller-Freienfels, Wolfram: Die Vertretung beim Rechtsgeschäft, Tübingen 1955.

Müller-Mall, Sabine: Performative Rechtserzeugung, Weilerswist 2012.

Natorp, Paul: Husserls „Ideen zu einer reinen Phänomenologie“, in: Logos, Bd. 1917-18,7 (1918), S. 224 ff.

Nelson, Leonard: System der philosophischen Rechtslehre, Leipzig 1920.

Newen, Albert / Schrenk, Markus A.: Einführung in die Sprachphilosophie, 2. Auflage, Darmstadt 2013.

Oertmann, Paul: Kommentar zum Bürgerlichen Gesetzbuch und seinen Nebengesetzen. Zweites Buch: Recht der Schuldverhältnisse. Zweite Abteilung (§§ 433 - 853), 5. Auflage, Berlin 1929.

Palandt, Otto: Bürgerliches Gesetzbuch, 78. Auflage, München 2019, zitiert als: Palandt/*Bearbeiter*.

Paulus, Gotthard: Kreditsicherung durch Übertragung von Eigentum und Anwartschaften, in: Juristenzeitung (JZ), 12. Jahrgang (1957), S. 41 ff.

Pawlowski, Hans-Martin: Der Rechtsbesitz im geltenden Sachen- und Immaterialgüterrecht, Göttingen 1961.

Picker, Eduard: Das Deliktsrecht im Zivilrechtssystem, in: Zeitschrift für die gesamte Privatrechtswissenschaft (ZfPW) 2015, S. 385 ff.

Pieper, Hans-Joachim: Geschmacksurteil und ästhetische Einstellung – Eine Untersuchung zur Grundlegung transzendentalphilosophischer Ästhetik bei Kant und ein Entwurf zur Phänomenologie der ästhetischen Erfahrung, Würzburg 2001.

Pieper, Helmut: Besitzrecht und Schadensersatz bei der eigenmächtigen Wegnahme von Sicherungsgut, in: Bärmann, Johannes (Hrsg.), Festschrift zum 150jährigen Bestehen des Oberlandesgerichts Zweibrücken, Wiesbaden 1969, S. 231 ff.

Planck Gottlieb / Strohal, Emil (Hrsg.): Kommentar zum Bürgerlichen Gesetzbuch nebst Einführungsgesetz, zitiert als: Planck/*Bearbeiter*.

– Band II: Recht der Schuldverhältnisse, 1. und 2. Auflage, Berlin 1900.

– Band III: Sachenrecht, 1. Hälfte (§§ 854-1112), 5. Auflage, Berlin Leipzig 1933.

– Band III: Sachenrecht, 1. und 2. Auflage, Berlin 1902.

Pohle, Rudolf: Anmerkung zu BGH, Urteil vom 13. 6. 1956 – IV ZR 24/56, in: Monatsschrift für deutsches Recht (MDR), 10. Jahrgang (1956), S. 732 ff.

Portmann, Wolfgang: Wesen und System der subjektiven Privatrechte, Zürich 1996.

Puchta, Georg Friedrich: Pandekten, 10. Auflage, Leipzig 1866.

Puppe, Ingeborg: Kleine Schule des juristischen Denkens, 3. Auflage, Göttingen 2014.

Putnam, Hilary: Die Bedeutung von „Bedeutung“, 3. Auflage, Frankfurt a. M. 2004.

Raiser, Ludwig: Der Stand der Lehre vom subjektiven Recht im Deutschen Zivilrecht, in: Juristenzeitung (JZ), 16. Jahrgang (1961), S. 465 ff.

Raiser, Ludwig: Eigentumsanspruch und Recht zum Besitz, in: Caemmerer, Ernst v. / Mann, F. A. / Hallstein, Walter / Raiser, Ludwig (Hrsg.), Festschrift für Martin Wolff, Tübingen 1952, S. 123 ff.

Randa, Anton: Der Besitz nach österreichischem Recht mit Berücksichtigung des gemeinen Rechtes, des preußischen, französischen und sächsischen Gesetzbuches, Leipzig 1865.

Reichsgerichtsrätekommentar (RGRK): Das Bürgerliche Gesetzbuch mit besonderer Berücksichtigung der Rechtsprechung des Reichsgerichts und des Bundesgerichtshofs, Kommentar, herausgegeben von Mitgliedern des Bundesgerichtshofes, Band III, 1. Teil §§ 854-1011, 12. Auflage, Berlin New York 1979, zitiert als: RGRK/*Bearbeiter*.

Reinach, Adolf: Zur Phänomenologie des Rechts, München 1953.

Rengier, Rudolf: Strafrecht Besonderer Teil I: Vermögensdelikte, 18. Auflage, München 2016.

Reuter, Dieter / Martinek, Michael: Ungerechtfertigte Bereicherung, 2. Auflage, Tübingen 2016.

Reuter, Dieter / Martinek, Michael: Ungerechtfertigte Bereicherung, 1. Auflage, Tübingen 1983.

Ritter, Joachim / Gründer, Karlfried (Hrsg.): Historisches Wörterbuch der Philosophie. Band 8: R-Sc, Basel 1992, S. 266 ff., zitiert als: *Bearbeiter*, Eintrag, in: Historisches Wörterbuch der Philosophie.

Rödig, Jürgen: Erfüllung des Tatbestandes des § 823 Abs. 1 BGB durch Schutzgesetzverstoß – Zugleich ein Beitrag zum Deliktschutz verkörperter relativer Rechte, Bielefeld 1973.

Rödl, Sebastian: Sprachphilosophie, in: Brandt, Horst D. (Hrsg.), Disziplinen der Philosophie, Hamburg 2014, S. 645 ff.

Rorty, Richard: The Linguistic Turn, Chicago London 1967.

Rosenberg, Leo: Kommentar zum Bürgerlichen Gesetzbuch. 3. Band. Sachenrecht. Erster Halbband (§§ 854-902), München 1919.

Rudorff, Adolf August Friedrich: Ueber den Rechtsgrund der possessorischen Interdicte, in: Zeitschrift für geschichtliche Rechtswissenschaft (ZGeschRW), 7. Bd. (1831), Heft 1, S. 90 ff.

Rüthers, Bernd / Fischer, Christian / Birk, Axel: Rechtstheorie mit juristischer Methodenlehre, 9. Auflage, München 2016.

Säcker, Franz Jürgen / Rixecker, Roland (Hrsg.): Münchener Kommentar zum Bürgerlichen Gesetzbuch, zitiert als: MüKo/*Bearbeiter*.

– Band 2. Schuldrecht – Allgemeiner Teil (§§ 241-310), 8. Auflage, München 2019.

– Band 5. Schuldrecht – Besonderer Teil III (§§ 705-853, Partnerschaftsgesellschaftsgesetz, Produkthaftungsgesetz), 4. Auflage, München 2004.

– Band 6. Schuldrecht – Besonderer Teil IV (§§ 705-853, Partnerschaftsgesellschaftsgesetz, Produkthaftungsgesetz), 7. Auflage, München 2017.

– Band 7. Sachenrecht (§§ 854-1296, WEG, ErbbauRG, 7. Auflage, München 2017.

Sandter, Walter: Kritik der Besitzlehre, München 1968.

Saussure, Ferdinand de: Cours de linguistique générale, Bally, Charles / Sechehaye, Albert (Hrsg.), 4. Auflage, Paris 1960.

Savigny, Friedrich Carl v.: Das Recht des Besitzes. Eine civilistische Abhandlung, 6. Auflage, Gießen 1837.

Savigny, Friedrich Carl v.: Das Recht des Besitzes. Eine civilistische Abhandlung, 5. Auflage, Gießen 1827.

Savigny, Friedrich Carl v.: System des heutigen römischen Rechts, Band 1, Berlin 1840.

Savigny, Friedrich Carl v.: Das Recht des Besitzes. Eine civilistische Abhandlung, 7. Auflage, Wien 1865.

Schapp, Jan / Schur, Wolfgang: Sachenrecht, 4. Auflage, München 2010.

Schapp, Wilhelm: Die Neue Wissenschaft vom Recht, Band 1: Eine phänomenologische Untersuchung, Berlin 1930.

Schapp, Wilhelm: Die Neue Wissenschaft vom Recht, Band 2: Wert, Werk und Eigentum, Berlin 1932.

Scheer, Brigitte: Einführung in die philosophische Ästhetik, Darmstadt 1997.

Scheible, Hartmut: Kritische Ästhetik – Von Kant bis Adorno, Würzburg 2012.

Schellhammer, Kurt: Sachenrecht nach Anspruchsgrundlagen samt Wohnungseigentums- und Grundbuchrecht, 3. Auflage, Heidelberg 2009.

Schick, Gottfried: Besitzschutz nach § 823 BGB?, Tübingen 1967.

Schiemann, Gottfried: Luxusvilla auf schwankendem Grund: Der Nutzungsschaden am Wohneigentum – Entscheidungsrezension zu BGH, Beschluss vom 9.7.1986 – GSZ 1/86, in: Juristische Schulung. Zeitschrift für Studium und Ausbildung (JuS), 28. Jahrgang 1988, S. 20 ff.

Schiller, Friedrich: Über die ästhetische Erziehung des Menschen, Reclam-Ausgabe, Stuttgart 2000.

Schmelzeisen, Gustav Clemens: Die Relativität des Besitzbegriffs, in: Archiv für civilistische Praxis (AcP), 136 Bd. (1932), 38 ff., 129 ff.

Schmidt, Friedrich: Die Bedeutung des Besitzübergangs bei Veräußerung von Wohnungseigentum, in: Bärmann, Johannes / Weitnauer, Hermann, Festschrift für Hanns Seuss zum 60. Geburtstag, München 1987, S. 241 ff.

Schmidt, Jürgen: Aktionsberechtigung und Vermögensberechtigung, Köln Berlin u. a. 1969.

Schmitt, Carl: Politische Theologie. Vier Kapitel zur Lehre von der Souveränität, 10. Auflage mit Satzkorrekturen aus Carl Schmitts Handexemplar, Berlin 2015.

Schmücker, Reinold: Was ist Kunst? Eine Grundlegung, Frankfurt a. M. 2014.

Schreiber, Klaus: Sachenrecht, 6. Auflage, Stuttgart München 2015.

Schwab, Karl Heinz: Sachenrecht, 22. Auflage, München 1989.

Schwab, Karl Heinz / Prütting, Hanns: Sachenrecht, 35. Auflage, München 2014.

Searle, John: Sprechakte, Frankfurt a. M. 1983.

Seel, Martin: Ästhetik und Aisthetik – Über einige Besonderheiten ästhetischer Wahrnehmung, in: Recki, Birgit / Wiesing, Lambert (Hrsg.), Bild und Reflexion – Paradigmen und Perspektiven gegenwärtiger Ästhetik, München 1997, S. 17 ff.

Serick, Rolf: Eigentumsvorbehalt und Sicherungsübereignung. Band I: Der einfache Eigentumsvorbehalt, Heidelberg 1963.

Siber, Heinrich: Schuldrecht, Leipzig 1931.

Siebert, Wolfgang: Anmerkung zu Reichsgericht, Urteil vom 5. Mai 1936 – VII 261/35, in: Juristische Wochenschrift (JW), 35. Jahrgang (1936), S. 2452 f.

Siebert, Wolfgang: Die besitzrechtliche Grundlage der dinglichen Wirkung der Traditionspapiere, in: Zeitschrift für das gesamte Handelsrecht und Konkursrecht (ZHR), 93. Bd., 1929, S. 1 ff.

Soergel, Hans Theodor (Begr.) / Siebert, Wolfgang (Hrsg.): Kommentar zum Bürgerlichen Gesetzbuch mit Einführungsgesetzen und Nebengesetzen, zitiert als: Soergel/*Bearbeiter*.

– Band 3/2. Schulrecht 1/2 (§§ 243-304), 13. Auflage, Stuttgart 2014.

– Band 11/3. Schuldrecht 9/3 (§§ 780-822), 13. Auflage, Stuttgart 2012.

– Band 12. Schuldrecht 10 (§§ 823-853, ProdHG, UmweltHG), 13. Auflage, Stuttgart 2005.

– Band 14. Sachenrecht 1 (§§ 854-984), 13. Auflage, Stuttgart 2002.

Sokolowski, Paul: Die Philosophie im Privatrecht. Band II. Der Besitz im klassischen Recht und dem deutschen Bürgerlichen Gesetz – Neudruck 1907 – Aalen 1959.

Solger, Karl Wilhelm Ferdinand: Vorlesungen über Ästhetik, Heyse, Karl Wilhelm Ludwig (Hrsg.), 2. Auflage – Nachdruck der 1. Auflage, Leipzig 1829, Darmstadt 1962.

Sosnitza, Olaf: Besitz und Besitzschutz, Tübingen 2003.

Speer, Heino: Deutsches Rechtswörterbuch. Wörterbuch der älteren deutschen Sprache. Zehnter Band: Notsache – Raeswa, Heidelberger Akademie der Wissenschaften (Hrsg.), Weimar 1997-2001.

Spencer-Brown, George: Laws of Form, 6. Auflage, Leipzig 2014.

Spillmann, Bernhard Heinrich: Was ist unter dem Ausdrucke „oder ein sonstiges Recht" in dem § 823 Abs. 1 des B.G.B. zu verstehen?, Berlin 1908.

Stahl, Friedrich Julius: Die Philosophie des Rechts, Zweiter Band, Erste Abteilung, Die Allgemeinen Lehren und das Privatrecht, 6. Auflage – Nachdruck der 5. Auflage, Tübingen 1878 – Darmstadt 1963.

Staudinger, Julius von (Begr.): Kommentar zum Bürgerlichen Gesetzbuch, zitiert als: Staudinger/*Bearbeiter*.

– Buch 2: Recht der Schuldverhältnisse (§ 823 A-D), 15. Auflage, Berlin 2017.

– Buch 3: Sachenrecht (Einleitung zum Sachenrecht; §§ 854-882), 17. Auflage, Berlin 2018.

– Buch 3: Sachenrecht – Eigentum 2 (§§ 925-984; Anh. zu §§ 929-931), 16. Auflage, Berlin 2017.

Stein, Edith: Eine Untersuchung über den Staat, Gesamtausgabe Band 7, Freiburg Basel u. a. 2006.

Strohal, Emil: Der Sachbesitz nach dem B.G.B., in: Regelsberger, Ferdinand / Ehrenberg, Victor (Hrsg.), Jherings Jahrbücher für die Dogmatik des bürgerlichen Rechts, 38. Bd., Jena 1898, S. 1 ff.

Ströker, Elisabeth / Janssen, Paul: Phänomenologische Philosophie, München 1989.

Taupitz, Jochen: Berufsordnende Kammersatzungen als Schutzgesetz i. S. des § 823 II BGB, in: Deutsch, Erwin / Klingmüller, Ernst / Kullmann, Hans Josef (Hrsg.), Festschrift für Erich Steffen zum 65. Geburtstag am 28. Mai 1995 – Der Schadensersatz und seine Deckung, Berlin New York 1995, S. 489 ff.

Thibaut, Anton Friedrich Justus: System des Pandektenrechts. Erster Band, 9. Ausgabe, nach des Verfassers Tode besorgt durch Alexander August v. Buchholz, Jena 1846.

Thomale, Chris: Leistung als Freiheit, Tübingen 2012.

Thon, August: Rechtsnorm und subjektives Recht – Untersuchungen zur allgemeinen Rechtslehre, Weimar 1878.

Thur, Andreas v.: Der Allgemeine Teil des Bürgerlichen Rechts. Erster Band: Allgemeine Lehren und Personenrecht – Neudruck der 1910 erschienenen ersten Auflage – Berlin 1957.

Tigerström, Friedrich Wilhelm v.: Die bonae fidei possessio oder das Recht des Besitzes, Berlin 1836.

Tigerström, Friedrich Wilhelm v.: Ueber den Rechtsgrund der sg. possessorischen Interdicte, in: Archiv für civilistische Praxis (AcP), 22. Bd. (1839), S. 31 ff.

Ullrich, Wolfgang: Habenwollen – Wie funktioniert die Konsumkultur?, 3. Auflage, Frankfurt a.M. 2012.

Ullrich, Wolfgang: Besitzen statt rezipieren – Wie die Ikonographie zeitgenössischer Kunstsammler die Ideale moderner Kunst revidiert, in: POP. Kultur und Kritik, Heft 5 Herbst 2014, S. 121 ff.

Valett, Carl Julius Meno: Ausführliches Lehrbuch des praktischen Pandecten-Rechtes insbesondere für akademische Vorlesungen – Erster Band, Leipzig 1828.

Venrooy, Gerd J. van: Nochmals: Zivilrechtliche Folgen des Parkens vor Grundstückszufahrten – AG Heidelberg, NJW 1977, 1541 und AG Karlsruhe, NJW 1977, 1926, in: Juristische Schulung. Zeitschrift für Studium und Ausbildung (JuS), 19. Jahrgang 1979, S. 102 ff.

Vesting, Thomas: Rechtstheorie, 2. Auflage, München 2015.

Vieweg, Klaus / Werner, Almuth: Sachenrecht, 7. Auflage, München 2015.

Waldenfels, Bernhard (Hrsg.): Husserls Verstrickung in die Erfahrung, in: Husserl, Edmund, Arbeit an den Phänomenen. Ausgewählte Schriften, München 2003, S. 263 ff.

Wendt, Otto: Der mittelbare Besitz des Bürgerlichen Gesetzbuches, in: Archiv für civilistische Praxis (AcP), 87. Bd. (1897), S. 40 ff.

Wessels, Johannes / Beulke, Werner / Satzger, Helmut: Strafrecht Allgemeiner Teil. Die Straftat und ihr Aufbau, 45. Auflage, Heidelberg 2015.

Westermann, Harm Peter / Gursky Karl-Heinz / Eickmann Dieter: Sachenrecht, 8. Auflage, Heidelberg München 2011.

Westermann, Harry: Buchbesprechung; Gerhard Dulckeit, Die Verdinglichung obligatorischer Rechte, in: Archiv für civilistische Praxis (AcP), 152. Bd. (1952/1953), S. 93 ff.

Westermann, Harry: Probleme der Sicherungsübereignung von Warenlagern, in: Neue Juristische Wochenschrift (NJW), 9. Jahrgang – 2. Halbband (1956), S. 1297 ff.

Wieacker, Franz: Zur praktischen Leistung der Rechtsdogmatik, in: Bubner, Rüdiger / Cramer, Konrad / Wiehl, Reiner (Hrsg.), Hermeneutik und Dialektik Bd. 2, Festschrift für Hans-Georg Gadamer zum 70. Geburtstag, Tübingen 1970, S. 311 ff.

Wieling, Hans Josef: Voraussetzungen, Übertragung und Schutz des mittelbaren Besitzes, in: Archiv für civilistische Praxis (AcP), 184. Bd. (1984), S. 439 ff.

Wieling, Hans Josef: Der mittelbare Besitz, in: Università di Catania Facoltà di Giurisprudenza (Hrsg.), Studi in onore di Cesare Sanfilippo, Band I, Milano 1982, 713 ff.

Wieling, Hans Josef: Grund und Umfang des Besitzschutzes, in: Harder, Manfred (Hrsg.), De iustitia et iure, Festschrift für Ulrich von Lübtow zum 80 Geburtstag, Berlin 1980, 565 ff.

Wieling, Hans Josef: Sachenrecht, 5. Auflage, Berlin Heidelberg 2007.

Wieser, Erberhard: Der Schadensersatzanspruch des Besitzers aus § 823 BGB – Entscheidungsrezension zu BGH, Urteil vom 14.4.1954 – VI ZR 35/53, in: Juristische Schulung. Zeitschrift für Studium und Ausbildung (JuS), 10. Jahrgang 1970, S. 557 ff.

Wiesing, Lambert: Luxus, Berlin 2015.

Wilburg, Walter: Die Lehre von der ungerechtfertigten Bereicherung nach österreichischem und deutschem Recht, Graz 1934.

Wilhelm, Jan: Sachenrecht, 5. Auflage, Berlin 2016.

Windscheid, Bernhard / Kipp, Theodor: Lehrbuch des Pandektenrechts, Band 1 – 2. Neudruck der 9. Auflage, Frankfurt a. M. 1906 – Darmstadt 1984.

Wittgenstein, Ludwig: Philosophische Untersuchungen, Werkausgabe Band I, 22. Auflage, Frankfurt a. M. 2016.

Wolf, Ernst: Lehrbuch des Sachenrechts, 2. Auflage, Köln Bonn u. a. 1979.

Wolf, Manfred / Neuner, Jörg: Allgemeiner Teil des Bürgerlichen Rechts, 11. Auflage, München 2016.

Wolf, Manfred / Wellenhofer, Marina: Sachenrecht, 30. Auflage, München 2015.

Wolff, Martin / Raiser, Ludwig: Sachenrecht, 10. Auflage., Tübingen 1957.

Zeuner, Albrecht: Die fremdwirkende Verarbeitung als Zurechnungsproblem, in Juristenzeitung (JZ), 10. Jahrgang (1955), S. 195 ff.

Zippelius, Reinhold: Juristische Methodenlehre, 11. Auflage, München 2012.

Zitelmann, Ernst: Uebereignungsgeschäft und Eigentumserwerb an Bestandteilen, in: Ehrenberg, Victor / Mitteis, Ludwig / Siber, Heinrich (Hrsg.), Jherings Jahrbücher für die Dogmatik des bürgerlichen Rechts, 70. Bd., Jena 1921, S. 1 ff.

FSC
www.fsc.org
MIX
Papier | Fördert
gute Waldnutzung
FSC® C083411

Kolibri 360 GmbH
Ferdinand-Jühlke-Straße 7
99095 Erfurt, Deutschland
produktsicherheit@kolibri360.de